U0796643

# 法考30天快刷黄金考点

## 理论法
## 真题名师带练

**2025年版**

法律考试中心/组编　　杨艳霞/主编
叶晓川/编写

法律出版社
LAW PRESS·CHINA
北京

**图书在版编目（CIP）数据**

理论法真题名师带练：2025年版 / 法律考试中心组编；杨艳霞主编；叶晓川编写. -- 北京：法律出版社，2024. -- (法考30天快刷黄金考点). -- ISBN 978-7-5197-9846-8

Ⅰ. D920.0

中国国家版本馆CIP数据核字第2024T1T173号

**理论法真题名师带练:2025年版**
**LILUNFA ZHENTI MINGSHI DAILIAN:**
**2025 NIAN BAN**

法律考试中心 组编
杨艳霞 主编
叶晓川 编写

策划编辑 陈 睿
责任编辑 陈 睿
装帧设计 李 瞻

**出版发行** 法律出版社
**编辑统筹** 法律考试·职业教育出版分社
**责任校对** 裴 黎
**责任印制** 胡晓雅
**经 销** 新华书店

**开本** 710毫米×1000毫米 1/16
**印张** 11.25 **字数** 277千
**版本** 2024年12月第1版
**印次** 2024年12月第1次印刷
**印刷** 三河市龙大印装有限公司

地址:北京市丰台区莲花池西里7号(100073)
网址:www.lawpress.com.cn
投稿邮箱:info@lawpress.com.cn
举报盗版邮箱:jbwq@lawpress.com.cn

销售电话:010-83938349
客服电话:010-83938350
咨询电话:010-63939796

**书号:**ISBN 978-7-5197-9846-8
**定价:**38.00元

凡购买本社图书,如有印装错误,我社负责退换。电话:010-83938349

# 刷得快,记得住

摆在各位面前的这本书是从司考元年(2002 年)就连续出版至今的助考书。

在法考备考中,真题的重要性不言而喻。统计显示,在每年的考试中,80% 以上的考点都是对前几年真题所涉考点的重复考查。在各种法考复习资料中,最贴近下一年考题的是上一年的真题。所以,把握住了这 80%,也就把握住了考试成功的根本。

考生说:"我知道真题很重要,但是真题太多了,我实在看不完。"针对考生这个切肤之痛,我们在 2023 年对本书进行了大幅改版。首先,将原来的上下两册改成八个小单本,大家可以随时带着书看。其次,精选历年真题,压缩解析。我们把这套书的写作目标定为"刷得快,记得住"。对于考点多次重复的真题,我们不再选入,只选入最有代表性的题目。学会一道题,就能掌握一类题。在解析中,我们也不再追求以前的"大而全",而是改为"小而精"。围绕一道题,扎扎实实地把它的知识点讲清楚,让大家刷一道题等于学会了几十道题。

由于法考的客观题不再公布题目,每年"回忆真题"成了一项艰巨的工作。经过多年努力,我们这套书的主要题目已经是法考题了。今年,我们也新增了大量 2024 年的真题。

这套书的撰写者都是目前活跃在法考培训中的各科名师,我们给大家精挑细选的题目,兼顾了数量和质量。刷完这些题不用花很长的时间,但应试得分的能力肯定会有很大的提升!因为你实际得到的是比这本书的容量多十几倍的知识点和刷题量。

祝各位考友在 2025 年的法考中顺利通关!

杨艳霞

2024 年 12 月

# 目　　录

## 习近平法治思想



## 法　理　学



## 宪　　法

## 中国法律史



## 司法制度和法律职业道德

## 答案及解析

### 法 理 学



### 宪 法



### 中国法律史



### 司法制度和法律职业道德

# 习近平法治思想

## 学科知识框架

- 学科知识框架
  - 习近平法治思想的形成发展
    - 习近平法治思想形成的时代背景
    - 习近平法治思想形成发展的逻辑
    - 习近平法治思想形成发展的历史进程
    - 习近平法治思想的鲜明特色
      - 原创性
      - 系统性
      - 时代性
      - 人民性
      - 实践性
  - 习近平法治思想的重大意义
    - 习近平法治思想是马克思主义法治理论同中国法治建设具体实际相结合、同中华优秀传统法律文化相结合的最新成果
    - 习近平法治思想是对党领导法治建设丰富实践和宝贵经验的科学总结
    - 习近平法治思想是在法治轨道上全面建设社会主义现代化国家的根本遵循
    - 习近平法治思想是引领法治中国建设实现高质量发展的思想旗帜
  - 习近平法治思想的核心要义
    - 坚持党对全面依法治国的领导
    - 坚持以人民为中心
    - 坚持中国特色社会主义法治道路
    - 坚持依宪治国、依宪执政
    - 坚持在法治轨道上推进国家治理体系和治理能力现代化
    - 坚持建设中国特色社会主义法治体系
    - 坚持依法治国、依法执政、依法行政共同推进，法治国家、法治政府、法治社会一体建设
    - 坚持全面推进科学立法、严格执法、公正司法、全民守法
    - 坚持统筹推进国内法治和涉外法治
    - 坚持建设德才兼备的高素质法治工作队伍
    - 坚持抓住领导干部这个“关键少数”
  - 习近平法治思想的实践要求
    - 充分发挥法治对经济社会发展的保障作用
    - 正确认识和处理全面依法治国一系列重大关系

# 法 理 学

## 关于法理学客观题的考试说明

### 一、命题基本规律

法理学，顾名思义，是有关法的理论的科学和学科。法理学作为部门法的基础理论，来自对部门法的抽象和升华，同时指导着部门法的发展。法理学往年分值占比较为稳定，进入法考时代后，虽然整体题量缩减，但法理学部分的考题分值占比却未见减少，2018 年法考中法理学部分考题约占客观题总分值的 5%，2019～2024 年这一比重有所增加，其重要性可见一斑。本部分的考题有以下两个显著特点：

第一，围绕概念和基本理论命题，出题方式更加灵活。法理学的学科特点决定其命题仍然以基本理论和概念为核心，考查内容万变不离其宗。但综观近几年的命题，直接考查基本概念和理论的题目很少，而大多数的题目则将案例、法条与法理学的知识点相结合，甚至还对法律格言或文艺作品中涉及的法律问题进行考查。在这些题目中，大多数题目难度适中，高难度题目主要体现为综合性的案例分析和对法谚、格言的理解。因此，本学科的考查材料来源广泛，考查方式灵活，对考生的理论水平和应用能力要求较高。

第二，考查法学理论在部门法中的基本应用。这一特点在近几年的考试中表现得尤为明显。例如，2021 年借《民法典》中的居住权考查法律漏洞的弥补；2020 年法考结合《外国人来华登山管理办法》这一文件考查规范性法律文件的性质，借《物权法》考查法律推理和法律漏洞；2018 年法考借原《合同法》第 155 条考查法律规则的分类，借民事法律关系考查法的渊源、法律证成、事实认定以及法的指引作用。这启示我们，在学习部门法时应尽量联系法理学进行思考，这样对更好地掌握法理学和各部门法都将大有助益。考生由此也可融会贯通、推此知彼、举一反三。

### 二、复习技巧

从整体上看，考生复习法理学时应把握以下几点：

一是要明确重点。正所谓，重者恒重，从知识点的分布来看，法理学的考查重点一直高度集中在“法的本体”和“法的运行”这两大部分内容上，也即本书中法理学部分第一章至第六章的内容，在近几年的试题中，该部分占到法理学总分值的 80% 左右。因此，考生复习时要有详有略、明确重点，尤其是其中的高频考点。

二是要注意对概念的掌握，学会概念分析。法理学的复习不能只依赖于记忆，而是需要深入理解概念的内涵，把握概念和概念之间的区别。在解题时运用概念思维进行理论分析，如此方能以不变应万变。典型如对绝对权和相对权分类的考查，必须根据题目中提供的信息，分析题目中所说的权利属于绝对权还是相对权，对法律解释和法律推理的考查亦如是，切忌死记硬背。

三是认真研习历年真题。法理学的历年真题有很强的可参考性，多数考题涉及的考点都是重复考查，这些内容在本书的命题规律部分有具体分析，请考生多加参考。

# 第一章　法的基本理论

## 名师带练

### 1　考点考查统计

- 法的基本理论
  - 法的概念和特征
    - 实证主义法学和非实证主义法学关于法概念的学说 * *
    - 马克思主义关于法的本质的基本观点 *
    - 法的定义 *
    - 法的特征 * *
  - 法的作用
    - 法的规范作用 *
    - 法的社会作用 *
  - 法的效力
    - 法的效力的含义、根据 *
    - 法的对人效力 *
    - 法的空间效力 *
    - 法的时间效力(生效时间、失效时间、溯及力) *
  - 法的价值
    - 法的价值的含义 *
    - 法的价值的种类 *
    - 法的价值冲突及其解决 *

### 2　命题基本规律

本部分主要回答"法是什么"以及"法有什么用"的问题,内容包括法的概念和特征、法的作用、法的效力、法的价值,主要考查考生对"法"的理解。从历年考试题目来看,此部分命题主要包括以下内容。

第一,法的概念、特征。主要考查:(1)实证主义法学和非实证主义法学关于法概念的学说。该内容通常考查两个法学派别的主要观点、立场,考查方式灵活,考试常常对此结合文学作品进行考查。注意,实证主义认为"恶法亦法",非实证主义认为"恶法非法",记忆诀窍可简化为"非对非"。(2)法的特征和本质,即法作为一种社会规范,与其他社会规范相比具有的特质。该内容可能与其他社会规范(主要是道德)的特征进行对比考查,也可能出现试题中给出某句法谚,将法律与习惯的特征放在一起进行考查的情况。

第二,法的作用。以法的规范作用和法的作用的局限性作为重点考查对象,通常让考生对题干或选项中案例涉及的规范作用进行识别和判断。此类题目的解答技巧在于熟悉各种规范作用的作用对象、作用内容,并能熟练地从题目中识别这些要素,然后加以判断。

第三,法的效力。主要考查:(1)法的空间效力、对人效力。该内容可以结合我国《刑法》的相关规定和涉外刑事案例,让考生判断我国《刑法》是否能够适用,以及根据对人效力的何种原则适用。(2)法的溯及力。该内容可以直接考查对法的溯及力的理解,如2016年就结合刑法、民法等部门法适用的溯及力问题进行了考查。

第四,法的价值。这是本部分的难点,通常以案例的形式考查对案件中涉及的法的价值冲突的识别,也有结合法律格言、经典文学作品进行的考查。此类题目对考生基本理论的掌握程度和案例综合分析能力有很高的要求,考生应当深刻理解法的秩序、自由、人权、正义价值的内涵和表现,并在备考时有意识地运用各类案例进行价值分析训练,培养分析能力。

### 3 设题陷阱

**陷阱一:法律的强制性与道德的强制性之间的区别是考生易因粗心大意而失分的内容。**规范具有的保证自身实施的力量就是强制性,如道德规范具有内在强制性,需要靠人们的信念、舆论保证实施。法律作为一种社会规范,具有外在强制性,以国家强制力保障实施。因此,法律和道德都具有强制性,只是前者具有外在强制性,后者具有内在强制性。相关命题常常引导考生从"道德与法律的强制方式不同"的正确观点出发,运用惯性思维错误地推论出"法律具有强制性而道德不具有强制性"的观点,使考生落入出题人的陷阱。考生应当在平时的训练中时刻注意思维的严密性,及时发现和纠正错误的思维习惯。

**陷阱二:法的价值冲突的识别是法理学考查中的难点所在,也是最容易设陷阱之处。**首先,考试易在案例中所涉及的价值的识别上设陷阱,使考生对题目中的价值作出错误的判断,如经医院院长批准进行手术是对手术要经本人或家属签字同意这一社会秩序的侵害,这涉及法的秩序价值,很多考生并没有识别出此价值。其次,考试易在几个价值之间的冲突关系上设陷阱,如某人的行为超出了言论自由的范围,损害了公共秩序,在此情形下,保护公共秩序并不会牺牲言论自由,不存在秩序价值与自由价值的冲突,而考生多作出相反的错误判断,落入出题人的陷阱。价值冲突的表现多种多样,考生难以在备考时遍及所有情形,故应当在平时的练习中总结经验、举一反三。

## 真题快刷*

### 考点一 法的概念和特征

**1** 王某上班时发现门口道路非常拥堵,于是自行画了一条左转车道,结果被罚款。后有关部门发现该做法有效缓解了交通拥堵,便增设了左转车道。对此,下列说法正确的是:(2024年回忆版,多选)

A. 王某的做法没有法律依据,因此被罚款,这属于实证主义法学观点

B. 对于王某行为的评价的变化属于客观目的解释

C. 有关部门的做法自相矛盾

D. 有关部门应向王某退回罚款

**2** 法谚云:"习惯在于自觉遵守,而法律在于强制服从。"关于法律和习惯的说法,下列选项正确的是:(2020年回忆版,单选)

A. 法律不被施行则不具有实效性　　B. 法律不被遵守则不具有强制力

C. 习惯不具有强制力　　D. 习惯具有成文性

---

* 本章答案及解析见第76页。

**3** 近期,无人驾驶汽车在公共交通道路行驶,公众围绕其是否违法、事故后是否担责、如何加强立法进行规制展开讨论,下列说法中正确的是:(2018年回忆版,单选)

A. 若无人驾驶汽车上路行驶引发民事纠纷被诉至法院,因法无明文规定,法院不得裁判

B. 科技发展引发的问题只能通过法律解决

C. 现行交通法规对无人驾驶汽车上路行驶尚无规定,这反映了法律的局限性

D. 只有当科技发展造成了实际危害后果时,才能动用法律手段干预

**4** 在小说《悲惨世界》中,心地善良的冉阿让因偷一块面包被判刑,他认为法律不公并屡次越狱,最终被加刑至19年。他出狱后逃离指定居住地,虽隐姓埋名却仍遭警探沙威穷追不舍。沙威冷酷无情,笃信法律就是法律,对冉阿让舍己救人、扶危济困的善举视而不见,直到被冉阿让冒死相救,才因法律信仰崩溃而投河自尽。对此,下列说法正确的是:(2017年,多选)

A. 如果认为不公正的法律不是法律,则可能得出冉阿让并未犯罪的结论

B. 沙威"笃信法律就是法律"表达了非实证主义的法律观

C. 冉阿让强调法律的正义价值,沙威强调法律的秩序价值

D. 法律的权威源自人们的拥护和信仰,缺乏道德支撑的法律无法得到人们自觉地遵守

## 考点二 法的作用

**1** 法律具有自主性。法律可以作为工具和手段影响个人行为,进而影响到群体以及个人与群体、群体间的行为准则,从而影响整个社会的行为准则。对此,下列说法正确的是:(2024年回忆版,单选)

A. 法律的自主性意味着法律可以调整所有社会关系

B. 法律的发展独立于道德和宗教

C. 社会以法律为基础

D. 法律可以重塑人们的实践行为和行为模式

**2** 关于法的规范作用,下列哪一说法是正确的?(2014年,单选)

A. 陈法官依据诉讼法规定主动申请回避,体现了法的教育作用

B. 法院判决王某行为构成盗窃罪,体现了法的指引作用

C. 林某参加法律培训后开始重视所经营企业的法律风险防控,反映了法的保护自由价值的作用

D. 王某因散布谣言被罚款300元,体现了法的强制作用

## 考点三 法的效力

**1** 有法谚云:"法律为未来作规定,法官为过去作判决。"关于该法谚,下列哪一说法是正确的?(2016年,单选)

A. 法律的内容规定总是超前的,法官的判决根据总是滞后的

B. 法官只考虑已经发生的事实,故判案时一律选择适用旧法

C. 法律绝对禁止溯及既往

D. 即使案件事实发生在过去,但"为未来作规定"的法律仍然可以作为其认定的根据

**2** 赵某因涉嫌走私国家禁止出口的文物被立案侦查,在此期间逃往A国并一直滞留于该国。对此,下列哪一说法是正确的?(2015年,单选)

A. 该案涉及法对人的效力和空间效力问题

B. 根据我国法律的相关原则，赵某不在中国，故不能适用中国法律

C. 该案的处理与法的溯及力相关

D. 如果赵某长期滞留在 A 国，应当适用时效免责

### 考点四 法的价值

**1** 法谚云："公共福利是最高的法律。"对此，以下理解正确的是：(2023 年回忆版，单选)

A. 公共福利法是效力位阶最高的法律

B. 公共福利是实质法治的追求

C. 公共福利是法律实现的最高价值

D. 实现公共福利就不能限制个人权利

**2** "法律只是在自由的无意识的自然规律变成有意识的国家法律时，才成为真正的法律。哪里法律成为实际的法律，即成为自由的存在，哪里法律就成为人的实际的自由存在。"关于该段话，下列说法正确的是：(2016 年，不定项)

A. 从自由与必然的关系上讲，规律是自由的，但却是无意识的，法律永远是不自由的，但却是有意识的

B. 法律是"人的实际的自由存在"的条件

C. 国家法律须尊重自然规律

D. 自由是评价法律进步与否的标准

# 第二章 法律规范与法律渊源

## 名师带练

### 1 考点考查统计

- 法律规范与法律渊源
  - 法律规则
    - 法律规则的含义、分类 * *
    - 法律规则的逻辑结构 * *
    - 法律规则与语言、法律规则与法律条文的区别 * *
  - 法律原则
    - 法律原则的含义、种类 *
    - 法律原则的特征 *
    - 法律规则与法律原则的适用 * *
  - 法的渊源、法律部门与法律体系
    - 法的渊源的含义 *
    - 正式的法的渊源与非正式的法的渊源 *
    - 当代我国正式的法的渊源的效力原则 * *
    - 法律部门与法律体系 *
    - 公法与私法的含义与区别 *

## 2 命题基本规律

本部分主要回答“什么是法律规范”“法律规范以何种形式呈现”的问题，内容包括：两类法的规范——法律规则与法律原则；法律规范的表现形式——法律渊源；法律规范系统——法律部门与法律体系。从历年考试题目来看，此部分命题主要考查以下内容。

第一，法律规则。重点考查内容有二：(1)法律规则的分类。该类题目通常让考生判断题干中的法律条文属于何种类型的法律规则。该考点几乎每年必考，且在一年的题目中可能有多道题考查该内容。(2)法律规则的逻辑结构。该类题目通常让考生判断某一条文具备哪些逻辑结构要素。在各种要素中，行为模式是最常考查的要素，可能结合法律规则分类中的授权性规则和义务性规则，以及规范语句等内容进行考查，如2021年就考查了《宪法》第5条第3款是否属于确定性规则和倡导性规则，以及其逻辑结构。

第二，法律原则。这也是必考考点，通常考查：(1)法律原则相对于法律规则的特点，如一般性、抽象性，较低程度的确定性、可预测性等。(2)法律原则的适用条件和适用方式，如法律规则相较于法律原则的优先适用，以及法律原则以衡量的方式适用而法律规则以“全有或全无”的方式适用。如2024年就考查了法律原则和法律规则的区别，以及法律原则的适用。

第三，法律渊源和法律体系。主要考查：(1)法的正式渊源与非正式渊源的概念，以及我国法律的正式渊源与非正式渊源。通常是让考生判断题目中涉及的规范性文件或其他裁判依据属于正式渊源还是非正式渊源，如2022年就考查了党的政策和最高人民法院的典型案例属于何种类型的法律渊源。(2)我国法律体系中规范性法律文件的效力位阶。此类题目题干中通常出现两个规定同一事项的规范性文件，让考生判断这些规范性文件何者有效、应当如何适用、出现冲突由谁来裁决等。(3)规范性文件的性质，通过文件的制定主体及程序等让考生判断规范性文件的性质，如2020年考查了《外国人来华登山管理办法》的性质。

## 3 设题陷阱

**陷阱一：强行性规则与义务性规则的混淆。**强行性规则和义务性规则分别属于两种不同的分类，但有外延上的重合，极易使人产生混淆。有的义务性规则同时又是强行性规则，因为一些法定义务是不允许当事人变更的，如《民法典》第208条规定，不动产物权的设立、变更、转让和消灭，应当依照法律规定登记。动产物权的设立和转让，应当依照法律规定交付。该条文规定了依法登记、交付的义务，属于义务性规则，但根据物权法定的原则，该规则不允许当事人加以变更，所以又属于强行性规则。还有一些规则属于义务性规则，却不属于强行性规则，如《民法典》第677条规定，借款人提前返还借款的，除当事人另有约定外，应当按照实际借款的期间计算利息。该规则规定了按实际借款时间计算利息的义务，但允许当事人另外约定利息的计算方式，属于义务性规则，但非强行性规则。历年真题中多对强行性规则进行考查，但对强行性规则与义务性规则的区别的考查还较为缺乏，因而在将来考查的可能性较大，考生要注意加以区分。

**陷阱二：在法律规则和法律原则的区别中，法律原则对案件个别性的关注容易被考生忽略。**考生对法律原则的认识通常都只停留在法律原则的一般性、抽象性层面上，故容易认为法律原则只关注案件的共性而不关注案件的个性。但请考生注意，法律原则的适用正是基于案件的个别性，如某个案件由于情况特殊，无法适用已有的法律规则，否则会导致个案的不正义；或者没有法律规则可适用，而只能寻求法律原则作为裁判根据。该内容即在2024年进行了考查。故考生要全面把握法律原则的特征,不可以偏概全。

## 真题快刷*

### 考点一 法律规则

**1** 《宪法》第5条第3款规定,“一切法律、行政法规和地方性法规都不得同宪法相抵触”,关于此法律规则,下列哪一项说法是错误的?(2021年回忆版,单选)

A. 该条文表达了行为模式　　B. 该条文属于确定性规则

C. 该条文没有表达法律后果　　D. 该条文属于倡导性规则

**2** 我国《合同法》第155条①规定:“出卖人交付的标的物不符合质量要求的,买受人可以依照本法第一百一十一条的规定要求承担违约责任。”下列哪一选项符合这一规定的表述?(2018年回忆版,单选)

A. 授权性规则和委任性规则　　B. 命令性规则和准用性规则

C. 授权性规则和准用性规则　　D. 任意性规则和委任性规则

**3** 下列关于法律规则、法律原则和法律条文的说法,错误的是:(2018年回忆版,多选)

A. 法律规则在逻辑上由假定条件、行为模式和法律后果三部分组成,上述任何一个部分,在具体条文的表述中,均可能被省略

B. 法律条文既可以表达法律规则,也可以表达法律原则,还可以表达规则或原则以外的内容,而规范性条文就是直接表达法律规则的条文

C. 在诉讼过程中,与当事人有利害关系的,应当回避,这是一个法律原则,其行为模式为应为模式

D. 法律规则与法律条文的关系为内容与形式的关系,因此,法律规则既可以通过法律条文来表达,也可以通过法律条文以外的形式来表达,典型如判例和习惯

### 考点二 法律原则

**1** 法谚有云,原则不容许反对或否认。对此,下列说法正确的是:(2024年回忆版,多选)

A. 法律原则在个案中适用,不排斥其他法律原则

B. 法律原则之间不能否定和冲突

C. 法律规则不能和任何法律原则相冲突

D. 法律原则可否定法律规则

**2** 关于法谚“一切规则皆有例外,例外明示原则”的含义,下列哪一说法是正确的?(2021年回忆版,单选)

A. “规则有漏洞,原则无歧义”　　B. “规则乃原则之例外”

C. “规则乃共通原则,原则系特别规则”　　D. “规则具化原则,原则证成规则”

**3** 杨某与丈夫赵某于1980年结婚,后赵某又在婚姻存续期间与弟媳冯某同居。1996年赵某

---

* 本章答案及解析见第81页。

① 现为《民法典》第617条。——编者注

因车祸死亡,此前赵某曾订立遗嘱并进行了公证,承诺在其死后将名下的宝马车赠与冯某。赵某去世后,冯某因车辆所有权争议纠纷诉至法院。法院认为协议内容虽然真实,但因赵某与冯某行为有违公序良俗,故协议无效。对此,下列哪些说法是正确的?(2019年回忆版,多选)

A. 法院对遗嘱的有关法律规则创设例外是基于公序良俗原则

B. 法院审理案件时适用的公序良俗原则属于公理性原则

C. 法官在审理案件时进行了事实判断和价值判断

D. 法院选择适用公序良俗原则的目的是实现个案正义,属于内部证成

**4** 法律规则和法律原则的区别,下列哪些表述是正确的?(2018年回忆版,多选)

A. 对一般情形之个案,两个冲突规则,一个有效,另一个就无效

B. 对一般情形之个案,两个竞争原则,一个有分量,另一个就无分量

C. 对一般情形之个案,需穷尽规则,方可适用原则

D. 对一般情形之个案,可以先适用原则再适用规则

**5** 全兆公司利用提供互联网接入服务的便利,在搜索引擎讯集公司网站的搜索结果页面上强行增加广告,被讯集公司诉至法院。法院认为,全兆公司行为违反诚实信用原则和公认的商业道德,构成不正当竞争。关于该案,下列哪一说法是正确的?(2016年,单选)

A. 诚实信用原则一般不通过"法律语句"的语句形式表达出来

B. 与法律规则相比,法律原则能最大限度实现法的确定性和可预测性

C. 法律原则的着眼点不仅限于行为及条件的共性,而且关注它们的个别性和特殊性

D. 法律原则是以"全有或全无"的方式适用于个案当中

## 考点三 法的渊源、法律部门与法律体系

**1** 2018~2021年我国颁布了典型案例,旨在加强保护知识产权和企业家权益,提高司法保护力,发挥典型案例的价值引导和行为规范的作用。对此,下列说法正确的是:(2022年回忆版,单选)

A. 典型案例有普遍约束力

B. 在我国,党的政策都是正式的渊源

C. 对于最高人民法院的典型案例,法院审判类似案件时必须参照适用

D. 司法具有政策实施功能

**2** 《外国人来华登山管理办法》1991年7月31日由国务院批准,1991年8月29日由国家体育运动委员会发布实施,该办法属于下列哪一性质的文件?(2020年回忆版,单选)

A. 部委制定的其他规范性文件　　B. 行政法规

C. 国务院发布的决定和命令　　D. 部门规章

**3** 某区质监局以甲公司未依《食品安全法》取得许可从事食品生产为由,对其处以行政处罚。甲公司认为,依特别法优先于一般法原则,应适用国务院《工业产品生产许可证管理条例》(以下简称《条例》)而非《食品安全法》,遂提起行政诉讼。对此,下列哪些说法是正确的?(2017年,多选)

A.《条例》不是《食品安全法》的特别法,甲公司说法不成立

B.《食品安全法》中规定食品生产经营许可的法律规范属于公法

C. 若《条例》与《食品安全法》抵触,法院有权直接撤销

D.《条例》与《食品安全法》都属于当代中国法的正式渊源中的"法律"

# 第三章　法律关系及其要素

## 名师带练

### 1　考点考查统计

- 法律关系及其要素
  - 法律关系
    - 法律关系的含义、分类 * *
    - 法律关系的主体 *
    - 法律关系的内容 *
    - 法律关系的产生、变更与消灭(法律事实、法律事件、法律行为) * *
  - 权利与义务
    - 权利、义务的含义 * *
    - 权利、义务的分类 * *
    - 权利与义务的相互关系 *
  - 法律责任
    - 法律责任的含义、特点 *
    - 法律责任与权力、权利、义务的关系 *
    - 法律责任的竞合 * *
    - 归责与免责 * *

### 2　命题基本规律

本部分是法律关系的相关理论,包括法律关系的概念、特征、分类、要素,以及引起法律关系产生、变更、消灭的原因等。从历年考试题目来看,此部分命题主要包括以下内容:

第一,三种分类是重点考查对象。包括:(1)权利的分类。根据权利对应的义务主体是否特定,判断其属于绝对权还是相对权。根据权利是否由法律加以确认,判断其属于应然权利还是法定权利。(2)义务的分类。根据义务对应的权利主体是否特定,判断其属于绝对义务还是相对义务。根据义务所要求的行为是作为还是不作为,判断其属于积极义务还是消极义务。(3)法律关系的分类。根据法律关系的分类标准,判断其属于横向还是纵向法律关系、调整性还是保护性法律关系、主法律关系还是从法律关系,解决该类题目的重点在于准确把握分类标准。

第二,法律事实主要考查法律事件和法律行为的区别,通常让考生分析题干中引起法律关系产生、变更、消灭的事实是法律事件还是法律行为。

第三，法律责任主要考查免责、责任竞合，属于考查难点。(1)免责，是指对行为主体的责任进行减免，可结合《刑法》中的追诉时效等进行考查。(2)责任竞合，这是法律责任中最重要的知识点，历年多次考查，一般让考生判断题干或选项中的案例、法律条文是否涉及法律责任的竞合。

## 3 设题陷阱

**陷阱一：绝对权利义务和相对权利义务的判断是常设陷阱之处。**很多考生习惯于在平时部门法的学习中，对相关权利义务属于绝对权利义务还是相对权利义务进行判断并加以记忆，如"人格权属于绝对权""物权属于绝对权"等。这种学习方式值得提倡，但考生不可完全依赖于这种方式，如2015年让考生判断题干中当事人主张的"生育权"是绝对权还是相对权。当年，很多考生根据"生育权属于人格权"且"人格权属于绝对权"，从而判断"生育权"属于绝对权。殊不知，该题目中的"生育权"不同于一般的生育权，而特指当事人与其妻子之间在生育上的权利义务关系，属于相对权。因此，请考生谨记，法理学重在考查考生对理论的理解和运用能力，考生应当掌握分析方法，灵活应对，不可死记硬背。

**陷阱二：法律责任竞合的判断是大多数考生容易出错之处。**错误原因在于没有准确掌握责任竞合的判断方法，考生可将该题与下表中的判断方法进行结合，掌握法律责任竞合这一考点。法律责任竞合的判断方法如下：

| 步　骤 | 要　件 | 注意事项 |
| --- | --- | --- |
| 第一步：主体判断 | 数个责任的主体为同一法律主体 | 若数个责任的主体为不同法律主体，则应分别追究各个主体的责任，不产生责任竞合 |
| 第二步：行为判断 | 主体实施了一个行为 | 多个行为产生的责任应分别追究，不构成责任竞合 |
| 第三步：责任判断 | 该行为符合两个或两个以上的法律责任构成要件 | 若只符合一个法律责任构成要件，则不存在与之竞合的责任 |
| 第四步：冲突判断 | 责任之间相互冲突，不能同时追究，或虽可同时追究，但主体没有能力同时承担所有责任 | 包括：(1)同一法律部门内部的责任冲突，如侵权责任和违约责任不可同时追究而产生的冲突；(2)不同法律部门之间的责任冲突，如民事责任、行政责任和刑事责任因当事人没有能力同时承担而产生的冲突 |

# 真题快刷*

## 考点一 法律关系

**1** 某软件公司研发人工智能写作系统，将此系统命名为小k，该公司写作团队利用这个系统自动生成一篇文章，署名"小k"。罗某未经许可将该文章署上自己的姓名发表，软件公司知道以后诉至法院。法院认为原告权利应受保护，故判决罗某败诉。本案中关于人工智能写作技术的影响，正确的是：(2021年回忆版，不定项)

A. 扩大了法律调整的社会关系范围　　B. 产生了法律关系主体的新型种类

C. 扩展了法律关系客体的表现形式　　D. 提升了法律关系主体的权利能力

---

* 本章答案及解析见第89页。

**2** 某家具厂老板张某与其员工李某发生纠纷，二人发生口角后张某威胁不给李某发工资，李某气愤之下拿了一个杯子砸向张某，但没有砸着，张某找人把李某打成重伤。李某报案后，公安局逮捕了张某，检察机关提起公诉，李某也提出刑事附带民事诉讼，法院依法进行了裁判。之前，检察院和张某签订了一项家具买卖合同。对此，下列说法不正确的是：(2018年回忆版，单选)

A. 张某和李某之间既有调整性法律关系又有保护性法律关系

B. 张某和检察院之间的买卖合同属于横向法律关系

C. 张某与法院之间是纵向法律关系

D. 张某和公安机关之间是调整性法律关系

## 考点二 权利与义务

**1** 王甲经法定程序将名字改为与知名作家相同的“王乙”，并在其创作的小说上署名“王乙”以增加销量。作家王乙将王甲诉至法院。法院认为，公民虽享有姓名权，但被告署名的方式误导了读者，侵害了原告的合法权益，违背诚实信用原则。关于该案，下列哪一选项是正确的？(2017年，单选)

A. 姓名权属于应然权利，而非法定权利

B. 诚实信用原则可以填补规则漏洞

C. 姓名权是相对权

D. 若法院判决王甲承担赔偿责任，则体现了确定法与道德界限的“冒犯原则”

**2** 许某与妻子林某协议离婚，约定8岁的儿子小虎由许某抚养，林某可随时行使对儿子的探望权，许某有协助的义务。离婚后两年间林某从未探望过儿子，小虎诉至法院，要求判令林某每月探视自己不少于4天。对此，下列说法正确的是：(2017年，不定项)

A. 依情理林某应探望儿子，故从法理上看，法院可判决强制其行使探望权

B. 从理论上讲，权利的行使与义务的履行均具有其界限

C. 林某的探望权是林某必须履行一定作为或不作为的法律约束

D. 许某的协助义务同时包括积极义务和消极义务

## 考点三 法律责任

**1** 王某因张某家的燃气爆炸而受伤，将张某及燃气公司告上法庭。燃气公司称，自己已经将安全用气方法告知张某，故不承担责任。法院认为燃气公司具有更强的安全风险判断能力，应承担更高的安全保障义务，燃气公司在安装燃气设备时已发现严重安全隐患，应立即采取有效措施消除隐患。故判决燃气公司承担15%的责任，其余责任由张某承担。对此，下列说法正确的是：(2021年回忆版，单选)

A. 判决燃气公司承担15%的责任，实际上是对张某责任的部分免除

B. 对于责任的公正分配，应与行为人所承担的具体义务一致

C. 张某和燃气公司的责任出现了竞合

D. 法院判决燃气公司承担15%的责任属于对燃气公司的法律制裁

**2** 赵某在行驶中的地铁车厢内站立，因只顾看手机而未抓扶手，在地铁紧急制动时摔倒受

伤，遂诉至法院要求赔偿。法院认为，《侵权责任法》规定①，被侵权人对损害的发生有过失的，可以减轻经营者的责任。地铁公司在车厢内循环播放“站稳扶好”来提醒乘客，而赵某因看手机未抓扶手，故存在重大过失，应承担主要责任。综合各种因素，判决地铁公司按40%的比例承担赔偿责任。对此，下列哪些说法是正确的？（2017 年，多选）

A. 该案中赵某是否违反注意义务，是衡量法律责任轻重的重要标准

B. 该案的民事诉讼法律关系属第二性的法律关系

C. 若经法院调解后赵某放弃索赔，则构成协议免责

D. 法官对责任分摊比例的自由裁量不受任何限制

**3** 下列构成法律责任竞合的情形是：（2014 年，不定项）

A. 方某因无医师资格开设诊所被卫生局没收非法所得，并被法院以非法行医罪判处 3 年有期徒刑

B. 王某通话时，其手机爆炸导致右耳失聪，可选择以侵权或违约为由追究手机制造商法律责任

C. 林某因故意伤害罪被追究刑事责任和民事责任

D. 戴某用 10 万元假币购买一块劳力士手表，其行为同时触犯诈骗罪与使用假币罪

# 第四章 法的运行

## 名师带练

### 1 考点考查统计

- 法的运行
  - 法的实施与法律监督
    - 法的实施（执法、司法、守法）＊＊
    - 法律监督与法律监督体系＊＊
  - 法适用的一般原理
    - 法适用的目标（可预测性与正当性）＊
    - 法律漏洞＊＊
    - 法的发现与法的证成＊＊

### 2 命题基本规律

本部分是关于法运行、实施的理论，内容包括执法、司法、守法、法律监督等。从历年考试题目来看，此部分命题主要呈现以下特点：

第一，在法运行的各个环节中，以司法（法的适用）为考查重点，具体考查考生从宏观和微观两个方面对司法的理解。宏观上，考查立法与司法的关系、司法与执法的关系等。微观上，考查司法

① 现为《民法典》第 1240 条。——编者注

中的具体理论或制度，如法律解释、法律漏洞填补、法官自由裁量权、裁判文书说理等，如 2021 年通过《民法典》中的居住权这一权利考查对法律漏洞的填补。

第二，法适用的目标，主要从可预测性、正当性两个方面考查：(1)可预测性，与法的确定性、稳定性、形式合理性相关，可结合法律规则的分类（确定性规则与委任性规则、准用性规则）、法律原则、法律解释、法律推理等内容，考查这些理论与可预测性之间的关系。(2)正当性，与法的道德性、实质合理性相关，可结合法与道德、自然法学与实证法学关于法概念的学说、法的价值等内容进行考查。

第三，法适用的步骤——确认事实、寻找法律规范、推导法律决定，可结合法律解释、法律推理等进行考查。

第四，法律监督。主要考查：(1)法律监督的分类，常让考生识别某一监督行为属于国家监督还是社会监督；(2)我国的法律监督体系，常结合《立法法》中对法律法规审查备案的规定进行考查。

### 3 设题陷阱

**陷阱一：案件的事实认定与规范认定之间的联系容易被考生忽略。**根据司法三段论推理，法官先要通过质证、认证查明案件事实作为小前提，然后寻找法律规范作为大前提，再推导出法律决定。但考生应当注意，司法三段论中的小前提并不是纯粹的客观事实，而是结合客观事实与法律规范，对客观事实进行法律评价的结果。例如，"张三捅了李四一刀"是客观事实，但并非作为司法三段论的小前提的事实。要成为小前提，还需结合《刑法》上的故意杀人罪、故意伤害罪等相关规定，确定"张三捅了李四一刀"这个行为的性质是故意杀人还是故意伤害或其他，此即规范认定。因此，法律人查明和确认案件事实，是一个在法律规范与事实之间往复流转，将生活事实转化成法律事实的规范认定过程，而非纯粹的寻找客观事实的过程。

**陷阱二：法律的确定性与不确定性的辩证关系是考生难以理解的内容。**简单地说，确定性就是"法律说了的"和"法律说清楚了的"内容，而不确定性就是"法律没说的"和"法律没说清楚的"内容。法律需要确定性来实现可预测性，但由于社会关系的复杂性，法律不能事无巨细地全部加以规定，这就造成法律在一些事项上"没有说"或"没有说清楚"，即体现出不确定性。考试中，该内容可能通过法律中不确定性的表现、意义、解决方法来考查。法律的不确定性具体表现为：(1)法律规则中概念的模糊、歧义与开放；(2)法律规则之间的冲突；(3)法律原则的一般、笼统与抽象性；(4)法律漏洞；等等。不确定性在法律中有其存在的价值，这是因为绝对的确定性将导致法律的僵化，适当的不确定性反而有助于法律适应社会的发展和变化。法律的不确定性在司法中将通过法律解释、法律推理、法律漏洞的填补、证成等一系列法律适用的方法得到解决。该内容在 2017 年、2020 年和 2024 年试题中都进行了集中考查，考生可结合这些题理解法律的不确定性。

## 真题快刷*

### 考点一 法的实施与法律监督

**1** 法谚云"法官是会说话的法律"，对于这一表述，下列理解正确的是：(2020 年回忆版，单选)

* 本章答案及解析见第 94 页。

A. 法律不经裁判,则不产生义务

B. 法律不经转化,则无法解释

C. 法律不经适用,则不发生效力

D. 法律不经解释,则无法适用

**2** 王某向市环保局提出信息公开申请,但未在法定期限内获得答复,遂诉至法院,法院判决环保局败诉。关于该案,下列哪些说法是正确的?(2016 年,多选)

A. 王某申请信息公开属于守法行为

B. 判决环保局败诉体现了法的强制作用

C. 王某起诉环保局的行为属于社会监督

D. 王某的诉权属于绝对权利

## 考点二 法适用的一般原理

**1** 沈某因继承了爷爷遗产取得房屋所有权,起诉至法院要求继祖母李某搬离房子。法院认为,此住房是李某唯一住房,且李某年事已高,无其他生活来源,如让其搬离,会违背社会公序良俗。虽然此房屋并未登记设立居住权,但根据《民法典》规定的居住权的立法目的,应当承认李某的居住权利。故法院判沈某败诉。下列说法正确的是:(2021 年回忆版,多选)

A. 法院的判决体现了法律分配正义的个人需求原则

B. 为了证成李某的权利,法院做了目的论扩张

C. 沈某的所有权是普通权利,受到居住权这一基本权利的限制

D. 为了确保判决合目的性,法院考量了公序良俗

**2** 2015 年,法院在审理某案件时发现,法律对恶意取得人和善意取得人返还财物的范围无具体规定,认为存在法律漏洞,遂援引《物权法》中对占有返还财物范围的规定,对善意取得人返还财物的范围做出判决。下列说法正确的是:(2020 年回忆版,多选)

A. 只要是法律没有规定的内容都是法律漏洞

B. 判断法律漏洞不需要进行价值评价

C. 该法律漏洞是隐藏漏洞

D. 法官运用了类比推理

**3** 甲公司派员工伪装成客户,设法取得乙公司盗版销售其所开发软件的证据并诉至法院。审理中,被告认为原告的"陷阱取证"方式违法。法院认为,虽然非法取得的证据不能采信,但法律未对非法取证行为穷尽式列举,特殊情形仍需依据法律原则具体判断。原告取证目的并无不当,也未损害社会公共利益和他人合法权益,且该取证方式有利于遏制侵权行为,应认定合法。对此,下列哪些说法是正确的?(2017 年,多选)

A. 采用穷尽式列举有助于提高法的可预测性

B. 法官判断原告取证是否违法时作了利益衡量

C. 违法取得的证据不得采信,这说明法官认定的裁判事实可能同客观事实不一致

D. 与法律规则相比,法律原则应优先适用

**4** 法律格言云:"不确定性在法律中受到非难,但极度的确定性反而有损确定性。"对此,下列哪些说法是正确的?(2017 年,多选)

A. 在法律中允许有内容本身不确定,而是可以援引其他相关内容规定的规范

B. 借助法律推理和法律解释,可提高法律的确定性

C. 通过法律原则、概括条款,可增强法律的适应性

D. 凡规定义务的,即属于极度确定的;凡规定权利的,即属于不确定的

# 第五章　法律解释

## 名师带练

### 1　考点考查统计

- 法律解释
  - 法律解释的基本理论
    - 法律解释的含义与特点 * * *
    - 法律解释的方法 * * *
    - 法律解释方法的位阶 * *
  - 当代中国的法律解释体制
    - 全国人大常委会的立法解释 *
    - 最高人民法院和最高人民检察院的司法解释 *

### 2　命题基本规律

本部分是关于法律解释的一般理论以及我国法律解释制度。从历年考试题目来看,此部分命题主要考查以下内容:

第一,法律解释的一般理论。主要考查:(1)法律解释的方法,这是本部分最核心的考点,每年都有考题围绕各种法律解释方法进行考查。在法律解释方法中,又以文义解释、体系解释和目的解释为重点考查对象,让考生识别题目中某主体的解释运用了何种解释方法。(2)法律解释方法的位阶,主要考查法律解释方法的优先次序,但要注意该位阶并非绝对,具体应运用何种解释方法要视情况而定。(3)法律解释的分类,此类题目考查某一解释根据解释主体的不同是属于正式解释还是非正式解释,根据解释结果是属于扩张解释还是限缩解释。

第二,我国的法律解释制度。包括:(1)全国人大常委会的立法解释;(2)最高人民法院和最高人民检察院的司法解释;(3)国务院及其部委的行政解释。

### 3　设题陷阱

**陷阱一:司法解释与法官在个案中作出的解释易产生混淆。**在我国,司法解释特指由最高人民法院和最高人民检察院根据法律赋予的职权,对审判和检察工作中具体应用法律所作的具有普遍司法效力的解释。法官在个案中对法律作出的解释,虽然是司法性质的,但并非司法解释。两者区别在于:(1)主体不同,司法解释只能由最高人民法院、最高人民检察院作出,个案中的法律解释是由法官作出的。(2)效力不同,司法解释具有普遍的法律约束力,司法机关在办案中应当遵照执行,法官在个案中的法律解释不具有普遍约束力。(3)程序不同,司法解释必须根据法律规定的程序作出,且需报请备案,法官在个案中的解释并不需遵循特定的程序。有些考生没有掌握我国司法解释的概念,从而将法官在司法过程中针对具体案件作出的法律解释与司法解释混淆,落入出题人的陷阱。

**陷阱二:扩大解释与限缩解释的区分标准容易被考生忽略。**严格地说,扩大解释和限缩解释并不是两种法律解释的方法,而是运用法律解释方法产生的两种不同结果。扩大解释和限缩解释是以法律条文的字面含义为标准划分的,在运用除文义解释之外的某种解释方法之后,某概念的外延比原条文中字面含义更宽泛的,为扩大解释,更为狭窄的,则为限缩解释。考生应注意,文义解释是根据字面含义进行的,所以不存在扩大解释或限缩解释的问题,且其自身就是划分扩大解释与限缩解释的标准。另外考生还要注意,扩大解释不同于法律漏洞填补方法中的目的论扩张;限缩解释不同于法律漏洞填补方法中的目的论限缩。

## 真题快刷*

### 考点一 法律解释的基本理论

**1** 王某,男,70 周岁,系某单位清洁工,已领取退休金。某日王某在打扫卫生时受伤,请求保险公司赔偿。保险公司以其超过退休年龄为由拒赔。王某诉至某法院。法院认为:"根据最高人民法院《关于审理劳动争议案件适用法律问题的解释(一)》第 32 条第 1 款规定,用人单位与其招用的已经依法享受养老保险待遇或者领取退休金的人员发生用工争议而提起诉讼的,人民法院应当按劳务关系处理。据此,王某不能享有工伤劳动保险待遇。但王某孤苦伶仃,无人照料,生活极度贫困。考虑到我国社会老龄化加速的实际情况,为维护老年人合法权益,保险公司应支付保险费用。"王某胜诉。该案例体现了:(2023 年回忆版,单选)

A. 当然推理　　B. 反向推理　　C. 历史解释　　D. 客观目的解释

**2** 张某为其轿车购买保险,合同约定保险公司应赔偿该车因火灾发生的损失。后该车发生自燃,保险公司以"自燃"并非"火灾"为由拒赔,张某诉至法院。法院认为,在日常用语中,"自燃"是"火灾"的一种类型,但该保险合同的免责条款明确了"自燃"概念,故该合同中的"自燃"并非"火灾"之义。对此,下列哪些说法是正确的?(2021 年回忆版,多选)

A. 法院对"火灾"和"自燃"两个概念进行了比较解释

B. 法院对"火灾"概念进行了体系解释

C. 法院对"自燃"概念进行了文义解释

D. 法院采用了解释方法适用模式中的冲突模式

**3** 古有一辩士持白马非马之说。一日进城,门卫说:马过城门须纳税。辩士称白马非马,不纳税。门卫不为所动,最终辩士纳了税。下列选项正确的是:(2019 年回忆版,多选)

A. 双方讨论的是法律问题而不是事实问题

B. 门卫执法的强制性来源于国家权力

C. 马过城门须纳税可以直接适用不需要法律解释

D. 双方的分歧是"白马是不是马"

**4** 下列与法律解释相关的分析中,正确的是:(2018 年回忆版,多选)

A. 李某将其仇人坟墓掘开并将骨头扔掉,其认为白骨不属于尸体,否认其构成侮辱尸体罪。他对白骨的解释属于无权解释、主观目的解释

B. 法官任某在审理案件时认为刑法"伪造货币罪"中的货币不包括生肖纪念币,该解释为有权解释、文义解释

* 本章答案及解析见第 98 页。

C. 最高人民法院某副院长在接受媒体采访时表示,《刑法修正案(八)》中规定的“醉驾入刑”应结合《刑法》总则当中“情节显著轻微危害不大的,不认为是犯罪”的规定来理解,因此并非只要醉驾就一定入刑,这属于体系解释方法的运用

D. 李某认为组织他人卖淫罪中“他人”不仅包括女性,而且包括男性。其理由是目前组织男性卖淫的现象很普遍,危害性很大,要发挥法律的社会功能,应包含男性。其对相关条文的解释为客观目的解释

**5** “当法律人在选择法律规范时,他必须以该国的整个法律体系为基础,也就是说,他必须对该国的法律有一个整体的理解和掌握,更为重要的是他要选择一个与他确定的案件事实相切合的法律规范,他不仅要理解和掌握法律的字面含义,还要了解和掌握法律背后的意义。”关于该表述,下列哪一理解是错误的?(2017 年,单选)

A. 适用法律必须面对规范与事实问题

B. 当法律的字面含义不清晰时,可透过法律体系理解其含义

C. 法律体系由一国现行法和历史上曾经有效的法构成

D. 法律的字面含义有时与法律背后的意义不一致

### 考点二　当代中国的法律解释体制

《全国人民代表大会常务委员会关于〈中华人民共和国刑法〉第一百五十八条、第一百五十九条的解释》中规定:“刑法第一百五十八条、第一百五十九条的规定,只适用于依法实行注册资本实缴登记制的公司。”关于该解释,下列哪一说法是正确的?(2016 年,单选)

A. 效力低于《刑法》

B. 全国人大常委会只能就《刑法》作法律解释

C. 对法律条文进行了限制解释

D. 是学理解释

# 第六章　法律推理与证成

## 名师带练

### 1　考点考查统计

- 法律推理与证成
  - 法律推理
    - 演绎推理 * *
    - 归纳推理 *
    - 类比推理 * *
    - 设证推理 *
    - 反向推理 *
    - 当然推理 *
  - 证成
    - 外部证成 *
    - 内部证成 * *

## 2 命题基本规律

本部分是关于法律适用过程中推理和论证的理论。从历年考试题目来看,此部分命题主要考查以下内容:

第一,法律推理。主要考查:(1)三段论演绎推理,这是成文法国家法律适用中最重要的推理方法,属于每年必考内容。此类题目往往让考生识别题目中某一适用法律的推理过程是否属于演绎推理,或题目中的某一陈述属于演绎推理的大前提还是小前提,此考点还可结合法律规则、法律原则、法律解释、法律论证等内容考查。(2)类比推理,是基于案件之间"相同情况相同处理"的推理,该考点在2020年通过原《物权法》进行了考查。(3)设证推理,即所谓的"大胆假设,小心求证",通常在事实认定中运用。(4)反向推理,是指从法律规范赋予某种事实情形以某法律后果中,推出这一后果不适用于法律规范未规定的其他事实情形,2021年试卷通过有关彩礼的民法判例考查了反向推理的适用。(5)当然推理,是指"举重以明轻",或"举轻以明重"的推理方式。

第二,证成,主要考查内部证成和外部证成的概念。内部证成关涉的是前提到结论的推论是否有效,与三段论演绎推理紧密联系,可将两者结合起来考查。外部证成是对内部证成运用的前提进行证成,与法律解释相关,可以与法律解释结合起来进行考查。

## 3 设题陷阱

**陷阱:法律中的推理方法是考生容易出错的内容。**推理属于逻辑学范畴,很多考生缺乏逻辑学的基础知识,对法律中的推理不了解,才会在有关推理方法的题目中出错。这里总结几种法律中常见的推理方法:

(1)演绎推理,是从一般到个别的推理,属于必然性推理,前提真,结论不可能为假。演绎推理的经典形式是三段论,司法三段论即是这种推理形式在司法中的运用。在司法活动中,演绎推理通常用于将法律规则结合案件事实推导出法律结论。演绎推理在法律规则适用中的作用容易被考生掌握,但在法律原则适用中的作用却容易被忽略。2014年就考查了运用演绎推理适用诚实信用原则和公序良俗原则,很多考生将演绎推理局限于法律规则的适用中,而没有识别出该题中适用法律原则的方法也是演绎推理,从而落入命题人设置的陷阱。

(2)归纳推理,是从个别到一般的推论。在司法活动中,归纳推理与案例推理有关,即从一定数量的案例中归纳出一般法律原则。这种推理方式在普通法系司法中有广泛的应用,而在大陆法系国家,归纳推理更多地被运用在法律制定的过程中。归纳推理没有在近几年的法考中考查,不排除在未来的考题中会出现的可能性,考生在备考时不可遗漏该内容。

(3)类比推理,类比推理是从个别到个别的推论,它基于两个事物在某些方面的相似性,推导出它们在其他方面的相似性。类比推理属于或然性推理。在司法中,类比推理通常用于两个案例之间,通过案件事实上的相似性,推出两者应当具有相似的法律后果。这种推理方式主要适用于普通法系的司法过程,在大陆法系则通常运用于法律漏洞的填补。我国的案例指导制度也是以类比推理为基础的。类比推理在2017年借案例指导制度进行了考查,考生可以该题把握类比推理的应用。

(4)设证推理,是从结论或结果推出某个前提或原因的推理。简单地说,设证推理就是"大胆假设,小心求证"。这就是说,我们在探寻某个现象的原因时,可以大胆猜想所有可能的原因,然后再对每个猜想一一求证,排除不可能的选项,留下可能性最大的一个。这是一种效力很弱、不确定性非常强的推理。在法律中,设证推理主要用于案件事实的查明,如 2016 年考查了宋代话本小说《错斩崔宁》中应用设证推理查明案件事实的过程,考生可通过该题理解设证推理的推理方式和局限性。

(5)反向推理,又叫"反面推论",是指从法律规范赋予某种事实情形以某个法律后果中,推出这一后果不适用于法律规范未规定的其他事实情形。这种推理的思考方式在于,明确地说出某事(应当)是什么就意味着另一件不同的事(应当)不是什么。换言之,反向推理将一个法律规范解释为,它只适用于它明确规定的情形。罗马法谚"明示其一即否定其余""例外证实了非例外情形中的规则",就体现了这种推理。

(6)当然推理,是指由某个更广泛的法律规范的效力推导出某个不那么广泛的法律规范的效力。换言之,是指"如果较强的规范有效,那么较弱的规范就必然更加有效"。"较强"是指法律规范具有不那么严格的前提或具有更广泛的法律后果,"较弱"是指法律规范具有更严格的前提和不那么广泛的法律后果。

考生应理解并掌握上述推理方法,以准确识别题目中的推理方式,并能够在今后的法律工作中灵活运用。

## 真题快刷*

### 考点一 法律推理

**1** 陈某认为某商场外显示屏存在"光污染",将商场诉至法院。法院根据经验法则,认定该显示屏确实超过一般人能忍受的程度,确认商场外显示屏存在光污染,判决陈某胜诉。关于本案,下列哪一选项是正确的?(2024 年回忆版,单选)

A. 法院的判决,运用了设证推理

B. 法院的判决,运用了当然推理

C. 对于光污染的概念,法院运用了体系解释

D. 对于光污染的概念,法院运用了比较解释

**2** 朱男和吕女结婚前,给了吕女母亲一笔钱款。后朱男与吕女离婚,朱男未向吕母要求返还,吕女向其母索要该钱无果后诉至法院。法院经调查风俗习惯后认定该钱款系朱男婚前向吕母支付的彩礼,而非赠与吕女的财产。法律规定只有给付彩礼方有权请求接受方返还彩礼,而吕女无权向其母亲索要该笔彩礼,故吕女败诉。对此,以下哪些选项是正确的?(2021 年回忆版,多选)

A. 法院在适用返还彩礼相关规定时,进行了反向推理

B. 在认定该笔款项性质时,法院以当地习俗为大前提

C. 法院查明习俗的过程,属于法的发现

D. 整个推理过程,法院采用了涵摄的方法

**3** 某法院在审理一起合同纠纷案时,参照最高人民法院发布的第 15 号指导性案例所确定的"法人人格混同"标准作出了判决。对此,下列哪一说法是正确的?(2017 年,单选)

A. 在我国,指导性案例是正式的法的渊源

---

* 本章答案及解析见第 102 页。

B. 判决是规范性法律文件

C. 法官在该案中运用了类比推理

D. 在我国，最高人民法院和各级法院均可发布指导性案例

**4** 在宋代话本小说《错斩崔宁》中，刘贵之妾陈二姐因轻信刘贵欲将她休弃的戏言连夜回娘家，路遇年轻后生崔宁并与之结伴同行。当夜盗贼自刘贵家盗走15贯钱并杀死刘贵，邻居追赶盗贼遇到陈、崔二人，因见崔宁刚好携带15贯钱，遂将二人作为凶手捉拿送官。官府当庭拷讯二人，陈、崔屈打成招，后被处斩。关于该案，下列哪一说法是正确的？（2016年，单选）

A. 话本小说《错斩崔宁》可视为一种法的非正式渊源

B. 邻居运用设证推理方法断定崔宁为凶手

C. "盗贼自刘贵家盗走15贯钱并杀死刘贵"所表述的是法律规则中的假定条件

D. 从生活事实向法律事实转化需要一个证成过程，从法治的角度看，官府的行为符合证成标准

## 考点二 证成

**1** 甲乙已婚，甲却在游戏网络空间和丙组成夫妻。乙起诉甲重婚，法院认为网络空间的婚姻不属于法定婚姻，最终判决甲不构成重婚罪。对此，下列哪个说法是正确的？（2022年回忆版，单选）

A. 法院判决甲无罪，运用了反向推理

B. 法院如果判决甲构成重婚罪，不是运用涵摄推理

C. 法院对网络空间的婚姻不是法定婚姻的推理不必然涉及内部证成

D. 法院可以直接依据公序良俗判决甲无罪

**2** 王某幼年被亲生父母抛弃，后被李某抚养成人。王某为自己购买了一份意外死亡险，指定受益人为其法定继承人后，王某意外死亡。李某要求保险公司支付保险金，保险公司以李某未办理收养手续为由拒付，李某诉至法院。法院认为王某死亡时，并无其他法定继承人，将年事已高的李某作为保险受益人，保障其基本生存条件，符合公序良俗原则和王某真实意愿，故判决李某胜诉。对此，下列说法正确的是：（2021年回忆版，多选）

A. 法院通过目的论扩张的方式，确认了李某的权利

B. 该判决将人权作为重要的价值评价标准

C. 推定王某的真实意愿，属于外部证成

D. 在民法的各项原则中，公序良俗原则处于最高的效力位阶

# 第七章　法的演进和法与社会

## 名师带练

### 1　考点考查统计

- 法的演进和法与社会
  - 法的演进
    - 法的产生 *
    - 法的现代化 *
    - 法律移植与法律继承 * *
  - 法与社会
    - 法与道德 * * *
    - 法与人权 *

### 2　命题基本规律

本部分是关于法的演变发展和法与其他社会领域关系的理论。从历年考试题目来看，此部分命题主要考查以下内容：

第一，法的演进。主要考查：(1)法产生的过程，即(在法产生之前)从个别调整到规范性调整，以及(法产生之时)从一般规范性调整到法的调整的过程。该考点在2017年进行了集中考查，考生可通过该题把握这个知识点。(2)法的现代化，通常考查法现代化的概念，以及内发型法的现代化与外源型法的现代化的特点，尤其以外源型法的现代化为考查重点，要把握外源型法的现代化的被动性、依附性、反复性。我国法的现代化即属于外源型法的现代化。

第二，法与社会主要考查法与道德的联系和区别。包括：(1)法与道德在概念上的联系，常结合自然法学与实证主义法学关于法概念的学说进行考查。(2)法与道德在内容上的联系，如法与道德在内容上的重合，以及道德义务与法律义务的相互转化。(3)法与道德在功能上的联系，即两者相辅相成，共同调整社会关系。(4)法与道德作为两种不同社会规范的区别。

### 3　设题陷阱

**陷阱：法与道德的关系是考生难以全面把握的理论。**该考点在考试中非常重要，在法理学、宪法和中国法律史的考查中都有所涉及。但近几年对该内容的考查较为分散，使很多考生忽略了对法与道德的关系的全面把握，以致在解题中出现理解偏差。法与道德的联系包括：(1)概念上的联系，是指自然法学认为“恶法非法”，即自然法学认为不具备道德性的法不是法律。(2)内容上的联系，指一些道德义务被法律确认，转化为法律义务。(3)功能上的联系，指法律强制力保障道德的实施，道德的内在约束力又促使法律被遵守。法与道德的区别包括：(1)产生方式不同，法由国家制定或认可，道德是在社会中自然演进产生的。(2)表现形式不同，法一般以规范性文件的形式表现，道德一般缺乏成文的表现形式。(3)调整范围不同，两者都有各自专门调整的范围，如情感关系只能由道德调整，法律中的程序内容也只能由法律调整。(4)内容不同，法律规范的内容具体明确，而道德通常是模糊抽象的行为规范。(5)实施方式不同，法由国家强制力保障实施，道德主要靠人的内心信念和社会舆论来实施。

## 真题快刷*

### 考点一 法的演进

**1** 法谚云："语言是法律精神的体现。"对此，下列说法正确的是：(2021 年回忆版，多选)

A. 若语言可被翻译，则法律必然可被移植

B. 语言描述法理，法理形成规范

C. 若语言有歧义，法律无效力

D. 语言相同，则法律必然相同

**2** 关于法的现代化，说法正确的是：(2020 年回忆版，单选)

A. 法的现代化仅要求法律制度的变革

B. 外源型法的现代化具有自发性和渐进性特征

C. 从清末开始，中国法的现代化一直是司法主导型

D. 法的现代化要求法具备形式合理性(合法性)

**3** 关于法的移植与法的继承，下列说法正确的是：(2018 年回忆版，单选)

A. 法的移植的对象是外国的法律，国际法律和惯例不属于移植对象

B. 与法律继承不同，法律移植的主要原因在于社会发展和法的发展的不平衡性

C. 当前我国对美国诉讼法的吸收不属于法律移植

D. 法律继承的对象，必须局限于本民族的古代的法律

**4** 有学者这样解释法的产生：最初的纠纷解决方式可能是双方找到一位共同信赖的长者，向他讲述事情的原委并由他作出裁决；但是当纠纷多到需要占用一百位长者的全部时间时，一种制度化的纠纷解决机制就成为必要了，这就是最初的法律。对此，下列哪一说法是正确的？(2017 年，单选)

A. 反映了社会调整从个别调整到规范性调整的规律

B. 说明法律始终是社会调整的首要工具

C. 看到了经济因素和政治因素在法产生过程中的作用

D. 强调了法律与其他社会规范的区别

### 考点二 法与社会

**1** 国家之权乃是"神器"，是神圣的。公权力姓公，也必须为公。对此，下列哪一选项是正确的？(2023 年回忆版，单选)

A. 公权力是神圣的，超越政治的

B. 公职人员在公职外不可以有个人利益

C. 公权力必须得到制约和监督

D. 公权力行使的依据仅限于"国法"

**2** ChatGPT 的发展给法律带来挑战。对此，国家网信办联合其他部门通过了《生成式人工智能服务管理暂行办法》(本题以下简称《办法》)。《办法》规定，国家坚持发展和安全并重、促进创新

---

* 本章答案及解析见第 105 页。

和依法治理相结合的原则，采取有效措施鼓励生成式人工智能创新发展，对生成式人工智能服务实行包容审慎和分类分级监管。对此，下列哪一说法是正确的？（2023 年回忆版，单选）

A. 法律必然滞后于科技发展

B.《生成式人工智能服务管理暂行办法》属于规范性法律文件

C. 对科技而言，发展价值优于安全价值

D. 科技的发展将导致法系之间界限日益模糊

**3** 党的二十大报告明确要求："坚持依法治国和以德治国相结合，把社会主义核心价值观融入法治建设、融入社会发展、融入日常生活。"对此，下列表述最符合这一要求的是：（2023 年回忆版，不定项）

A. 法治和德治都是治国理政不可或缺的重要手段和基本方略

B. 法律和道德都具有调整社会关系和维护社会秩序的作用

C. 既要重视发挥法律的规范作用，又要重视发挥道德的教化作用

D. 社会主义核心价值观融入法治建设就是通过立法使之上升为法律规范

**4**《民法典》是新中国第一部以法典命名的法律，开创了我国法典编纂的先河，具有里程碑意义。对《民法典》的意义和举措，下列说法正确的是：（2020 年回忆版，多选）

A. 婚姻家庭编凸显了中国社会治理经验，传承了中华文化精神气质

B. 弘扬社会主义核心价值观为重要立法目的，具有鲜明中国特色

C. 人格权独立成编，扩大到网络社会对人格权的保护，彰显了信息网络时代社会对人格权保护的特殊价值

D. 其颁布和实施一劳永逸地解决了新时代中国的民事法治建设问题

**5** "居有其所"是每个人最基本的生存需求。随着我国经济社会发展，居住权益保障问题日益成为人们普遍关注的社会热点问题，在这一背景下，《民法典》新增了居住权的规定。对此，下列表述正确的是：（2020 年回忆版，多选）

A. 居住权作为一项人权，其产生先于《民法典》的规定

B. 居住权的设置有利于弱势群体的权益保障

C. 居住权既是道德权利，也是一项法律权利

D. 凡是道德需求的，都应当纳入法律的调整范围之内

**6** 甲乙两人分食两个苹果，甲先拿走大的，乙责怪甲自私。甲问乙若你先拿又如何，乙称会选小的。甲说道，既然如此，我拿大的岂非正合你意，你又何必怪我？根据该故事，结合对法治和德治观念的理解，下列说法正确的是：（2019 年回忆版，不定项）

A. 道德缺乏强制力，不能保障人在同样的情形下做出一致的选择

B. 法律可以从外部约束人的行为，但对道德领域难题的解决并无帮助

C. 适用不同的程序可能对同样的结果赋予不同的意义

D. 提前约定好事情的处理方案，对于解决矛盾、避免纠纷起到至关重要的作用

**7** 下列关于人权的说法，错误的是：（2018 年回忆版，单选）

A. 人权与法律权利在内容上是一致的

B. 人权的存在和发展是社会经济、文化发展的结果

C. 人权的主体要比公民权的主体宽泛，不仅包括个体人权，还包括集体人权

D. 为了更好地保护人权，人权应当被尽可能地法律化

# 宪　法

## 关于宪法客观题的考试说明

### 一、命题基本规律

宪法作为考试的传统科目,其学科特点在于:第一,《宪法》条文在宪法学科体系中处于核心地位。复习宪法,首先要研习《宪法》条文的内容,脱离法条而空谈理论是学习宪法的大忌。第二,宪法理论与宪法发展史密不可分。宪法理论的形成,与各国的宪法史、宪法实践密不可分。这在历年考题中也有所体现,如结合宪法的历史考查宪法的分类。第三,实质意义上的宪法是由以《宪法》文本为核心的一系列法律规范构成的,切不可脱离其他法律而孤立地看待宪法。同时,宪法学与行政法学密不可分,学好宪法有助于加深对行政法的理解。

综观近几年的考试试题,宪法的分值占比较为稳定,一般占客观题总分值的5%左右。题型基本为选择题,单项选择题、多项选择题和不定项选择题皆有。宪法内容也与主观题第一题论述题密切相关。宪法学试题设计大多紧扣法条,对考生的法条记忆和总结归纳能力要求很高。

宪法部分除了考查宪法学的基本理论外,非常重视对《宪法》文本的考查,主要考点包括:公民的基本权利,国家机构的组成、职权,不同国家机关之间的关系,《宪法修正案》的内容。此外,对《立法法》与《全国人民代表大会和地方各级人民代表大会选举法》(以下简称《选举法》)的考查也多次出现,《立法法》的考点在于不同法律规范的立法主体、立法权限以及立法程序;《选举法》的考点主要是选举委员会、选民登记、代表候选人的提出及相关程序制度。《全国人民代表大会组织法》、《地方各级人民代表大会和地方各级人民政府组织法》(以下简称《地方组织法》)、《民族区域自治法》、《村民委员会组织法》、《香港特别行政区基本法》、《澳门特别行政区基本法》等宪法性法律也需要引起考生注意。近几年,对《香港特别行政区基本法》中立法权及解释权的规定以及《香港特别行政区维护国家安全法》应特别关注。

从考题的设计上看,宪法考题有以下三个显著特点:

第一,注重细节,精确记忆。这点在《宪法》"国家机构"一章体现得十分明显。全国人大、全国人大常委会、国务院各自的职权范围及相互间的关系有很多相似之处,稍有疏忽就会混淆。不同时期宪法修正案的对比,涉及若干次宪法修改,考生很容易出现记忆偏差。此外,选举制度与国家机构所涉及的主体、程序与数字非常多,许多地方大同小异,很多内容并无固定规律可循,在多项选择题与不定项选择题中很容易出错,对考生记忆的精确度要求较高。这就需要考生熟读法条,注意法条之间的关联比较,准确记忆,将其牢记于心。

第二,考查范围广,要求考生掌握的法条数目多。宪法考题中除考查《宪法》文本外,还有大量题目涉及其他宪法性文件的内容,这些单行法的规定很多,涉及立法、选举和罢免、组织机构、民族区域自治、特别行政区等内容,且多为硬性规定,相关理论不多,全凭考生对法条内容的掌握。考生在复习宪法的过程中,一定要重视对宪法类法条的学习,记忆关键词、高频考点,否则很难拿到高分。

第三，考查知识点的时政性强，具有“新法必考”的惯例。宪法由于其性质的特殊，命题人历来倾向于围绕时政展开命题。例如，2020 年对当年通过的《全国人民代表大会关于建立健全香港特别行政区维护国家安全的法律制度和执行机制的决定》进行了考查，2018 年对《国歌法》的具体内容进行了考查，2023 年对修正的《地方组织法》进行了考查。因此，考生对于 2024 年新修正的《国务院组织法》应重点把握，同时，对于近年的，尤其是备考年当年的重大时政问题，考生一定要予以特别关注。

## 二、复习技巧

针对宪法学的命题规律和考查要点，考生应当在复习宪法的过程中找准复习技巧，建议如下：

其一，复习宪法以法条为中心，这是应试的关键。《宪法》文本中的公民基本权利和国家机构，都是重中之重。除此之外，如前所述，一系列宪法性法律也是命题人考查的重点。对于这些法条，除了硬性熟练记忆，似乎并无更好的应对办法。考生一定要把精确记忆法条作为复习宪法的关键，在学习法条的过程中，应清楚区分、联系记忆，注意法条之间的横向对比、注意不同时间点上法条内容的纵向对比，并通过制作表格等方式加深记忆。同时，要将《宪法》与单行法及其他部门法结合起来学习，提高应对综合性题目的能力。

其二，了解宪法学基本理论，提高应对复杂宪法考题的能力。对基本理论考查的加强已经成为近几年来考试命题的趋势。考试越来越倾向于将宪法法条与宪法学基本理论相结合，甚至是针对宪法学基本理论单独命题。对宪法的复习，虽然要侧重于法条记忆，但不能拘泥于法条，了解宪法学基本理论极有必要。此外，宪法的修改也是宪法学基本理论的考点之一，考生务必掌握。

其三，宪法学考试的考点重复率较高，考生一定要认真研读历年真题，结合每个基础考点下的命题规律部分，把握出题思路，吃透重点难点，多记忆、多总结、多归纳。

# 第一章　宪法的基本理论

## 名师带练

### 1　考点考查统计

- 宪法的基本理论
  - 宪法的基本原则
    - 人民主权原则 *
    - 基本人权原则 *
    - 法治原则 *
    - 权力制约原则 *
  - 宪法的渊源
    - 成文宪法与不成文宪法 * *
    - 宪法渊源 * *
  - 宪法规范
    - 宪法规范的概念 *
    - 宪法规范的特点(根本性、最高性、原则性、纲领性、稳定性) *
    - 宪法规范的分类 * *

### 2　命题基本规律

本部分是宪法的基本理论,内容包括宪法的基本原则、宪法的渊源与结构、宪法规范等。从历年考试题目来看,此部分命题主要呈现以下特点:

第一,宪法的基本原则。主要考查:(1)人民主权原则。主要考查人民主权原则的内容,以及该原则在选举制度、人民代表大会制度中的体现。(2)基本人权原则。该原则在近几年的宪法部分没有考查,但法理学部分的法与人权的关系等内容,都是宪法的基本人权原则的体现,可以结合考查。(3)法治原则。该原则与法治理论等内容紧密联系,是客观题试卷一中的考查重点。(4)权力制约原则。例如,2017 年试卷一就通过公、检、法三机关在刑事案件办理中的关系考查了我国权力制约原则的含义。

第二,宪法渊源与宪法结构。主要考查:(1)宪法渊源,包括宪法渊源的内涵与外延、成文宪法与不成文宪法的分类。(2)宪法的结构。

第三,宪法规范。主要考查宪法规范的定义、特点、表现形式、分类等。

### 3　设题陷阱

**陷阱:我国宪法的权力制约原则与西方国家分权制衡原则的区别容易被考生忽略。**权力制约原则作为宪法的基本原则之一，具有一般性，它既包括公民权利对国家权力的制约，也包括国家权力相互之间的制约。该原则在不同国家的宪法中有不同的表现。在资本主义国家的宪法中，权力制约原则主要表现为分权制衡原则，如1787年《美国宪法》就是按照典型的分权制衡原则确立国家的政权体制的。在社会主义国家的宪法中，权力制约原则主要表现为监督原则。我国宪法中的权力制约原则体现为：(1)公民权利对国家权力的制约。一方面，国家权力不得侵犯宪法赋予公民的基本权利；另一方面，宪法还赋予公民对国家权力进行监督的权利。(2)宪法规定了不同国家机关之间、国家机关内部的监督形式、如法院、检察院和公安机关办理刑事案件，应当分工负责，互相配合，互相制约。因此，我国宪法中的权力制约原则与西方国家的分权制衡原则有本质的不同，任何将我国的权力制约原则与西方的分权制衡原则相等同的表述都是错误的。这既是法律问题，也是政治问题。

## 真题快刷*

### 考点一 宪法的基本原则

**1** 各级监察委员会是国家的监察机关，根据《宪法》和《监察法》，下列说法正确的是：(2021年回忆版，单选)

A. 依法应当留置的被调查人员如果在逃需要通缉，由上级监察机关批准决定

B. 监察机关行使监察权，应当与审判机关、检察机关和执法部门互相配合，互相制约

C. 监察机关采取留置措施，应当由监察委员会主任决定

D. 上级监察机关只能办理下一级监察机关管辖范围内的监察事项

**2** 我国宪法规定，法院、检察院和公安机关办理刑事案件，应当分工负责，互相配合，互相制约。对此，下列哪些选项是正确的？(2017年，多选)

A. 分工负责是指三机关各司其职、各尽其责

B. 互相配合是指三机关以惩罚犯罪分子为目标，通力合作，互相支持

C. 互相制约是指三机关按法定职权和程序互相监督

D. 公、检、法三机关之间的这种关系，是权力制约原则在我国宪法上的具体体现

**3** 我国宪法规定了"一切权力属于人民"的原则。关于这一规定的理解，下列选项正确的是：(2016年，不定项)

A. 国家的一切权力来自并且属于人民

B. "一切权力属于人民"仅体现在直接选举制度之中

C. 我国的人民代表大会制度以"一切权力属于人民"为前提

D. "一切权力属于人民"贯穿于我国国家和社会生活的各领域

### 考点二 宪法的渊源

**1** "宪法惯例形成的前提是书面的宪法文件对某些宪法事项没有作出明确规定，而政治实践

* 本章答案及解析见第111页。

中又需要一定的政治原则。”关于宪法惯例,下列哪一选项是正确的?(2020年回忆版,单选)

A. 具有规范性,其含义由权威机关加以解释确认

B. 由国家的强制力来保障实施,违反宪法惯例会直接导致一定的法律后果

C. 可以形成书面文件

D. 是宪法法院或者专门机关可以适用的不成文规则

**2** 下列关于宪法的分类,正确的选项是:(2018年回忆版,单选)

A. 世界上第一部宪法是1787年的《美国宪法》,欧洲的第一部宪法是1791年的《法国宪法》

B. 中国是典型的刚性宪法国家,宪法的修改程序严于普通法律,宪法修正案要求全国人大全体代表的三分之二以上多数通过,普通法律只需要二分之一以上通过即可

C. 在成文宪法国家,宪法典就是通常意义上的宪法,而在不成文宪法国家,其宪法往往体现为实质意义上的宪法性法律、宪法惯例等形式

D. 1889年的《明治宪法》和1830年的《法国宪法》是两部典型的钦定宪法

**3** 成文宪法和不成文宪法是英国宪法学家提出的一种宪法分类。关于成文宪法和不成文宪法的理解,下列哪一选项是正确的?(2017年,单选)

A. 不成文宪法的特点是其内容不见于制定法

B. 宪法典的名称中必然含有“宪法”字样

C. 美国作为典型的成文宪法国家,不存在宪法惯例

D. 在程序上,英国不成文宪法的内容可像普通法律一样被修改或者废除

## 考点三 宪法规范

**1** 我国法律中“根据宪法,制定本法”,体现出宪法下列哪一基本特征?(2022年回忆版,单选)

A. 制定和修改的程序比普通法律更为严格

B. 具有最高法律效力

C. 规定一个国家最根本、最核心的问题

D. 是民主制度化、法律化的基本形式

**2** 我国《宪法》明确规定:“国家推行计划生育,使人口的增长同经济和社会发展计划相适应。”关于计划生育政策的调整,下列哪一理解是正确的?(2021年回忆版,单选)

A. 该规定属于基本国策条款,国家可以通过政策加以修正

B. 该条文必须经过正式的宪法解释之后,才能进行相应的计划生育政策调整

C. 根据该规定,经济和社会发展是国家计划生育政策调整的客观依据

D. 该条文为计划生育政策的具体措施提供了明确指引

# 第二章　宪法的制定、修改、实施

## 名师带练

### 1　考点考查统计

- 宪法的制定、修改、实施
  - 宪法的制定
    - 制宪权＊
    - 制宪主体＊＊
    - 制宪程序＊
    - 我国宪法制定的实践＊
  - 宪法的修改
    - 宪法修改的含义＊
    - 宪法修改的方式(全面修改、部分修改)＊＊
    - 宪法修改的程序＊＊
    - 我国历次宪法修改的内容和方式＊＊＊＊
  - 宪法的实施
    - 宪法实施的含义＊＊＊
    - 宪法的适用＊＊
    - 宪法解释＊
    - 宪法实施的保障＊＊

### 2　命题基本规律

本部分是宪法制定、修改、实施的理论,内容包括宪法的制定与修改程序、宪法的效力、宪法的实施方式等。从历年考试题目来看,此部分命题主要呈现以下特点:

第一,宪法的制定主要考查制宪权、制宪主体、制宪程序。该内容易结合我国 1954 年《宪法》制定的过程进行考查,例如,2020 年通过刚性宪法及柔性宪法的分类,考查了宪法与法律制定和修改的不同。

第二,宪法的修改。这是经常考查的知识点,内容包括:(1)我国宪法修改的程序,常考查提案、通过主体等。(2)我国宪法的修改方式,包括 1975 年、1978 年、1982 年三次全面修改,和现行宪法 1988 年、1993 年、1999 年、2004 年、2018 年五次部分修改。现行宪法部分修改都是以宪法修正案的方式进行的。(3)我国宪法修改的历史,重点考查我国历次全面修改和部分修改的主要内容。

第三,宪法的实施。包括以下内容:(1)宪法实施的方式,如 2017 年考查了宪法在裁判文书中是否可以适用,是否可以作为公民主张权利的依据。(2)宪法解释制度。宪法解释是保障宪法实施的一种手段。(3)宪法监督制度。宪法监督是对宪法的实施进行的监督,2020 年结合规范性文件的备案审查制度进行了考查。

### 3 设题陷阱

**陷阱一:中华人民共和国制定了唯一一部宪法,而非制定了四部宪法。**很多考生认为,中华人民共和国成立后,分别制定了 1954 年、1975 年、1978 年、1982 年四部宪法。该观点是错误的。从严格意义上讲,我国只有一部宪法,即 1954 年《宪法》,1975 年、1978 年、1982 年的文本都是对 1954 年《宪法》的全面修改,而非颁布全新的宪法。考生产生这种错误认识,是因为很多考试复习资料中都有“第一部宪法”“第二部宪法”的错误说法,故请考生注意。

**陷阱二:我国《宪法》并未规定制宪程序。**我国现行《宪法》是在 1954 年《宪法》的基础上经过三次全面修改、五次部分修改的结果。中华人民共和国的宪法制定仅指 1954 年《宪法》的产生过程,根据该过程,我国《宪法》的起草机关是 1954 年宪法起草委员会,通过机关是全国人大。《宪法》是该制宪过程的结果,故其中不可能对制宪程序进行规定,而只能对宪法修改程序进行规定。很多考生平时没有注意过我国《宪法》是否规定了制宪程序,却想当然认为宪法应该规定了宪法制定程序,从而落入出题人设置的陷阱。“宪法的制定由全国人民代表大会以全体代表的三分之二以上的多数通过”的表述错误,很多考生没有注意到《宪法》并未规定制宪程序,考生要引以为戒。

## 真题快刷*

### 考点一 宪法的制定

**1** 我国现行宪法可以追溯到 1949 年具有临时宪法作用的《中国人民政治协商会议共同纲领》(以下本题中简称《共同纲领》)和 1954 年第一届全国人大第一次会议通过的《中华人民共和国宪法》。关于这两个文件,下列说法正确的有:(2020 年回忆版,多选)

A.《共同纲领》是中华人民共和国第一部宪法性文件

B.《共同纲领》的效力高于 1954 年《宪法》

C. 1954 年《宪法》是一部刚性宪法

D. 这两个文件既有规范性,又有纲领性

**2** 宪法的制定是指制宪主体按照一定程序创制宪法的活动。关于宪法的制定,下列哪一选项是正确的?(2015 年,单选)

A. 制宪权和修宪权是具有相同性质的根源性的国家权力

B. 人民可以通过对宪法草案发表意见来参与制宪的过程

C. 宪法的制定由全国人民代表大会以全体代表的三分之二以上的多数通过

D. 1954 年《宪法》通过后,由中华人民共和国主席根据全国人民代表大会的决定公布

### 考点二 宪法的修改

**1** 下列关于 2018 年《宪法修正案》,说法错误的是:(2018 年回忆版,单选)

---

* 本章答案及解析见第 115 页。

A. 2018 年《宪法修正案》是对 1982 年《宪法》的全面修改,共计 21 条修正案

B. 2018 年《宪法修正案》明确了监察委员会的宪法地位

C. 2018 年《宪法修正案》增加了习近平新时代中国特色社会主义思想

D. 体现了宪法与时俱进全面发展

**2** 第十二届全国人大常委会第二十九次会议通过了《国歌法》,并自 2017 年 10 月 1 日起施行,根据《宪法》和《国歌法》,关于国歌,下列哪一项说法是错误的?(2018 年回忆版,单选)

A. 国歌是国家的象征和标志

B. 宪法宣誓仪式上应奏唱国歌

C. 国歌应加入中小学教育

D. 国歌是历部宪法中不可缺少的内容

**3** 宪法作为国家根本法,在国家和社会生活中发挥着重要作用,关于宪法作用和相关制度的说法,下列选项正确的是:(2018 年回忆版,多选)

A. 宪法宣誓制度有利于宪法作用发挥

B. 宪法修改是宪法作用发挥的重要前提

C. 宪法为避免法律体系内部冲突提供了具体机制

D. 宪法能够为司法活动提供明确而直接的依据

**4** 宪法修改是指有权机关依照一定的程序变更宪法内容的行为。关于宪法的修改,下列选项正确的是:(2016 年,不定项)

A. 凡宪法规范与社会生活发生冲突时,必须进行宪法修改

B. 我国宪法的修改可由五分之一以上的全国人大代表提议

C. 宪法修正案由全国人民代表大会公告公布施行

D. 我国 1988 年《宪法修正案》规定,土地的使用权可依照法律法规的规定转让

## 考点三 宪法的实施

**1** 关于合宪性审查和备案审查,下列选项正确的是:(2020 年回忆版,单选)

A. 备案审查是指对规范性文件的合法性审查

B. 备案审查的对象有法规、规章、司法解释三类

C. 合宪性审查的主体是全国人大宪法和法律委员会

D. 合宪性审查的对象是规范性文件和具体行为

**2** 最高人民法院印发的《人民法院民事裁判文书制作规范》规定:“裁判文书不得引用宪法……作为裁判依据,但其体现的原则和精神可以在说理部分予以阐述。”关于该规定,下列哪一说法是正确的?(2017 年,单选)

A. 裁判文书中不得出现宪法条文

B. 当事人不得援引宪法作为主张的依据

C. 宪法对裁判文书不具有约束力

D. 法院不得直接适用宪法对案件作出判决

**3** 我国《立法法》明确规定:“宪法具有最高的法律效力,一切法律、行政法规、地方性法规、自治条例和单行条例、规章都不得同宪法相抵触。”关于这一规定的理解,下列哪一选项是正确的?(2016 年,单选)

A. 该条文中两处“法律”均指全国人大及其常委会制定的法律

B. 宪法只能通过法律和行政法规等下位法才能发挥它的约束力

C. 宪法的最高法律效力只是针对最高立法机关的立法活动而言的

D. 维护宪法的最高法律效力需要完善相应的宪法审查或者监督制度

# 第三章　我国的民主制度

## 名师带练

### 1 考点考查统计

- 我国的民主制度
  - 政治协商制度
    - 政治协商会议的性质 * *
    - 政治协商会议的组成 *
  - 选举制度
    - 我国选举制度的基本原则 *
    - 选举机构 *
    - 代表名额的分配 *
    - 选举程序 * *
    - 选举的物质保障和法律保障 *

### 2 命题基本规律

本部分的主要内容包括我国的政治协商制度和选举制度。从历年考试题目来看，此部分命题主要考查以下两方面内容：

第一，政治协商制度。主要考查：(1)政治协商会议的性质：中国共产党领导的多党合作和政治协商制度的重要组织，而不属于国家机关。(2)政治协商会议由中国共产党、各民主党派、无党派人士、人民团体、各少数民族和各界的代表，香港特别行政区同胞、澳门特别行政区同胞、台湾同胞和归国侨胞的代表以及特别邀请的人士组成。(3)政协委员的产生方式、职权等。政协委员由协商推荐产生，可列席全国人大的全体会议。该考点可能结合全国人民代表大会制度、《中国人民政治协商会议共同纲领》等考点进行考查，2019 年就考查了《中国人民政治协商会议共同纲领》有关内容。

第二，选举制度。选举制度是考查的重点，主要考查：(1)我国选举制度的基本原则。(2)选举程序，如 2021 年试卷一对县乡直接选举的程序、主持机构等进行了考查，2020 年对县人大代表的选举进行了考查。(3)代表的辞职、罢免。(4)选举的保障，包括物质保障和法律保障。前者指选举经费，后者主要指对破坏选举行为的制裁。特别提醒考生注意的是，基于监察制度的设立，2020 年修改的《选举法》第 58 条第 2 款规定："国家工作人员有前款所列行为的，还应当由监察机关给予政务处分或者由所在机关、单位给予处分。"

## 3 设题陷阱

**陷阱:政治协商会议并非国家权力机关。**中国人民政治协商会议是中国人民爱国统一战线组织,是中国共产党领导的多党合作和政治协商制度的重要机构,不属于国家权力机关。我国的权力机关是人民代表大会,而非政治协商会议。考生将政协与人大混淆,是因为没有对政治协商制度与人民代表大会制度准确地进行区分。建议考生对两个制度进行对比,在比较中加深对两个制度的理解。以下表格可供考生参考:

| 项目 | 政治协商会议 | 人民代表大会 |
| --- | --- | --- |
| 性质 | 中国共产党领导的多党合作和政治协商制度的重要机构 | 国家权力机关 |
| 外延 | 全国委员会<br>各地方委员会 | 全国人民代表大会<br>地方各级人民代表大会 |
| 人员组成 | 由中国共产党、各民主党派、无党派人士、人民团体、各少数民族和各界的代表,香港特别行政区同胞、澳门特别行政区同胞、台湾同胞和归国侨胞的代表以及特别邀请的人士组成 | 由相应的各级人大代表组成 |
| 人员的产生方式 | 协商推荐产生 | 选举产生 |
| 民主形式 | 协商民主 | 选举民主 |
| 联系 | (1)“两会”一般同一时期召开,会期基本重合;<br>(2)全国人民代表大会召开会议的时候,一般吸收全国政协委员列席,听取政府工作报告或参加对某项问题的讨论 | |

## 真题快刷*

### 考点一 政治协商制度

**1** 《中国人民政治协商会议共同纲领》是中国共产党主持制定的一个具有临时宪法作用的文件,于1949年9月29日经中国人民政治协商会议第一届全体会议通过。对于该文件,下列哪些选项是正确的?(2019年回忆版,多选)

A. 该文件规定人民有选举权和被选举权

B. 该文件为社会主义性质的宪法文件

C. 中国人民政治协商会议的一项工作是在普选的全国人大召开之前行使全国人大的职权

D. 中华人民共和国的国家政权属于人民

**2** 我国宪法序言规定:“中国共产党领导的多党合作和政治协商制度将长期存在和发展。”关于中国人民政治协商会议,下列选项正确的是:(2017年,不定项)

A. 由党派团体和界别代表组成,政协委员由选举产生

B. 全国政协委员列席全国人大的各种会议

C. 是中国共产党领导的多党合作和政治协商制度的重要机构

D. 中国人民政治协商会议全国委员会和各地方委员会是国家权力机关

* 本章答案及解析见第119页。

## 考点二　选举制度

**1** 选举权的平等性是指每个选民在每次选举中只能在一个地方享有一个投票权，不承认也不允许任何选民因民族、种族、职业、财产状况、家庭出身、居住期限的不同而在选举中享有特权，更不允许非法限制或者歧视任何选民对选举权的行使。关于选举权的平等性原则的体现，有下列说法：①投票采取无记名投票的方法；②县乡选举采用直接选举；③有少数民族聚居的地方，每一聚居的少数民族都应有代表参加当地的人民代表大会；④城乡按相同人口比例选举人大代表。其中，说法正确的是：(2024 年回忆版，单选)

A. ①②③④　　B. ②④　　C. ③④　　D. ②③

**2** 根据规定，对于县乡直接选举，下列哪一说法是正确的？(2021 年回忆版，单选)

A. 县乡人大代表的选举，由省人大常委会主持

B. 县人大代表，由乡人大代表选举

C. 乡人民代表大会选举产生乡长和副乡长

D. 县人大代表的候选人必须是乡人大代表

**3** 关于县人大代表的选举，下列说法正确的是：(2020 年回忆版，单选)

A. 县人大代表的选举由县人大主席团主持

B. 10 个选民联名有权提出县人大代表候选人

C. 县人大代表选举时，候选人的人数比应选代表人数至少应多出五分之一，最多多出二分之一倍

D. 县人大代表的选举与罢免，均要求全体选民过半同意

**4** 《选举法》以专章规定了对代表的监督、罢免和补选的措施。关于代表的罢免，下列哪些选项符合《选举法》的规定？(2019 年回忆版，多选)

A. 罢免直接选举产生的代表须经原选区过半数的选民通过

B. 罢免直接选举产生的代表，须将决议报送上一级人大常委会备案

C. 罢免间接选举产生的代表须经原选举单位过半数的代表通过

D. 罢免间接选举产生的代表，在人民代表大会闭会期间，须经常委会组成人员 2/3 多数通过

**5** 甲市乙县人民代表大会在选举本县的市人大代表时，乙县多名人大代表接受甲市人大代表候选人的贿赂。对此，下列哪些说法是正确的？(2015 年，多选)

A. 乙县选民有权罢免受贿的该县人大代表

B. 乙县受贿的人大代表应向其所在选区的选民提出辞职

C. 甲市人大代表候选人行贿行为属于破坏选举的行为，应承担法律责任

D. 在选举过程中，如乙县人大主席团发现有贿选行为应及时依法调查处理

# 第四章　我国的基本经济、文化、社会制度

## 名师带练

### 1　考点考查统计

- 我国的基本经济、文化、社会制度
  - 基本经济制度
    - 中国特色社会主义市场经济体制 *
    - 社会主义公有制 * * *
    - 非公有制经济 *
  - 基本文化制度
    - 我国宪法关于基本文化制度的规定 *
    - 我国宪法关于公民道德教育的规定 *
  - 基本社会制度
    - 社会制度的概念及特征 *
    - 宪法与社会的关系 *
    - 我国宪法关于基本社会制度的规定 *

### 2　命题基本规律

本部分是关于我国的基本经济、文化、社会制度的理论。从历年考试题目来看，此部分命题主要考查以下三方面内容：

第一，基本经济制度。主要考查我国基本经济制度的基础，即社会主义公有制，如 2018 年试卷一考查了《宪法》中关于我国城市、农村土地的所有权的规定，以及关于国有企业、国有经济的规定。该考点还可能结合我国历次宪法修改中对基本经济制度的修改内容考查。

第二，基本文化制度。对该考点，首先，要把握基本文化制度都包括哪些方面的内容，如教育事业、科学事业、文学艺术及其他文化事业、公民道德教育。其次，要对宪法中关于基本文化制度的规定进行记忆。最后，可结合我国历次宪法修改中有关基本文化制度修改的内容进行把握。

第三，基本社会制度。对该考点，要把握基本社会制度包含的内容，并注意与基本文化制度包含的内容相区别。然后，要掌握社会保障制度、劳动保障制度、医疗卫生事业、社会人才培养制度以及计划生育制度的相关规定。

### 3　设题陷阱

**陷阱：我国基本经济制度中相关内容的关系是考生容易出错的部分。**这是因为考生没有厘清我国基本经济制度的脉络。中国特色社会主义市场经济体制是我国基本经济制度的逻辑起点。首先，这是一种市场经济，即市场在资源配置中起决定作用的经济体制，区别于计划经济。其次，这种

市场经济体制是社会主义的，也就是以公有制为主体的。最后，这种社会主义市场经济体制是中国特色的，即根据我国的实际情况，对市场与宏观调控的关系、公有制与非公有制的关系、公共财产和公民合法的私有财产之间的关系作了调整。考生要注意对“中国特色社会主义市场经济体制”这一概念的理解，把握《宪法》中关于公有制经济与非公有制经济的规定，以及我国对公共财产和公民合法的私有财产的保护和限制的规定。

## 真题快刷*

### 考点一 基本经济制度

**1** 根据我国《宪法》的规定，下列说法不正确的是：(2018 年回忆版，不定项)

A. 城市的土地属于国家所有，农村和城市郊区的土地，除有法律规定属于国家所有的以外，属于集体所有

B. 宅基地、自留地、自留山属于集体所有

C. 国家为了公共利益的需要，可以对土地实行征收或征用并给予补偿

D. 土地的所有权可以依照法律的规定转让

**2** 社会主义公有制是我国经济制度的基础。根据现行《宪法》的规定，关于基本经济制度的表述，下列哪一选项是正确的？(2016 年，单选)

A. 国家财产主要由国有企业组成

B. 城市的土地属于国家所有

C. 农村和城市郊区的土地都属于集体所有

D. 国营经济是社会主义全民所有制经济，是国民经济中的主导力量

### 考点二 基本文化制度

**1** 宪法规定：①国家鼓励集体经济组织、国家企业事业组织和其他社会力量依照法律规定举办各种教育事业。②国家发展自然科学和社会科学事业，普及科学和技术知识，奖励科学研究成果和技术发明创造。③国家推行计划生育，使人口的增长同经济和社会发展计划相适应。④国家保障自然资源的合理利用，保护珍贵的动物和植物。关于上述规定，哪些与文化制度有关？(2024 年回忆版，单选)

A. ②③　　B. ①②　　C. ①②③④　　D. ①③④

**2** 关于国家文化制度，下列哪些表述是正确的？(2015 年，多选)

A. 我国宪法所规定的文化制度包含了爱国统一战线的内容

B. 国家鼓励自学成才，鼓励社会力量依照法律规定举办各种教育事业

C. 是否较为系统地规定文化制度，是社会主义宪法区别于资本主义宪法的重要标志之一

D. 公民道德教育的目的在于培养有理想、有道德、有文化、有纪律的社会主义公民

* 本章答案及解析见第 123 页。

### 考点三 基本社会制度

我国的基本社会制度是基于经济、政治、文化、社会、生态文明五位一体的社会主义建设的需要,在社会领域所建构的制度体系。关于国家的基本社会制度,下列哪些选项是正确的?(2016年,多选)

A. 我国的基本社会制度是国家的根本制度

B. 社会保障制度是我国基本社会制度的核心内容

C. 职工的工作时间和休假制度是我国基本社会制度的重要内容

D. 加强社会法的实施是发展与完善我国基本社会制度的重要途径

# 第五章 民族区域自治制度

## 名师带练

### 1 考点考查统计

民族区域自治制度
- 民族区域自治制度的概念* *
- 民族自治地方*
- 自治机关* *
- 自治权* *

### 2 命题基本规律

本部分是关于我国民族区域自治制度的理论和规定。从历年考试题目来看,此部分命题主要考查《宪法》和《民族区域自治法》中的下列内容:

第一,民族自治地方。民族自治地方包括自治区、自治州、自治县,民族乡不属于民族自治地方。

第二,自治机关。主要考查:(1)自治机关的外延包括各自治地方的人民代表大会和人民政府,法院、检察院不属于自治机关。2020年就考查了自治机关的范围。(2)自治机关人员组成:自治区主席、自治州州长、自治县县长由实行区域自治的民族的公民担任;自治区、自治州、自治县的人大常委会中应当有实行区域自治的民族的公民担任主任或者副主任。

第三,自治权。主要考查:(1)制定自治条例和单行条例。(2)变通执行国家的法律和政策。这是常考考点,连续多年考查。(3)自主管理地方经济建设,如2017年试卷一考查了自治县开辟对外贸易口岸的条件和程序。

### 3 设题陷阱

**陷阱:自治条例和单行条例可作出变通的规范性法律文件是考生容易出错的知识点。**《立法法》第85条第2款规定："自治条例和单行条例可以依照当地民族的特点，对法律和行政法规的规定作出变通规定，但不得违背法律或者行政法规的基本原则，不得对宪法和民族区域自治法的规定以及其他有关法律、行政法规专门就民族自治地方所作的规定作出变通规定。"该条文的内容可总结如下：(1)自治条例和单行条例可作出变通规定的规范性法律文件是法律和行政法规，但法律、行政法规专门就民族自治地方所作的规定除外。(2)对变通规定的限制是不得违背法律或者行政法规的基本原则。(3)不得作出变通规定的规范性文件是《宪法》和《民族区域自治法》。对该考点，命题人往往将可作出变通规定的规范性法律文件的范围进行了扩大，如2015年试卷一"自治条例可以依照当地民族的特点对宪法、法律和行政法规的规定进行变通"的表述，错误地认为自治条例可对《宪法》进行变通。一些考生没有仔细分析《立法法》第85条的内容，落入出题人设置的陷阱。

## 真题快刷*

**1** 《宪法》序言中指出，中华人民共和国是全国各族人民共同缔造的统一的多民族国家。平等团结(　　)的社会主义民族关系已经确立，并将继续加强。关于空格的填充内容，下列哪一项是正确的？(2024年回忆版，单选)

A. 单一和谐　　B. 单一互助和谐　　C. 互助和谐　　D. 统一和谐美丽

**2** 某自治州为了保护民族医药而制定某条例。对此，下列哪些说法是正确的？(2022年回忆版，多选)

A. 需要报省级人大常委会批准

B. 自行通过然后报省级人大常委会备案

C. 民族自治地区如果还有其他民族聚居，可以再设置自治地方

D. 不可以制定该条例

**3** 根据《宪法》和《民族区域自治法》的规定，下列选项不正确的是：(2020年回忆版，单选)

A. 民族区域自治以少数民族聚居区为基础，是民族自治和区域自治的结合

B. 民族自治地方的国家机关既是地方国家机关，又是自治机关

C. 上级国家机关应该在收到自治机关变通执行或者停止有关决议、决定执行的报告之日起60日内给予答复

D. 自治机关自主地管理本地方的教育、科学、文化、卫生、体育事业，保护和整理本民族的文化遗产，发展和繁荣民族文化

**4** 根据我国民族区域自治制度，关于民族自治县，下列哪一选项是错误的？(2017年，单选)

A. 自治机关保障本地方各民族都有保持或改革自己风俗习惯的自由

B. 经国务院批准，可开辟对外贸易口岸

C. 县人大常委会中应有实行区域自治的民族的公民担任主任或者副主任

D. 县人大可自行变通或者停止执行上级国家机关的决议、决定、命令和指示

---

* 本章答案及解析见第126页。

# 第六章 特别行政区制度

## 名师带练

### 1 考点考查统计

特别行政区制度
- 特别行政区的概念和特点 *
- 中央与特别行政区的关系 *
- 行政长官的任命与职权 * *
- 特别行政区的立法机关、司法机关 *
- 特别行政区的法律制度 * * *
- 香港特别行政区的宪制责任 * *

### 2 命题基本规律

本部分是关于我国香港特别行政区、澳门特别行政区制度的理论和规定。从历年考试题目来看，此部分命题主要考查《宪法》《香港特别行政区基本法》《澳门特别行政区基本法》中的下列内容：

第一，行政长官。包括行政长官的任职条件、任免程序、职权与职责，如 2019 年考查了香港特别行政区行政长官的任职条件及任免。

第二，特别行政区立法会。包括：(1)立法会议员的组成与选任，具体包括特别行政区立法会议员的担任条件、举行会议的法定人数等。(2)立法权与立法程序，包括特别行政区法律体系的构成，以及法律的制定、备案程序等内容，如 2021 年就考查了《香港特别行政区基本法》附件三的构成。(3)监督权和其他权力，如 2020 年考查了香港特别行政区的法律制度。

第三，特别行政区的行政机关。包括：(1)行政机关构成。对该内容主要考查港澳行政机关的特色机构，如香港特别行政区的廉政公署。此外，还需注意港澳的检察机关的性质有所不同。(2)政府主要官员的任免程序。

第四，特别行政区的司法机关。包括：(1)香港特别行政区与澳门特别行政区司法机关范围的区别，香港特别行政区的司法机关只有法院，澳门特别行政区的司法机关有法院和检察院。根据考生回忆，2019 年考查了香港特别行政区法官的任免和资格条件。(2)司法协助。

### 3 设题陷阱

**陷阱：港澳特别行政区的检察机关是最容易设陷阱之处。**香港特别行政区的检察机关与澳门特别行政区的检察机关具有不同的性质。根据《香港特别行政区基本法》，香港特别行政区主管刑事检察工作的机关是律政司，隶属香港特别行政区政府，属于行政机关。而澳门特别行政区的检察机关是检察院,属于司法机关。这是因为香港特别行政区属于英美法系地区,遵循英美法系的传统,检察权是行政权的一部分。澳门特别行政区属于大陆法系,遵循大陆法系的传统,检察机关属于司法机关,这与我国内地的情况相同。故《香港特别行政区基本法》中没有关于检察长、检察官的规定,而只有律政司司长、公职人员。请考生注意,但凡提及香港特别行政区检察长、检察官的选项,要首先考虑该选项错误。例如,某选项"特别行政区行政长官依照法定程序任免各级法院法官、任免检察官"的表述中,隐含了香港特别行政区有检察官这一职务,因而是错误的。

## 真题快刷*

**1** 关于《香港特别行政区维护国家安全法》,下列说法正确的是:(2021 年回忆版,单选)

A.《国家安全法》是《香港特别行政区维护国家安全法》的立法依据

B. 警务处维护国家安全部门负责人由驻香港特别行政区国家安全公署提名,行政长官任命

C. 香港特别行政区维护国家安全委员会做的决定不受司法复核

D. 香港特别行政区维护国家安全委员会秘书处秘书长由行政长官任命

**2** 2020 年 5 月全国人民代表大会颁布了《关于建立健全香港特别行政区维护国家安全的法律制度和执行机制的决定》(本题简称《决定》),根据《宪法》和《香港特别行政区基本法》,判断下列选项正确的是:(2021 年回忆版,多选)

A.《香港特别行政区维护国家安全法》是根据《宪法》、《香港特别行政区基本法》和《决定》制定的

B. 根据该《决定》,香港特别行政区行政长官应当就香港特别行政区履行维护国家安全职责、开展国家安全教育、依法禁止危害国家安全的行为和活动等情况,定期向全国人大提交报告

C.《决定》的出台与"港独"、分裂国家、暴力恐怖活动等严重危害国家主权、统一和领土完整的各类违法活动有关

D. 此《决定》可以被纳入《香港特别行政区基本法》附件三

**3** 全国人大《关于建立健全香港特别行政区维护国家安全的法律制度和执行机制的决定》规定的关于香港特别行政区的宪制责任和宪制秩序,下列观点正确的是:(2020 年回忆版,多选)

A. 维护国家主权、统一和领土完整是香港特别行政区的宪制责任

B. 香港特别行政区应当尽早完成香港特别行政区基本法规定的维护国家安全立法。香港特别行政区行政机关、立法机关、司法机关应当依据有关法律规定有效防范、制止和惩治危害国家安全的行为和活动

C. 全国人大常委会有权力、有责任维护香港特别行政区宪制秩序

D. 国家采取必要措施建立健全香港特别行政区维护国家安全的法律制度和执行机制,依法防范、制止和惩治危害国家安全的行为和活动

**4** 根据《宪法》和法律,关于特别行政区的法律制度,下列表述正确的是:(2020 年回忆版,多选)

A. 特别行政区原有法律、法令、行政法规等,除经特别行政区的立法机关作出修改外,予以保留

---

* 本章答案及解析见第 128 页。

B.《中华人民共和国国籍法》适用于香港特别行政区和澳门特别行政区

C. 基本法在特别行政区的法律体系中,处于最高法律地位

D. 特别行政区立法机关制定的法律只要符合基本法和法定程序,就可以在特别行政区生效适用

# 第七章　基层群众自治制度

## 名师带练

### 1 考点考查统计

- 基层群众自治制度
  - 基层群众自治组织的含义和特点 *
  - 村民委员会 * *
  - 居民委员会 *

### 2 命题基本规律

本部分是关于村民委员会和居民委员会的内容。从历年考试题目来看,此部分命题主要考查《宪法》《村民委员会组织法》《城市居民委员会组织法》中的下列内容:

第一,村民委员会。主要考查:(1)村委会的组织,包括组成人员、任期、产生方式等。(2)村委会的选举,包括选举资格和选举程序。(3)村委会的任务与职责,包括协助人民政府开展工作、管理集体所有的土地和财产、调解纠纷、维护治安等内容。(4)对村委会权力行使的监督。

第二,居民委员会。近几年的真题中对居委会的考查较少,2014 年试卷一考查了居民委员会的设立、撤销以及居民公约的制定、批准程序。鉴于相关真题的有限以及居委会与村委会的相似之处,建议考生在复习居民委员会制度的时候比照村民委员会的真题理解。

### 3 设题陷阱

**陷阱:基层群众自治组织与政府之间的关系易被考生忽略。**基层群众自治制度,是以城乡居民(村民)一定的居住地为纽带和范围,建立起自治组织(居民委员会与村民委员会),实行自我管理、自我服务和自我教育。简单地说,就是对于一些基层公共事务,群众有能力和条件进行管理,或者由群众管理比由政府管理更有优势,政府就在这些事务上退出,将其交由基层群众自治组织依法进行管理,政府依法对其进行监督(如自治章程等规范性文件的备案),而非直接参与这些事务。这是公民参与公共治理的一种形式。把握该制度的原理有助于考生理解制度的运作方式和法律中的相关规定。

## 真题快刷*

**1** 某村集体土地被征收，村里制定了有关征地补偿费的使用和分配方案，但遭到了部分村民反对，关于该方案，下列哪些选项是正确的？（2020年回忆版，多选）

A. 反对者可以申请乡镇政府予以撤销

B. 反对者可以申请法院予以撤销

C. 需要经过村民会议讨论决定

D. 经村民会议授权，由村民代表会议讨论决定

**2** 关于村庄治理，下列有关说法正确的是：（2018年回忆版，多选）

A. 村民代表应当向其推选户或者村民小组负责，接受村民监督

B. 村务监督机构成员向村民委员会负责，可以列席村民委员会会议

C. 村民委员会工作移交由村民选举委员会主持，由乡、民族乡、镇的人民政府监督

D. 村民会议有权撤销或者变更村民委员会不适当的决定，有权撤销或者变更村民代表会议不适当的决定

**3** 杨某与户籍在甲村的村民王某登记结婚后，与甲村村委会签订了"不享受本村村民待遇"的"入户协议"。此后，杨某将户籍迁入甲村，但与王某长期在外务工。甲村村委会任期届满进行换届选举，杨某和王某要求参加选举。对此，下列说法正确的是：（2017年，不定项）

A. 王某因未在甲村居住，故不得被列入参加选举的村民名单

B. 杨某因与甲村村委会签订了"入户协议"，故不享有村委会选举的被选举权

C. 杨某经甲村村民会议或村民代表会议同意之后方可参加选举

D. 选举前应当对杨某进行登记，将其列入参加选举的村民名单

**4** 某乡政府为有效指导、支持和帮助村民委员会的工作，根据相关法律法规，结合本乡实际作出了下列规定，其中哪一规定是合法的？（2016年，单选）

A. 村委会的年度工作报告由乡政府审议

B. 村民会议制定和修改的村民自治章程和村规民约，报乡政府备案

C. 对登记参加选举的村民名单有异议并提出申诉的，由乡政府作出处理并公布处理结果

D. 村委会组成人员违法犯罪不能继续任职的，由乡政府任命新的成员暂时代理至本届村委会任期届满

---

* 本章答案及解析见第130页。

# 第八章　公民的基本权利和义务

## 名师带练

### 1　考点考查统计

公民的基本权利和义务

- 平等权 *
- 政治权利和自由 *
- 宗教信仰自由 *
- 人身自由 *
- 社会经济权利 *
- 文化教育权利 *
- 监督权 *
- 公民的基本义务 *

### 2　命题基本规律

本部分是关于公民的基本权利和义务的理论和规定。从历年考试题目来看,此部分命题主要考查以下内容:

第一,平等权。主要考查:(1)我国《宪法》关于平等权的规定,重点要把握《宪法》中的哪些内容体现了平等权。(2)平等权的内容,包括法律面前一律平等、禁止不合理的差别对待、允许合理差别。

第二,人身自由。主要考查了广义的人身自由的内容,即除狭义的人身自由(公民的身体不受非法侵犯)之外的生命权、人格尊严不受侵犯、住宅不受侵犯、通信自由和通信秘密四个方面的内容。此类命题会直接让考生选择《宪法》中规定的人身自由包括哪些内容;此外,还会让考生识别题目中公民的哪些人身自由受到了侵犯。

第三,社会经济权利。主要考查:(1)财产权,包括对财产权内容的理解,以及财产权的界限。(2)劳动权和劳动者休息权。(3)物质帮助权。

第四,文化教育权利。受教育权既是公民的基本权利,也是公民的基本义务。

第五,政治权利和自由。主要考查:(1)选举权和被选举权。(2)言论、出版、集会、结社、游行和示威的自由。该内容在近几年考的较少,但可能会在未来的命题中进行考查。对该知识点,考生要重点掌握对言论、出版、集会、结社、游行和示威的自由的合理限制,如《集会游行示威法》第 7 条第 1 款规定“举行集会、游行、示威,必须依照本法规定向主管机关提出申请并获得许可”,又如《出版管理条例》中对出版物中不得含有的内容的规定等。

第六,监督权。主要考查:(1)监督权的内容,包括批评权、建议权、申诉权、控告权、检举权。(2)监督权的界限,如2016年考查了监督权的内容,以及监督权与人格尊严不受侵犯的关系。

### 3 设题陷阱

**陷阱一:权利的边界和限制。**很多考生在复习公民基本权利的时候,将全部注意力都集中在了权利的内容上,而忽略了对权利的边界和限制的掌握。而在考试中,权利的边界和限制是对公民基本权利考查的一个重要方面,很多考生因不重视而失分。任何权利都不可能是绝对的、没有边界的。若权利没有了边界,不同权利之间就会产生冲突而无法共存。是故,必须对权利进行限制,划定权利的界限,权利的保护才可能实现,社会才可能有序运行。考生在学习各种权利的时候,除了从正面把握权利的内容,还要注意把握法律对该权利的限制。

**陷阱二:强迫签署拆迁协议不构成对公民住宅的侵犯。**根据《宪法》第39条的规定,住宅不受侵犯是指禁止非法搜查或者非法侵入公民的住宅。现实中一般的强制拆迁是以非法侵入公民住宅的方式进行的,但强迫公民签署拆迁协议并没有对公民的住宅进行非法侵入,不属于对公民住宅的侵犯,而可能构成对公民的财产权等其他权利的侵犯。

## 真题快刷*

**1** 我国《宪法》第二章规定了公民的基本权利,宪法权利之所以被称为基本权利,是因为下列哪些理由?(2021年回忆版,多选)

A. 由《宪法》规定　　B. 涉及公民与国家之间的关系

C. 是近现代宪法的目标和价值所在　　D. 对公民来说不可或缺

**2** 关于《宪法》对人身自由的规定,下列选项正确的是:(2018年回忆版,多选)

A. 禁止用任何方法对公民进行侮辱、诽谤和诬告陷害

B. 在诉讼过程中,为了搜集证据,法院可以对公民的电话进行监听

C. 禁止非法搜查公民身体

D. 禁止非法搜查或非法侵入公民住宅

**3** 我国《宪法》第13条规定:“公民的合法的私有财产不受侵犯。国家依照法律规定保护公民的私有财产权和继承权。”关于这一规定,下列哪些说法是正确的?(2017年,多选)

A. 国家不得侵犯公民的合法的私有财产权

B. 国家应当保护公民的合法的私有财产权不受他人侵犯

C. 对公民私有财产权和继承权的保护和限制属于法律保留的事项

D. 国家保护公民的合法的私有财产权,是我国基本经济制度的重要内容之一

**4** 某县政府以较低补偿标准进行征地拆迁。张某因不同意该补偿标准,拒不拆迁自己的房屋。为此,县政府责令张某的儿子所在中学不为其办理新学期注册手续,并通知财政局解除张某的女婿李某(财政局工勤人员)与该局的劳动合同。张某最终被迫签署了拆迁协议。关于当事人被侵

---

* 本章答案及解析见第132页。

犯的权利,下列选项正确的是:(2015 年,不定项)

A. 张某的住宅不受侵犯权　　B. 张某的财产权

C. 李某的劳动权　　D. 张某儿子的受教育权

# 第九章　人民代表大会制度

## 名师带练

### 1　考点考查统计

人民代表大会制度
- 人民代表大会制度的概念和特点 *
- 全国人大及其常委会、各委员会 * *
- 地方各级人大及其常委会 * * *
- 人大代表 * * *
- 人民代表大会的职权 * *

### 2　命题基本规律

本部分是关于全国和地方各级人民代表大会的理论和规定。从历年考试题目来看,此部分命题主要考查以下内容:

第一,人民代表大会制度概述。包括:(1)人民代表大会制度的性质。人民代表大会制度是我国的根本政治制度,是我国的政权组织形式。(2)国家的一切权力属于人民,人民代表大会是人民行使国家权力的机关。(3)人民代表大会与其他国家机关的关系,即人民政府、监察委员会、法院、检察院由人大产生,受人大监督。

第二,人民代表大会的组织。主要考查:(1)全国和地方各级人大的组成。(2)人大常委会,包括人大常委会的性质、组成、任期等。(3)专门委员会、特定问题调查委员会的组成、任期、职权等。

第三,人民代表大会的职权。这是本部分中考查频率最高的内容,主要考查:(1)全国人大的职权。(2)全国人大常委会的职权。(3)地方各级人大的职权,包括地方性法规的制定权、领导人员的任免权等。(4)地方各级人大常委会的职权,主要考查规范性文件备案审查制度,如 2021 年通过某市报备的《道路交通安全管理办法》考查了规章的合法性审查。

第四,人大代表。主要考查:(1)全国和地方各级人大代表的产生,该内容通常结合选举制度进行考查。(2)人大代表的权利,主要考查言论免责权、参加选举和表决权、人身受特别保护权等。(3)人大代表资格的终止,考生要注意区分资格终止和辞职和罢免,如 2021 年试卷一就考查了人大代表资格终止的各种情形。

### 3 设题陷阱

**陷阱一:领导关系与监督关系的区别是很多考生容易产生错误的地方,也是命题常设陷阱之处。**领导关系的实质是权力和服从的关系,即被领导者必须服从领导者的指示,按照领导者的要求行为。行政机关上下级之间的关系是典型的领导关系,我国上下级检察机关之间也属于领导关系。在监督关系中,监督主体并不能对被监督者发号施令,但监督主体可以通过监督活动对被监督者的行为进行事前和事后的监督。在我国,全国人大和地方各级人大、上级人大和下级人大之间是监督与被监督的关系。此外,上下级人民法院之间的关系也是监督与被监督的关系。考生务必要清楚领导关系与监督关系的区别,以免落入出题人设置的陷阱。

**陷阱二:全国人大代表的言论免责权并不意味着享有绝对的言论自由。**《宪法》第75条规定,全国人民代表大会代表在全国人民代表大会各种会议上的发言和表决,不受法律追究。这是为了让代表免除后顾之忧,在全国人大的各种会议上积极建言献策而赋予全国人大代表的特殊权利。但该言论免责权并非绝对。首先,它仅限于在全国人民代表大会各种会议上的发言和表决,在会议之外的其他场合的言论不在免责的范围内。其次,这种免责仅指不受法律追究,但对于党员身份的全国人大代表,其发言和表决可受党纪党规的追究。因此,全国人大代表的言论免责并不意味着其有绝对的言论自由。

**陷阱三:人大代表的人身受特别保护,并非指人大代表一律不受逮捕或行政拘留。**根据《宪法》第74条以及《全国人民代表大会和地方各级人民代表大会代表法》(以下简称《代表法》)第32条的规定,县级以上各级人民代表大会代表的人身受特别保护权包括以下内容:(1)(会议期间)非经本级人民代表大会主席团许可,(闭会期间)非经本级人民代表大会常务委员会许可,不受逮捕或者刑事审判。(2)如果因为是现行犯被拘留,执行拘留的机关应当立即向该级人民代表大会主席团或者人民代表大会常务委员会报告。(3)如果采取法律规定的其他限制人身自由的措施,应当经该级人民代表大会主席团或者人民代表大会常务委员会许可。(4)人民代表大会主席团或者常务委员会受理有关机关依照本条规定提请许可的申请,应当审查是否存在对代表在人民代表大会各种会议上的发言和表决进行法律追究,或者对代表提出建议、批评和意见等其他执行职务行为打击报复的情形,并据此作出决定。考生应注意,人大代表被逮捕或受刑事审判有宪法和法律的严格限制,但并非一律不受逮捕或行政拘留。

## 真题快刷*

**1** 《宪法》规定,全国人大及其常委会行使监督宪法实施的职权,全国人大常委会有权撤销同宪法法律相抵触的行政法规、地方性法规。关于我国的宪法监督制度,下列表述正确的有:(2024年回忆版,多选)

A. 全国人大常委会主要通过撤销权来进行宪法监督

B. 全国人大常委会行使监督宪法实施情况,应当向全国人大报告

C. 全国人大常委会可以解释宪法

D. 监督宪法实施的职权由全国人大及其常委会行使

---

* 本章答案及解析见第134页。

**2** 根据宪法和法律，以下有关各级人民检察院分院检察长的任免，说法正确的是：(2022年回忆版，单选)

A. 全国人大选举　　B. 省级人大常委会任免

C. 全国人大主席团批准　　D. 全国人大常委会任免

**3** 关于人大代表的言论免责权，正确的说法是：(2022年回忆版，多选)

A. 仅限县级以上人大代表

B. 是人大代表执行职务的有力保障

C. 仅限人大代表身份参加的会议上的言论

D. 是人大代表的法律豁免权

**4** 根据《宪法》和《全国人民代表大会和地方各级人民代表大会代表法》的规定，关于人大代表的资格终止，下列说法正确的是：(2021年回忆版，单选)

A. 地方各级人大代表资格的终止，由代表资格审查委员会报各级人大，由本级人大予以公告

B. 人大代表工作和生产生活已经不在原选区或选举单位，代表资格终止

C. 人大代表因刑事案件羁押，已在受侦查、起诉、审判，代表资格终止

D. 未经批准两次不出席本级人大会议的，代表资格终止

**5** 某省人大常委会法工委对下辖某设区的市政府报送备案的《道路交通安全管理办法》进行主动审查，发现该规章有与上位法相抵触的情形，根据《宪法》和法律相关规定，省人大常委会的下列哪些做法是不正确的？(2021年回忆版，多选)

A. 函致市政府，提出审查研究意见和处理建议

B. 提出书面审查意见，转该市人大常委会处理

C. 撤销《道路交通安全管理办法》

D. 对《道路交通安全管理办法》进行修正

**6** 有关一般议案、质询案，下列说法正确的是：(2018年回忆版，单选)

A. 一个代表团或者是30名以上的全国人大代表，可以向本级人大和本级人大常委会提出议案和质询案

B. 本级法院、检察院可以向本级人大和本级人大常委会提出议案

C. 县级以上人大的专门委员会可以向本级人大和本级人大常委会提出议案

D. 5名以上乡级人大代表可以向本级人大提出议案和质询案

**7** 某县人大闭会期间，赵某和钱某因工作变动，分别辞去县法院院长和检察院检察长职务。法院副院长孙某任代理院长，检察院副检察长李某任代理检察长。对此，根据《宪法》和法律，下列哪一说法是正确的？(2017年，单选)

A. 赵某的辞职请求向县人大常委会提出，由县人大常委会决定接受辞职

B. 钱某的辞职请求由上一级检察院检察长向该级人大常委会提出

C. 孙某出任代理院长由县人大常委会决定，报县人大批准

D. 李某出任代理检察长由县人大常委会决定，报上一级检察院和人大常委会批准

# 第十章　国务院和地方各级政府

## 名师带练

### 1　考点考查统计

国务院和地方各级政府
- 国务院的组织机构＊
- 行政建置与行政区划＊
- 地方政府规章＊

### 2　命题基本规律

本部分是关于国务院和地方各级政府的规定。从历年考试题目来看,此部分命题主要考查以下内容:

第一,国务院。主要考查:(1)国务院的组织,包括组成人员、所属各部、各委员会、审计机关等。(2)国务院的职权,其中常考行政法规制定权、经济计划和国家预算编制和执行权、紧急状态决定权,部门规章与地方政府规章的冲突裁决权等内容。

第二,地方各级政府。主要考查:(1)地方政府规章,包括哪些地方政府有规章制定权,以及地方政府规章的备案审查和撤销程序、效力、冲突解决等。(2)政府信息公开制度,该内容主要考查《政府信息公开条例》中的规定。(3)派出机关的设立。

第三,行政建置与行政区划。主要考查《宪法》与《行政区划管理条例》中关于省级、市级、县级、乡镇的建置、区域划分、调整、撤销、更名等的批准和决定权。

需要提醒考生注意的是,2024 年 3 月 11 日,十四届全国人大二次会议表决通过了新修订的《国务院组织法》。

具体修改内容有:(1)完善国务院组成人员相关规定,进一步明确副总理、国务委员的职责,增加规定国务院组成人员中包括“中国人民银行行长”。(2)健全国务院会议制度,对国务院常务会议、全体会议的主要任务以及其他会议形式作出规定。一是增加规定国务院全体会议的主要任务是讨论决定政府工作报告、国民经济和社会发展规划等国务院工作中的重大事项,部署国务院的重要工作。二是增加规定国务院常务会议的主要任务是讨论法律草案、审议行政法规草案,讨论、决定、通报国务院工作中的重要事项。三是增加规定国务院全体会议和国务院常务会议讨论决定的事项,除依法需要保密的外,应当及时公布。四是增加规定国务院根据需要召开总理办公会议和国务院专题会议。(3)增加国务院依法全面正确履行职能的制度措施,提出“国务院坚持科学决策、民主决策、依法决策”“国务院健全行政监督制度,加强行政复议、法规和规章备案审查、行政执法监督、政府督查等工作,坚持政务公开,强化对行政权力运行的制约和监督”等内容。

### 3　设题陷阱

**陷阱:派出机关与派出机构是最容易被混淆的概念。**派出机关是指由县级以上地方人民政府经有权机关批准,在特定行政区划内设立的行使相当于一级人民政府管理职权的行政机关。包括省、自治区的人民政府设立的行政公署,县、自治县的人民政府设立的区公所,以及市辖区、不设区的市的人民政府设立的街道办事处。派出机构是指作为某一级人民政府职能工作部门的行政机关根据实际需要,针对某项特定行政事务而设置的工作机构,如公安派出所、工商所、税务所等。二者最根本的不同在于:派出机关是“机关”,这意味着它具有行政法上的主体资格,能以自己的名义作出行政行为;派出机构则属于行政机关的工作机构,与内部机构的性质相似,不具备行政法上的主体资格,只能以所属机关的名义作出行政行为。

## 真题快刷*

**1** 2023 年,国务院机构改革,组建国家数据局,由国家发展和改革委员会管理。国家发展和改革委员会承担的统筹推进数字经济发展、组织实施国家大数据战略、推进数据要素基础制度建设、推进数字基础设施布局建设等职责划入国家数据局。关于国务院机构,下列说法正确的是:(2023 年回忆版,单选)

A. 国家数据局的设立由国务院机构编制管理机关提出方案,报国家发展和改革委员会决定

B. 国家发展和改革委员会主管国务院的某项专门业务,具有独立的行政管理职能

C. 国家数据局可以制定规章

D. 国家数据局可以只设立处级内设机构

**2** 为促进中国(上海)自由贸易试验区发展,有关部门决定在上海市暂时停止实施行政法规《国际海运条例》的部分规定,则应由以下哪个主体作出决定?(2021 年回忆版,单选)

A. 上海市政府　　B. 上海市人大常委会

C. 国务院　　D. 全国人大常委会

**3** 根据《宪法》和法律法规的规定,关于我国行政区划变更的法律程序,下列哪一选项是正确的?(2015 年,单选)

A. 甲县欲更名,须报该县所属的省级政府审批

B. 乙省行政区域界线的变更,应由全国人大审议决定

C. 丙镇与邻近的一个镇合并,须报两镇所属的县级政府审批

D. 丁市部分行政区域界线的变更,由国务院授权丁市所属的省级政府审批

* 本章答案及解析见第 137 页。

# 中国法律史

## 关于中国法律史客观题的考试说明

### 一、命题基本规律

1. 注重考查重点知识。中国法律史虽然内容繁多,知识点比较零散,但是考生仍可以区分出重点内容和非重点内容。从历年命题来看,重点内容主要集中于周礼、春秋变法、战国《法经》、秦律、汉朝开始法律儒家化的表现、中国古代的刑制改革、唐律、宋代民事法律制度、明清时期皇权极端化的体现、清末修律、中国近代的宪法性文件,考生应重点掌握。

2. 强调精确记忆,这是由中国法律史这门学科的性质决定的。中国法律史是历史学的一门分支学科,正如其他历史分支学科一样,注重史实,不容任意曲解和发挥。考生要做的工作就是在理解的基础上精确记忆,不要出现任何差错。对于精确记忆没有什么取巧的捷径,只有多次重复、强化记忆。

3. 史实新考成为法考新特点。法考不仅考查中国法律史的精确记忆,而且以中国法律史作为题干材料考查其中体现的治国理政思想和法理学知识,具有很强的综合性,考生在复习中国法律史的过程中一定要注意加强理解,结合其他现代法考科目加以归类总结。

### 二、复习技巧

1. 熟读理论教材。中国法律史考查的内容是法律制度史和法律思想史,这门课程没有法条需要考生记忆,所有的考试内容都在理论教材里面。因此,考生需要熟读理论教材,挖掘理论教材,在理论教材中找考点。在复习教材时可将本学科的内容分为两个板块:一块是不同时期的法律如何规定,另一块是不同时期的司法如何运作。考生应当自觉地把有关知识点归纳到相应的板块,然后再按照历史发展顺序来建立知识体系。但是,熟读教材不可仅停留在表层,对于重要制度或法制思想的背景来源以及内涵都需要深入了解。

2. 重点内容重点复习。在熟读教材的基础上,一定要进行重点复习,以重点知识为复习核心。考试不管多么难,主要考查的也必然是重点知识,掌握了重点知识,也就掌握了考试成功的关键。本学科的重点知识主要有:(1)西周时期。西周的法制指导思想、礼与刑的关系、婚姻制度、契约制度、诉讼制度。(2)春秋战国时期。成文法的公布、《法经》、商鞅变法。(3)秦汉时期。秦代的罪名与刑罚,秦代刑罚的适用原则,汉代废除肉刑,汉律的儒家化和春秋决狱、秋冬行刑。(4)魏晋南北朝时期。法典结构的变化和法律形式的发展、法典内容的变化。(5)唐朝时期。《唐律疏议》、十恶、六杀、六赃、封建制五刑、唐律中的刑罚原则。(6)宋元时期。宋朝的《宋刑统》、刑罚的变化、财产继承制度、元代的四等人。(7)明清时期。明朝的《大明律》《明大诰》、清朝的《大清律例》、明清会典、明清会审。(8)清末、民国时期、革命根据地时期。清末“预备立宪”、清末主要修律成果、清末司法体制的变化、《中华民国临时约法》(以下简称《临时约法》)、《中华民国宪法》,革命根据地时期的宪法性文件。

对以上重点知识，考生应当从整体上予以把握。

3. 善于归纳总结相关知识点。中国法律史是关于中国法律发生和发展的历史，因此各种相关制度之间必然有某种联系，这是法的发展连续性和历史继承性的体现。归纳总结知识点有纵向归纳法和横向归纳法两种方法。纵向归纳法就是把某个知识点的各个历史发展时期按照纵向归纳的方法，找出其中的必然联系。比如，对于大家都熟知的中国古代法典中的《名例律》，它源自战国《法经》中的《具法》，《魏律》将《法经》中的“具法”改为“刑名”，并且将置于律尾改为置于律首；在《晋律》中，又在“刑名”律后增加“法例”律，进一步丰富了刑法总则的内容；而《北齐律》则将“刑名”律与“法例”律合为“名例”律一篇，充实了刑法总则。至此，在封建社会中，具有刑法总则内容的名例律最终形成，至清末修律为止，几乎没有什么重大的变动。此外，大理寺、刑部的历史沿革，监察机关的历史沿革，死刑复奏制度的历史发展，凌迟刑和刺配刑的历史发展等，都可以进行纵向的归纳总结，找出相应的历史联系，从而准确记忆。对于横向的知识点，应当采取横向对比归纳的方法加强记忆。比如三法司，隋唐宋时期是大理寺、刑部和御史台，明清时期是大理寺、刑部和都察院。要特别注意：隋唐宋时期，大理寺负责审判，刑部负责复核，御史台负责监察；明清时期，刑部负责审判，大理寺负责复核，都察院负责监察。这种横向对比，有利于区分相同和不同时期司法机关的职权及其划分。当然，纵向归纳和横向对比结合使用，效果更佳。还有一些问题并不具有必然的历史联系，但是基于职权、性质和宗旨等原因，这些知识点往往也可以归纳在一起加以记忆。比如，对于立法问题中存在的许多第一，就可以归纳在一起进行记忆；又如，宋朝的提点刑狱司、明朝的提刑按察司、清末的提法使司等，不但名称不相同，而且职权也大不相同，但涉及的司法制度相关，因此这些知识点十分容易混淆。如果进行归纳总结则会克服记忆混乱的弊端，而且会缩短复习时间，达到事半功倍的效果。

4. 对知识点进行分析和比较。分析和对比是学习的基本方法，通过分析和对比可以发现事物发展变化的线索，可以发现事物之间的相同点和不同点等，从而可以发现事物的本质属性。中国法律史内容繁多，有关的法律名词也比较多，而且还很生僻，再加上各个时期都有自己独特的法律规定，同时又没有相应的法条来帮助考生加强理解和记忆，所以在很多地方考生容易产生混淆，导致记忆错误，因而更应该自觉地加强中国法律史知识点之间的分析和对比。在复习中，我们可以对中国各个朝代的法律进行对比；可以对各个朝代的司法制度进行对比；还可以对不同的司法原则进行对比。凡此种种，不一而足。

5. 认真研习历年试题。中国法律史部分的考题虽少，却可通过历年真题把握重点。此外，历年真题也能让考生熟悉命题人的出题思路，考生要加以重视。

# 第一章　西周至秦汉、魏晋南北朝时期的法律制度

## 名师带练

### 1　考点考查统计

- 西周至秦汉、魏晋南北朝时期的法律制度
  - 西周的法律制度
    - 西周的礼刑关系 *
    - 西周的契约制度 *
    - 西周的继承制度 *
  - 春秋战国时期的法律制度
    - 春秋时期公布成文法的活动 *
    - 春秋决狱 *
  - 秦汉的法律制度
    - 秦汉的罪名与刑罚 * *
    - 刑罚适用原则 *

### 2　命题基本规律

本部分考查西周至秦汉、魏晋南北朝时期的法律制度,从历年考试题目来看,此部分命题主要考查以下内容:

第一,西周的法律制度。主要考查西周的礼刑关系,这是西周最具有特色的制度,对整个中华法系的影响深远,故是极其重要的内容,几乎每年必考。具体内容包括:(1)周礼的产生和演变、性质、精神原则(“亲亲”“尊尊”)与礼仪形式(“五礼”)。(2)西周的婚姻制度。(3)西周时期的刑罚(“五刑”)以及刑罚适用原则(“礼不下庶人、刑不上大夫”)。(4)礼与刑的关系,即“出礼入刑”,二者共同构成西周法律的完整体系。

第二,春秋战国时期的法律制度。历年考查了:(1)春秋决狱,如2013年考查了对董仲舒解说“春秋决狱”的材料的理解,这种“古文翻译”的考法在本学科中并不少见,考生应当重视,在备考中就应当做好重要材料的翻译、理解工作。(2)战国时期公布成文法的活动——铸刑书、竹刑与铸刑鼎,这种对“历史事件”的考法,主要考查历史背景、意义、影响以及评价,考生可以参考此类考查方式对中国法律史中的重要历史事件进行梳理。

第三,秦汉的法律制度。秦汉的律法以刑法为主,历年的考题也都围绕刑法命题,内容包括秦汉的罪名、刑罚以及刑罚适用原则。

第四,魏晋南北朝的法律制度。如2020年综合考题中考查了《北齐律》中的“重罪十条”。

### 3　设题陷阱

**陷阱:周礼具备法的性质,属于西周法律的组成部分。**这是考生最容易出错之处,也是命题人常设陷阱的地方。很多考生会认为:西周的“刑”指刑法,是法律;“礼”不是法律,缺乏国家强制性,

不具备法的性质。这种观点之所以错误,在于考生拿现代的刑法观念去理解西周时期的“刑”。现代的刑法规范中一般都具备假定条件、行为模式和法律后果,但西周时期的“刑”主要指刑罚,如“五刑”,相当于现代刑法规范中的法律后果部分。“礼”则是具体的行为规范,相当于假定条件、行为模式部分。“礼”与“刑”结合在一起,才能共同构成西周法律的完整体系。

## 真题快刷*

### 考点一 西周的法律制度

**1** 关于先秦时期的法制内容,下列说法正确的是:(2018 年回忆版,单选)

A. 西周时期奉行“德主刑辅”的治国思想,要求统治者应具有“敬天、敬祖、保民”的道德品行

B. 西周时期,男女离婚的法定理由称为“七出”,即若具法定七种理由之一,男女即可离婚

C. 西周时期,张三和李四就买卖一头黄牛所签订之契约称为“质剂”,因此产生的纠纷法官审理称为“听讼”

D.《法经》是中国历史上第一部比较系统的成文法典,具有六篇制的法典结构,其中《具法》相当于现代刑法的总则部分,置于法典最后

**2**《汉书·陈宠传》就西周礼刑关系描述说:“礼之所去,刑之所取,失礼则入刑,相为表里。”关于西周礼刑的理解,下列哪一选项是正确的?(2017 年,单选)

A. 周礼分为五礼,核心在于“亲亲”“尊尊”,规定了政治关系的等级

B. 西周时期五刑,即墨、劓、剕(刖)、宫、大辟,适用于庶民而不适用于贵族

C.“礼”不具备法的性质,缺乏国家强制性,需要“刑”作为补充

D. 违礼即违法,在维护统治的手段上“礼”“刑”二者缺一不可

**3** 西周商品经济发展促进了民事契约关系的发展。《周礼》载:“听买卖以质剂。”汉代学者郑玄解读西周买卖契约形式:“大市谓人民、牛马之属,用长券;小市为兵器、珍异之物,用短券。”对此,下列哪一说法是正确的?(2016 年,单选)

A. 长券为“质”,短券为“剂”

B.“质”由买卖双方自制,“剂”由官府制作

C. 契约达成后,交“质人”专门管理

D. 买卖契约也可采用“傅别”形式

### 考点二 春秋战国时期的法律制度

春秋时期,针对以往传统法律体制的不合理性,出现了诸如晋国赵鞅“铸刑鼎”,郑国执政子产“铸刑书”等变革活动。对此,下列哪一说法是正确的?(2016 年,单选)

A. 晋国赵鞅“铸刑鼎”为中国历史上首次公布成文法

B. 奴隶主贵族对公布法律并不反对,认为利于其统治

C. 打破了“刑不可知,则威不可测”的壁垒

D. 孔子作为春秋时期思想家,肯定赵鞅“铸刑鼎”的举措

### 考点三 秦汉的法律制度

**1** 中国古代法律讲究“天人合一”,下列选项中未能直接体现“天人感应”的是:(2022 年回忆

---

* 本章答案及解析见第 139 页。

版,多选)

A. 以德配天　　B. 德主刑辅　　C. 春秋决狱　　D. 秋冬行刑

**2** 秦朝时,李某告发父亲盗采邻居桑叶,地方官员黄某对其父予以赀徭三旬的处罚,并对李某予以奖励。对此,下列说法正确的是:(2021 年回忆版,多选)

A. 赀徭是处以罚金和徭役,非独立刑种

B. 李某告发其父属于"告奸",是受鼓励的行为

C. 如果对盗采桑叶的行为是地方官员黄某失察,则黄某构成"不直"

D. 对盗采桑叶处刑体现法家"明法重刑"思想

**3** 秦统治者总结前代法律实施方面的经验,结合本朝特点,形成了一些刑罚适用原则。对于秦律原则的相关表述,下列哪一选项是正确的?(2017 年,单选)

A. 关于刑事责任能力的确定,以身高作为标准,男、女身高六尺二寸以上为成年人,其犯罪应负刑事责任

B. 重视人的主观意识状态,对故意行为要追究刑事责任,对过失行为则认为无犯罪意识,不予追究

C. 对共犯、累犯等加重处罚,对自首、犯后主动消除犯罪后果等减轻处罚

D. 无论教唆成年人、未成年人犯罪,对教唆人均实行同罪,加重处罚

# 第二章　唐宋、明清时期的法律制度

## 名师带练

### 1　考点考查统计

- 唐宋、明清时期的法律制度
  - 唐代的法律制度
    - 唐律的特点 *
    - 唐律中的罪名 * * *
    - 刑罚适用原则 *
    - 唐律的历史地位及其影响 *
  - 宋代的法律制度
    - 宋代的契约制度 * * *
    - 宋代的继承制度 * *
  - 明清时期的法律制度
    - 明代的立法 *
    - 清代的立法与司法制度 * *
  - 清末变法修律
    - 清末立宪 * *
    - 清末刑事立法 * *
    - 清末民商事立法 *

## 2 命题基本规律

本部分考查唐宋至明清时期的法律制度，从历年考试题目来看，此部分命题主要呈现以下特点：

第一，唐律是重点考查对象，也是每年必考的内容。这是因为唐律是我国传统立法的楷模，是中华法系形成的标志，且对亚洲诸国的立法产生了重大影响。该考点主要考查唐律的：(1)特点、历史地位及其影响；(2)罪名，如“十恶”“六杀”“六赃”等，重点考查相关罪名的内容；(3)刑罚原则，其中最重要的是类推原则，考查对类推的方法（“举轻以明重”“举重以明轻”）的理解和适用；(4)婚姻制度，尤其是唐朝首创的“义绝”制度与和离制度，即是考查重点，如2021年试卷一就通过一则离婚案考查了义绝、和离及“七出”。

第二，宋代的法律制度主要考查：(1)契约制度。由于宋代商品经济的繁荣，产生了买卖、借贷、租赁、抵押、典卖、雇佣等各种契约形式，形成了富有特色的契约制度，2020年和2017年对该考点进行了集中考查。(2)婚姻制度。宋代的婚姻制度在唐律的基础上有所变通，注意婚姻制度中的一夫一妻制，离婚、改嫁的条件等。(3)继承制度。宋代的继承制度有较大的灵活性，允许在室女、遗腹子继承部分遗产，还有户绝继承制度等特色制度，可考性强。

第三，明朝的法律制度主要考查：(1)法律规定，尤其《明大诰》是易考点，它是中国法律史上空前普及的法规，其内容被列入科举考试。继2014年考查了该考点后，2018年又进行了考查。(2)立法思想，明朝实行重典治国的立法原则，常与其他朝代的立法思想放在一起考查，如2021年试卷一就考查了这一点。

第四，清代的法律制度主要考查清末的变法修律，包括以下内容：(1)宪法领域以《钦定宪法大纲》、“十九信条”为主，重点考查这两个宪法文件的本质，即仍然强调皇权至上，并没有保护人民权利。(2)刑事立法，包括《大清现行刑律》《大清新刑律》，前者是后者完成前的一部过渡性法典，主要考查两部刑律各自在内容上的变化。(3)民商事立法，包括《大清民律草案》《大清商律草案》等。(4)司法体制的变化，包括清末司法机关、审级制度、监察制度等的变革。

此外，我们注意到，2018年法考以来，中国法律史部分的题目综合性逐渐增强，常见的是针对一种制度或一种法律思想的历史变迁进行考查，此趋势考生务必注意，该类试题我们也统一归类到本部分进行详解。

## 3 设题陷阱

**陷阱：唐律类推原则中的“举重以明轻”和“举轻以明重”容易被混淆。**《唐律·名例》规定：“诸断罪而无正条，其应出罪者，则举重以明轻；其应入罪者，则举轻以明重。”这是指，在处理法无明文规定的案件时：若应减轻处罚，则列举比该案件性质更重的罪名，比照以解决轻案；若应加重处罚，则列举比该案性质更轻的罪名，比照以解决重案。考生要注意，“举重以明轻”解决的是出罪（轻罪），“举轻以明重”解决的是入罪（重罪）。记忆的关键是看“举重以明轻”“举轻以明重”中最后一个字，因为“以”后面是目的，其后紧跟的就是该方法所要解决的问题。

## 真题快刷*

### 考点一　唐代的法律制度

**1** 关于十恶,下列说法正确的是:(2024 年回忆版,单选)

A. 去皇家陵园砍伐树木,并偷走了香炉,成立“谋反”

B. 报复杀人,杀了下人和主人,成立“不道”

C. 半路遇到老师,打了老师,成立“不义”

D. 兄弟分家,没经过父母同意,成立“不孝”

**2** 中华法系形成别具一格的罪名,故杀就是古老的罪名之一。各个朝代关于故杀的说法,正确的是:(2022 年回忆版,单选)

A. 二人故意杀人,为故杀,清

B. 发生变故情形起意杀人为故杀,秦

C. 二人互殴,临时起意杀人为故杀,唐

D. 依张斐解释,故杀包括谋杀和贼杀,晋

**3** 唐朝时期,某男刘某娶女子夏某为妻,后夏某因为照顾失明的父亲,提出分开,刘某同意,下列说法正确的是:(2021 年回忆版,单选)

A. 双方应当义绝

B. 双方可以和离

C. 刘某可以以“七出”休妻

D. 政府可以强制双方离异

**4** 白居易的《井底引银屏瓶》写道:“感君松柏化为心,暗合双鬟逐君去。到君家舍五六年,君家大人频有言。聘则为妻奔是妾,不堪主祀奉苹蘩。终知君家不可住,其奈出门无去处。”关于古代妻妾制度,下列说法正确的是:(2020 年回忆版,单选)

A. 妾所生的庶长子无权享有主祭祀权

B. 妻妾均通过三书六礼的仪式进门

C. 休弃妾满足“七出”的同时,不需要满足“三不去”

D.《中华民国民法》在立法上废除了妻妾制度

**5** 关于隋唐的法律制度,下列说法错误的是:(2019 年回忆版,单选)

A. 隋朝的《开皇律》确立了传统五刑:笞、杖、徒、流、死

B. 张某杀人碎尸,按《唐律》当定“不道”之罪

C. 官员在执行公务时不慎出现差错而犯罪,是为“公罪”

D. 唐代的刑部行使中央司法审判权

**6** 下列关于唐律中公罪和私罪说法正确的是:(2018 年回忆版,单选)

A. 缘公事致罪就是公罪

B.“公罪”处刑从重

C.“私罪”处刑从轻

D. 不缘公事,私自犯者是私罪

**7**《唐律》开篇言明“德礼为政教之本,刑罚为政教之用”,如唐太宗所说“失礼之禁,著在刑书”,根据上述说法,下列哪些选项是错误的?(2018 年回忆版,多选)

---

* 本章答案及解析见第 142 页。

A.《唐律》“礼律合一”的统治方法体现了对西周“德主刑辅，礼刑并用”的法律思想的承袭

B.《唐律》具有继往开来，承前启后的重要地位，其“礼律合一”的思想和方法对后世产生深远影响

C.《唐律》注重“礼律合一”的理论基础，是汉代中期儒家提出的“以德配天，明德慎刑”的策略思想

D.《唐律》与春秋战国时期法家思想同受西周法律思想影响，都主张和实行礼刑合一

**8** 唐代诉讼制度不断完善，并具有承前启后的特点。下列哪一选项体现了唐律据证定罪的原则？（2017 年，单选）

A. 唐律规定，审判时“必先以情，审察辞理，反复参验，犹未能决，事须拷问者，立案同判，然后拷讯，违者杖六十”

B.《断狱律》说：“若赃状露验，理不可疑，虽不成引，即据状断之”

C. 唐律规定，对应议、请、减和老幼残疾之人“不合拷讯”

D.《断狱律》说：“（断狱）皆须具引律、令、格、式正文，违者笞三十”

## 考点二 宋代的法律制度

**1** 宋朝时，有个富豪死的时候，因为儿子只有三岁，他就写了遗嘱，把十分之七的遗产留给女儿女婿，十分之三的遗产留给儿子，遗嘱要求姐姐把弟弟养大。儿子长大后跟姐姐、姐夫争遗产，告到县衙。县令对儿子说，“幸好你爹聪明，留了这个遗嘱，不然你就没法长大了”。然后改判遗产的十分之七归儿子，十分之三归女儿。对此，下列哪一选项是正确的？（2023 年回忆版，单选）

A. 在宋代，遗嘱继承都优先于法定继承

B. 在宋代，在室女只能获得一份嫁资

C. 在宋代，出嫁女在任何情况下都没有财产继承权

D. 本案判决表明，中国古代司法追求天理、国法、人情相结合

**2** 南宋时，寡妇阿章将田宅卖给徐荣，2 年后徐荣把田宅卖给阿章丈夫的从弟徐蒙，9 年后阿章以田宅系典卖为由起诉，想从徐蒙处赎田。易化县令判“交钱还业”。徐蒙上诉到临安府，并“缴徐荣厚买”阿章“赤契三道”，分明记载“出卖”二字。对于本案，下列说法正确的是：（2020 年回忆版，单选）

A. 典卖田宅最长赎回期 20 年

B. 徐蒙对阿章田宅有优先购买权

C.“赤契”系纳税标志，与田宅所有权无关

D. 阿章与徐荣对田宅的买卖属于“活卖”

**3** 关于宋代的法律制度，下列说法错误的是：（2018 年回忆版，单选）

A.《宋刑统》是中国历史上第一部刊印颁行的法典，全称为《宋建隆重详定刑统》

B. 张三借李四纹银十两，约定三个月后归还十两五钱，此种借贷宋朝称为“出举”

C. 南宋宋慈所著之《洗冤集录》是中国也是世界历史上第一部系统的法医学著作

D. 宋朝法律承认绝户之在室女与继子的继承权，具体比例为在室女继承三分之一，继子继承三分之一，另三分之一收为官有

**4** 随着商品经济的繁荣，两宋时期的买卖、借贷、租赁、抵押、典卖、雇佣等各种契约形式均有发展。据此，下列哪一说法是错误的？（2017 年，单选）

A. 契约的订立必须出于双方合意，对强行签约违背当事人意愿的，要“重蝇典宪”

B. 买卖契约中的"活卖",是指先以信用取得出卖物,之后再支付价金,且须订立书面契约

C. 付息的消费借贷称为出举,并有"(出举者)不得迴利为本"的规定,防止高利贷盘剥

D. 宋代租佃土地契约中,可实行定额租,佃农逾期不交租,地主可诉请官府代为索取

## 考点三 明清时期的法律制度

明朝初期总结历朝经验教训,进行了大规模的法制建设。关于明朝初期的立法思想,下列说法正确的是:(2021 年回忆版,多选)

A. 终明一朝均采用"刑乱国用重典"的立法原则

B. 形成了"刑罚世轻世重",明确依社会情势,按乱世和平世采取或严或宽的刑事政策

C. 提出"明刑弼教",与"德主刑辅"并无不同,都强调重刑,为重典治世提供了依据

D. 强调立法注重"简""朴",即法律条文既要求高度概括,又要通俗易懂

## 考点四 清末变法修律

**1** 1904 年,都察院御史蒋某某据传闻弹劾军机大臣亲王奕劻,指其将 120 万元存入洋商银行,洋商银行账目不示人,仅口头表示无来往,清廷以蒋弹劾不实、污蔑亲贵,罢去其御史之职,下列说法正确的是:(2020 年回忆版,单选)

A. 蒋据传闻弹劾不实,是诬告

B. 古老的监察制度已经丧失生命力,无法发挥作用

C. 洋商银行拒不出示账目是丧失司法主权的表现

D. 清末司法改革之中都察院被裁撤

**2** 清末和民国时期的旧中国曾经进行频繁的立宪活动,下列关于该时期宪法文件,说法错误的是:(2019 年回忆版,单选)

A.《钦定宪法大纲》为中国近代史上第一个宪法性文件,是由宪政编查馆编订,于 1908 年公布的

B. 1912 年《临时约法》是由孙中山主导创制的中国第一部资产阶级共和国性质的宪法文件

C. 北洋政府时期的第一部宪法草案为"天坛宪草",采用资产阶级三权分立的宪法原则,确认民主共和制度

D.《中华民国宪法》(1947 年)是中国近代史上首部正式颁行的宪法

**3** 1903 年,清廷发布上谕:"通商惠工,为古今经国之要政,急应加意讲求,著派载振、袁世凯、伍廷芳,先定商律,作为则例。"下列哪一说法是正确的?(2016 年,单选)

A.《钦定大清商律》为清朝第一部商律,由《商人通例》、《公司律》和《破产律》构成

B. 清廷制定商律,表明随着中国近代工商业发展,其传统工商政策从"重农抑商"转为"重商抑农"

C. 商事立法分为两阶段,先由新设立商部负责,后主要商事法典改由修订法律馆主持起草

D.《大清律例》、《大清新刑律》、《大清民律草案》与《大清商律草案》同属清末修律成果

## 考点五 中国法律史综合

**1** "孝公既用卫鞅,鞅欲变法,恐天下议己。令既具,未布,恐民之不信,乃立三丈之木于国都市

南门,募民有能徙置北门者予十金。民怪之,莫敢徙。复曰:'能徙者予五十金。'有一人徙之,辄予五十金,以明不欺。卒下令。"以上这段话就是"商鞅变法立木为信"的典故,这一典故体现了以下哪一项观点?(2021 年回忆版,单选)

A. 善禁者,先禁其身,而后人。不善禁者,先禁人而后身

B. 盖天下之事,不难于立法,而难于法之必行

C. 罪疑惟轻,功疑惟重。与其杀不辜,宁失不经

D. 法不阿贵,绳不挠曲

**2** 很多成语来自古代法律,下列说法正确的是:(2020 年回忆版,多选)

A. 作奸犯科——"科"是隋唐主要的法律形式之一,能够补充和变通律令

B. 就地正法——宋代以来死刑的主要行刑制度

C. 大逆不道——"大逆""不道"分别是《北齐律》重罪十条的两个罪名

D. 媒妁之言——西周以来婚姻关系成立的条件之一

**3** 在我国封建法制中,国家对死刑的适用及执行非常重视,专门确立了死刑复奏制度。关于死刑复奏制度,下列哪些说法是正确的?(2018 年回忆版,多选)

A. 汉代根据"天人感应"的理论,规定除谋反大逆等"决不待时"者外,一般死刑犯须在秋天霜降以后、冬至以前执行

B. 死刑复奏制度是在北魏太武帝时正式确立的

C. 明代的死刑复奏制度叫朝审

D. 清代的秋审是对刑部判决的重案及京师附近绞、斩监候案件进行的复审

# 司法制度和法律职业道德

## 关于司法制度和法律职业道德客观题的考试说明

### 一、命题基本规律

在2018年开始的国家统一法律职业资格考试中，司法制度和法律职业道德分值在12分左右，题型包括单项选择题、多项选择题和不定项选择题。

该部分的命题特点是综合性很强，知识点覆盖面广，通常在一个命题中综合考查许多知识点，基本每个选项都是一个独立的知识点。在司法制度部分往往将审判制度、检察制度以及宪法和法理学综合起来进行考查。法律职业道德部分也会在同一题目中综合考查法官、检察官、律师、公证员和其他法律职业人员的职业道德问题。同时，法律职业道德部分均以案例的形式出现，题目比较生活化，答案通常争议较大，建议考生重点关注知识点本身，而不是题目设置是否科学。

### 二、复习技巧

在复习本部分内容时：一要重视理论学习，如司法的特性、功能、目标等，这部分要以权威复习资料的说法为准；二要注意与其他部门法融会贯通，利用自己复习宪法、法理、诉讼法部分的学习成果，往往可以取得事半功倍的效果；三要熟练掌握《法官法》《检察官法》《公证法》中的基本法条，关注《法官职业道德基本准则》《检察官职业道德基本准则》《律师执业行为规范（试行）》《律师职业道德基本准则》等法律法规。另外，还要关注新修订的法律法规。

# 第一章　中国特色社会主义司法制度概述

## 名师带练

### 1　考点考查统计

中国特色社会主义司法制度概述
- 中国特色社会主义司法制度＊＊＊
- 司法的功能与特征＊
- 司法公正＊＊＊
- 审判独立、检察独立与司法效率＊
- 全面依法治国的具体司法政策＊＊＊

### 2　命题基本规律

中国特色社会主义司法制度主要包括司法的特征与功能、司法公正、审判独立与检察独立、司法效率等几个方面，本部分既包括有关司法的理论，也包括我国的一些具体政策、规定、意见等，内容庞杂，题量大，出题方式比较灵活，是历年考查的重点章节。

这一部分考查方式主要有：

第一，直接考查理论知识。这部分的考查主要围绕基本常识展开，如司法规范体系、司法组织体系、司法制度体系、司法人员管理体系包括哪些内容，加强法治工作队伍建设包括哪些内容等，需要考生对基本理论部分了解并掌握。

第二，以具体案例的形式考查司法的功能与特征，如司法公正，审判独立、检察独立与司法效率等。本部分内容重在理解，要注意司法的特征、功能、原则在具体司法制度中的体现。如某法院未按照上级法院的指示作出裁判体现了审判的独立性；某法院将本院公开审理后作出的判决书在网上公布体现了司法公开；某法官在参加研讨会中偶遇在办案件当事人的律师，拒绝其研讨案件的要求并向法院纪检部门报告，体现了审判独立；等等。

第三，考查我国全面依法治国的具体司法政策。党的十八届四中全会通过了《中共中央关于全面推进依法治国若干重大问题的决定》，为落实该决定，有关部门出台了一系列配套措施，如最高人民法院《关于人民法院在互联网公布裁判文书的规定》《关于人民法院登记立案若干问题的规定》《关于巡回法庭审理案件若干问题的规定》等。这一部分往往与全面依法治国密切相关，具有较强的时效性，考生要关注考试近期出台的一些具体的司法政策文件。

第四，在一道题目中综合考查多种制度，如综合考查人民陪审员制度、人民监督员制度、公证员制度，综合考查审判公开、检务公开、狱务公开等。这类题目看似简单，但是涉及的知识点多，考查面广，对于考生而言要求知识掌握全面，属于难度较大的一类。

## 3 设题陷阱

**陷阱一:司法人员在非工作场所接触当事人、律师、特殊关系人、中介组织。**司法人员在案件办理过程中,应当在工作场所、工作时间接待当事人、律师、特殊关系人、中介组织。因办案需要,确需与当事人、律师、特殊关系人、中介组织在非工作场所、非工作时间接触的,应依照相关规定办理审批手续并获批准。因此,司法人员在非工作场所、非工作时间接触当事人、律师、特殊关系人、中介组织,并非被完全禁止,在批准后可以进行。

**陷阱二:下级法院审理案件应按照上级法院的指示作出裁判。**司法活动不受行政机关、上级机关的非法干涉。不按上级法院的指示作出裁判正体现了审判的独立性特征。

**陷阱三:为案件当事人转递涉案材料。**司法机关内部人员应当依法履行职责,严格遵守纪律,不得违反规定过问和干预其他人员正在办理的案件,不得违反规定为案件当事人转递涉案材料或者打探案情,不得以任何方式为案件当事人说情打招呼。对于不依正当程序转递涉案材料或者提出其他要求的,应当告知其依照程序办理。注意按规定为案件当事人转递涉案材料是允许的。

# 真题快刷*

## 考点一 中国特色社会主义司法制度

**1** “法度者,正之至也”,建立公正高效权威的中国特色社会主义司法制度,是更好推进中国特色社会主义法治建设的重要保障。关于健全完善中国特色社会主义司法制度,下列哪一表述是正确的?(2023 年回忆版,多选)

A. 中国特色社会主义司法制度是严密的法治监督体系的重要组成部分

B. 应从制度环境等方面,优先解决影响司法效率的深层次问题

C. 应坚持符合国情和遵循司法规律相结合,坚持和加强党对司法工作的绝对领导

D. 应健全检察机关、审判机关与监察机关之间相互制约的体制机制

**2** 下列做法哪些体现了公检法体系的相互配合,相互制约,相互监督?(2020 年回忆版,多选)

A. 律师在监狱为犯罪嫌疑人提供法律援助

B. 法院建议检察院作不起诉决定,后公安机关撤销案件

C. 检察院对法院抗诉

D. 省检察院可抽调下级院检察官办理案件,体现了检察一体化

**3** 中国特色社会主义司法制度是一个科学系统,既包括体制机制运行体系,也包括理念文化等丰富内容。关于我国司法制度的理解,下列哪一选项是正确的?(2017 年,单选)

A. 我国司法制度主要由四个方面的体系构成:司法规范体系、司法组织体系、司法制度体系、司法文化体系

B. 司法组织体系主要包括审判组织体系、律师组织体系、公证组织体系

---

* 本章答案及解析见第 152 页。

C. 人民调解制度和死刑复核制度是独具中国特色的司法制度,司法解释制度和案例指导制度是中外通行的司法制度

D. 各项司法制度既是司法机关职责分工、履行职能的依据和标准,也是监督和规范司法行为的基本规则

## 考点二 司法的功能与特征

加强人权司法保障是司法机关的重要职责,也是保证公正司法的必然要求。下列哪一做法符合上述要求?(2017 年,单选)

A. 某公安机关第一次讯问犯罪嫌疑人时告知其有权委托辩护人,但未同时告知其如有经济困难可申请法律援助

B. 某省法院修订进入法庭的安检流程,明确"禁止对律师进行歧视性安检"

C. 某法官在一伤害案判决书中,对被告人及律师"构成正当防卫"的证据和意见不采信而未作回应和说明

D. 某法庭对辩护律师在辩论阶段即将结束时提出的"被告人庭前供述系非法取得"的意见及线索,未予调查

## 考点三 司法公正

司法活动的公开性是体现司法公正的重要方面,要求司法程序的每一阶段和步骤都应以当事人和社会公众看得见的方式进行。据此,按照有关文件和规定精神,下列哪一说法是正确的?(2016 年,单选)

A. 除依法不在互联网公布的裁判文书外,法院的生效裁判文书均应在互联网公布

B. 检察院应通过互联网、电话、邮件、检察窗口等方式向社会提供案件程序性信息查询服务

C. 监狱狱务因特殊需要不属于司法公开的范围

D. 律师作为诉讼活动的重要参与者,其制作的代理词、辩护词等法律文书应向社会公开

## 考点四 审判独立、检察独立与司法效率

建立领导干部、司法机关内部人员过问案件记录和责任追究制度,规范司法人员与当事人、律师、特殊关系人、中介组织接触交往行为,有利于保障审判独立和检察独立。据此,下列做法正确的是:(2017 年,不定项)

A. 某案承办检察官告知其同事可按规定为案件当事人转递涉案材料

B. 某法官在参加法官会议时,提醒承办法官充分考虑某案被告家庭现状

C. 某检察院副检察长依职权对其他检察官的在办案件提出书面指导性意见

D. 某法官在参加研讨会中偶遇在办案件当事人的律师,拒绝其研讨案件的要求并向法院纪检部门报告

## 考点五 全面依法治国的具体司法政策

随着法院案件受理制度改革的落实,当事人诉权得到进一步保障。关于行政诉讼立案登记制的理解和执行,下列哪一选项是正确的?(2017 年,单选)

A. 立案登记制有助于实现司法效率,更有助于强化司法的应然功能

B. 对当事人提交的起诉状存在的欠缺和错误，法院应主动给予指导和释明，并一次性告知需要补正的内容

C. 如不能当场判定起诉是否符合规定，法院应接收起诉状，并口头告知当事人注意接听电话通知

D. 对法院既不立案也不作出不予立案裁定的，当事人可以向上一级法院投诉，但不可向上一级法院起诉

# 第二章　法律职业道德综述

## 名师带练

### 1　考点考查统计

法律职业道德综述
- 法律职业道德特征与基本原则＊＊
- 法律人员职业道德综合考查＊＊＊

### 2　命题基本规律

法律职业道德部分包括法律职业道德的概念和特征、基本原则，法律职业道德教育的途径和方法等。法律职业道德具有不同于一般职业道德的职业性、实践性、正式性及更高标准的特征，法律职业道德基本原则是对每个法律从业人员职业行为进行职业道德评价的标准。

法律职业道德，是指法官、检察官、律师、公证员、法律类仲裁员、法律顾问和行政机关中从事行政处罚决定审核、行政复议、行政裁决的公务员等从事法律职业的人员在进行法律职业活动过程中，所应遵循的符合法律要求的心理意识、行为准则和行为规范的总和。本部分是概述的内容，要注意与后文法官职业道德、检察官职业道德、律师职业道德、公证员职业道德、其他法律人员职业道德有关内容的联系，重视其原则在具体法律人员职业道德中的体现。

本部分的主要考查方式有：

(1)考查对法律职业道德基本原则以及特征的理解。此类题目关于法律职业道德原则或者特征的说法往往似是而非，要求考生对法律职业道德的每一特征、概念进行深入辨析。

(2)从理论或者综述角度宏观考查法官、检察官、律师、公证员等从事法律职业的人员的职业道德、行为规范、回避制度等，题目中往往提出一些说法，要求考生根据所掌握的知识综合判断，如“法官和检察官均有任职回避的规定，公证员则无此要求”“律师职业道德只规范律师的执业行为，不规范律师事务所的行为”等。此类题目需要考生在复习中注意对比积累。

(3)以案例形式综合考查法官、检察官、律师、公证员等从事法律职业的人员的职业道德，要求考生将具体行为还原到相关的职业道德、规范、准则中，辨别正确或错误的做法。如某律师事务所明知某律师亲属是某法院领导仍指派其到该院代理诉讼，某法官利用业余时间提供有偿网络法律咨询，某检察官免费出任对外宣传的“形象大使”等。此类题目难度高，争议大，近几年考查比重逐渐减少，在复习中考生对于已有的考试题目与答案不必过于纠结。未来仍有可能采用此类命题方

式考查,但为避免争议,一般会考查法律法规有明文规定的内容。

本部分内容覆盖面广,考试方式相对灵活,没有非常突出的重点。鉴于后文有针对各类法律人员职业道德、各类司法制度的论述,本部分不再进行“设题陷阱”分析。

## 真题快刷*

### 考点一 法律职业道德特征与基本原则

法律职业道德具有不同于一般职业道德的职业性、实践性、正式性及更高标准的特征。关于法律职业道德的表述,下列哪些选项是正确的?(2017 年,多选)

A. 法律职业人员专业水平的发挥与职业道德水平的高低具有密切联系

B. 法律职业道德基本原则和规范的形成,与法律职业实践活动紧密相连

C. 纵观伦理发展史和法律思想史,法律职业道德的形成与“实证法”概念的阐释密切相关

D. 法律职业道德基本原则是对每个法律从业人员职业行为进行职业道德评价的标准

### 考点二 法律人员职业道德综合考查

**1** 小吴是中国国际经济贸易仲裁委员会的仲裁员,对此,以下哪一选项说法不正确?(2023 年回忆版,单选)

A. 其应当独立、公正仲裁

B. 其仲裁某案件时有徇私舞弊行为,则该仲裁裁决可能被法院撤销

C. 其以仲裁委员会名义对外参加有关仲裁的学术会议时,事后向仲裁委员会备案

D. 其应拒绝向当事人透露任何有关案件的情况、本人看法以及仲裁庭合议的情况

**2** 法律职业人员在业内、业外均应注重清正廉洁,严守职业道德和纪律规定。下列哪些行为违反了相关职业道德和纪律规定?(2015 年,多选)

A. 赵法官参加学术研讨时无意透露了未审结案件的内部讨论意见

B. 钱检察官相貌堂堂,免费出任当地旅游局对外宣传的“形象大使”

C. 孙律师在执业中了解到委托人公司存在严重的涉嫌偷税犯罪行为,未向税务机关举报

D. 李公证员代其同学在自己工作的公证处申办学历公证

**3** 关于我国法律职业人员的入职条件与业内、业外行为的说法:①法官和检察官的任职禁止条件完全相同;②被辞退的司法人员不能担任律师和公证员;③王某是甲市中院的副院长,其子王二不能同时担任甲市乙县法院的审判员;④李法官利用业余时间提供有偿网络法律咨询,应受到惩戒;⑤刘检察官提出检察建议被采纳,效果显著,应受到奖励;⑥张律师两年前因私自收费被罚款,目前不能成为律所的设立人。对上述说法,下列判断正确的是:(2015 年,不定项)

A. ①⑤正确　　B. ②④错误　　C. ②⑤正确　　D. ③⑥错误

---

* 本章答案及解析见第 155 页。

# 第三章　审判制度与法官职业道德

## 名师带练

### 1　考点考查统计

- 审判制度与法官职业道德
  - 审判制度
    - 审判制度基本原则 *
    - 审判机关 *
    - 法官 *
  - 法官职业道德 * *

### 2　命题基本规律

本部分考查方式主要有：

(1)单独或者综合考查我国审判制度的基本原则,如不告不理原则、审判独立原则、直接言词原则、及时审判原则、集中审理原则等,综合考查我国审判机关、法官管理等。要注意掌握我国审判制度的特征,特别是我国审判制度与西方审判制度的异同。考生在掌握本部分内容时一要注重把握原则,二要与我国具体的诉讼制度与诉讼实践相结合。

(2)通过具体案例或者行为表现考查法官职业道德,要求考生判断具体行为是否符合法官职业道德。例如,某法官参与迷信活动,某法官拒绝承办案件辩护律师的宴请等。重点掌握提高司法效率、保障司法公正、维护审判独立、遵守司法礼仪、严格约束职务外活动这几部分内容。在考试题目中,这部分内容的综合性很强,题目似是而非,干扰性很强,需要考生在日常工作和学习中注意积累,在考试中主要依据常识和经验来判断,注意牢守原则,从严把握。

(3)结合其他法律人员相关知识,考查法官的任职条件、任职回避、职业责任与纪律处分等。

### 3　设题陷阱

**陷阱:法官的任职回避。**法官之间有夫妻关系、直系血亲关系、三代以内旁系血亲以及近姻亲关系的,不得同时担任下列职务:(1)同一人民法院的院长、副院长、审判委员会委员、庭长、副庭长;(2)同一人民法院的院长、副院长和审判员;(3)同一审判庭的庭长、副庭长、审判员;(4)上下相邻两级人民法院的院长、副院长。

# 真题快刷*

## 考点一 审判制度

**1** 下列说法正确的是:(2020 年回忆版,不定项)

A. 最高人民法院、最高人民检察院发布的指导性案例,可以由审判委员会、检察委员会讨论通过

B. 最高人民法院、最高人民检察院在一定期限内可将担任法官、检察官的学历放宽到高等院校本科毕业生

C. 法官、检察官员额应该考虑偏远地区和基层法院、检察院的办案数量来相应增列

D. 法院院长和检察长的担任,应从办案法官、检察官和其他法官、检察官中选拔

**2** 法院的下列哪些做法是符合审判制度基本原则的?(2016 年,多选)

A. 某法官因病住院,甲法院决定更换法官重新审理此案

B. 某法官无正当理由超期结案,乙法院通知其三年内不得参与优秀法官的评选

C. 对某社会高度关注案件,当地媒体多次呼吁法院尽快结案,丙法院依然坚持按期审结

D. 因人身损害纠纷,原告要求被告赔付医疗费,丁法院判决被告支付全部医疗费及精神损害赔偿金

## 考点二 法官职业道德

**1** 关于法律职业人员的行为,下列说法正确的是?(2023 年回忆版,单选)

A. 法学院教授法制史的副教授,工作 4 年后,可以通过遴选的方式被任命为法官

B. 法官利用业余时间担任仲裁员但不收取报酬

C. 高等学校教授经学校批准,可以兼职律师

D. 县法院法官丁被遴选为市法院法官,必须进行统一考核

**2** 为了防止利益输送和利益勾连,切实维护司法廉洁和司法公正,法官、检察官应杜绝与律师进行不正当的接触交往。据此,下列哪些行为不违反法律职业道德?(2022 年回忆版,多选)

A. 赵法官、钱检察官和孙律师同堂培训后一起在食堂进行研讨

B. 李检察官办理某未成年人犯罪案件,告知其监护人聘请熟悉未成年人心智的辩护律师

C. 周法官将同事吴法官的家庭住址、电话号码告知郑律师

D. 王律师代理某疑难案件,向其同学冯法官咨询,冯法官收取 1 万元咨询费

**3** 《中华人民共和国法官职业道德基本准则》为加强法官职业道德建设,保证法官正确履行法律赋予的职责,规定了相关内容,以下说法正确的是:(2018 年回忆版,单选)

A. 法官应当严格遵守法定办案时限,提高审判执行效率,及时化解纠纷,注重节约司法资源,杜绝玩忽职守、拖延办案等行为,符合司法为民的要求

B. 法官认真贯彻司法公开原则,尊重人民群众的知情权,自觉接受法律监督和社会监督,同时

---

* 本章答案及解析见第 158 页。

避免司法审判受到外界的不当影响,符合司法公正的要求

C. 法官加强自身修养,培育高尚道德操守和健康生活情趣,杜绝与法官职业形象不相称、与法官职业道德相违背的不良嗜好和行为,遵守社会公德和家庭美德,维护良好的个人声誉,符合司法忠诚的要求

D. 法官不从事或者参与营利性的经营活动,不在企业及其他营利性组织中兼任法律顾问等职务,不就未决案件或者再审案件给当事人及其他诉讼参与人提供咨询意见,符合司法中立的要求

**4** 张法官与所承办案件当事人的代理律师系某业务培训班同学,偶有来往,为此张法官向院长申请回避,经综合考虑院长未予批准。张法官办案中与该律师依法沟通,该回避事项虽被对方代理人质疑,但审判过程和结果受到一致肯定。对照《法官职业道德基本准则》,张法官的行为直接体现了下列哪一要求?(2017 年,单选)

A. 严格遵守审限　　B. 约束业外活动

C. 坚持司法便民　　D. 保持中立地位

# 第四章　检察制度与检察官职业道德

## 名师带练

### 1 考点考查统计

- 检察制度与检察官职业道德
  - 检察制度
    - 检察制度基本原则 *
    - 检察组织 *
    - 人民监督员制度 *
  - 检察官职业道德
    - 检察官职业道德基本准则
    - 检察人员纪律处分 *

### 2 命题基本规律

本部分考查方式主要有:

(1)单独或者综合考查我国检察制度的基本原则。其中,要注意掌握检察权统一行使原则、检察权独立行使原则和对诉讼活动实行法律监督原则。

(2)通过具体案例或者行为表现考查检察官职业道德,要求考生判断具体行为是否符合检察官职业道德。例如,某检察官要求其他检察官为其提供正在办理的某案情况,某检察官参加老乡会、校友会、战友会等。本部分的判断依据是《检察官职业道德基本准则》与《检察人员纪律处分条例》。《检察官职业道德基本准则》共 5 条内容,仅作原则性规定。《检察人员纪律处分条例》内容过于详尽,本部分内容在考试中主要依据常识和经验来判断。

(3)结合其他法律人员相关知识,考查检察官的任职条件、任职回避等。

### 3 设题陷阱

**陷阱:混淆违反廉洁从检纪律与违反财经纪律的行为。**将本人或者亲属应当由个人支付的费用让下属单位或者其他单位支付、报销的,经商办企业、违反规定兼职或者兼职取酬的,挥霍浪费公共财产、私设“小金库”的,乱收费、乱罚款、拉赞助的,都属于违反廉洁从检纪律的行为。隐瞒、截留、坐支应当上缴国家财政的赃款、赃物,违反规定将公款、公物借给他人,或者以个人名义存储公款的,属于违反财经纪律的行为。

## 真题快刷*

### 考点一 检察制度

**1** 关于人民检察院的性质与组织体系,下列选项正确的是:(2020 年回忆版,多选)

A. 检察院内设业务机构的负责人对本部门的办案活动进行监督管理

B. 上级检察院可以调用下级检察院的检察官办理案件并代表上级检察院出庭支持公诉,体现了检察一体化

C. 检察官在法庭审理中提交证明被告人构成坦白的证据,体现了检察一体化

D. 检察官在检察长领导下开展工作,办案事项均由检察长决定

**2** 检察一体原则,是指各级检察机关、检察官依法构成统一的整体,下级检察机关、下级检察官应当根据上级检察机关、上级检察官的批示和命令开展工作。据此,下列哪一表述是正确的?(2016 年,单选)

A. 各级检察院实行检察委员会领导下的检察长负责制

B. 上级检察院可建议而不可直接变更、撤销下级检察院的决定

C. 在执行检察职能时,相关检察院有协助办案检察院的义务

D. 检察官之间在职务关系上可相互承继而不可相互移转和代理

### 考点二 检察官职业道德

**1** 法律从业人员应当强化职业道德观念,模范遵守道德准则,坚守职业道德底线。对此,下列哪些情形不违反司法工作人员的职业道德规范?(2022 年回忆版,多选)

A. 甲法官读本科的女儿在其任职辖区的法律援助中心当志愿者,甲法官没有任职回避

B. 乙法官的同事向其询问某案开庭时间,乙法官拒绝后予以记录,但未向纪检监察部门报告

C. 丙检察官退休 3 年后,在保留机关退休待遇的情况下,去律师事务所担任法律顾问

D. 丁检察官被开除后在其原任职辖区内的律师事务所从事信息技术工作

**2** 2016 年 10 月 20 日,《检察人员纪律处分条例》修订通过。关于规范检察人员的行为,下列哪些说法是正确的?(2017 年,多选)

A. 领导干部违反有关规定组织、参加自发成立的老乡会、校友会、战友会等,属于违反组织纪律

---

* 本章答案及解析见第 161 页。

行为

B. 擅自处置案件线索，随意初查或者在初查中对被调查对象采取限制人身自由强制措施的，属于违反办案纪律行为

C. 在分配、购买住房中侵犯国家、集体利益的，属于违反廉洁纪律行为

D. 对群众合法诉求消极应付、推诿扯皮，损害检察机关形象的，属于违反群众纪律行为

# 第五章　律师制度与律师职业道德

## 名师带练

### 1　考点考查统计

- 律师制度与律师职业道德
  - 律师与律师事务所管理
    - 律师管理 * * *
    - 律师事务所管理 *
  - 律师职业道德：律师执业规范 * * *

### 2　命题基本规律

本部分近年来每年有 1 道题目，关于律师制度，主要内容包括律师制度的特征和管理体制、律师执业的条件、律师的基本权利与义务、律师事务所相关规定及法律援助等。我国采用司法行政机关行政管理与律师协会行业管理相结合的管理体制。

本部分的考查方式主要有：

（1）综合考查律师及律师事务所的管理，如律师的考核与辞退、律师事务所合伙人的变更等，要掌握律师执业的限制性规定。在律师执业权利方面，要结合诉讼法、仲裁法，掌握律师在诉讼仲裁活动中的权利。注意最高人民检察院《关于依法保障律师执业权利的规定》，最高人民法院、最高人民检察院、公安部、国家安全部、司法部印发的《关于依法保障律师执业权利的规定》（以下简称《保障律师职业权利规定》）均为现行有效的规定。

（2）围绕律师业务推广、律师与当事人的关系等，考查律师是否依法执业、诚信执业、规范执业。通常以案例形式列举出律师的种种行为，考生需要根据律师执业规范判断该行为是否正确，如某律师利用社区普法宣传之机争揽业务，某所律师同时担任某案原告与被告的代理人，等等。本部分题目设置比较灵活，好在可以依据经验与常识来判断，律师与委托人关系规范是考查重点，其中律师不得与当事人建立或维持委托关系的情形、律师应当回避的情形在近年来反复考查。

（3）通过法律援助的具体案例考查法律援助的对象、范围、申请与审查、异议等，其中法律援助的对象、法律援助的审查都反复考查过。特别需要提醒考生注意的是，2023 年 11 月 20 日，最高人民法院、最高人民检察院、公安部、司法部印发《法律援助实施工作办法》，该具体规定与《法律援助法》相结合，无疑是本部分的考查热点，需认真研习。

## 3 设题陷阱

**陷阱一:律师执业的限制性规定。**律师执业受到以下几个方面的限制:(1)律师应当在一个律师事务所执业,不得同时在两个以上律师事务所执业;(2)执业律师不能担任国家机关现职工作人员;(3)律师担任各级人民代表大会常务委员会组成人员期间,不得执业。

**陷阱二:同一律师事务所、同一律师在同一案件或其后续案件中可以接受委托。**下列情形律师及律师事务所不得与当事人建立或维持委托关系:(1)律师在同一案件中为双方当事人担任代理人,或代理与本人或者其近亲属有利益冲突的法律事务的;(2)同一律师事务所的不同律师同时担任同一刑事案件的被害人的代理人和犯罪嫌疑人、被告人的辩护人,但在该县区域内只有一家律师事务所且事先征得当事人同意的除外;(3)在民事诉讼、行政诉讼、仲裁案件中,同一律师事务所的不同律师同时担任争议双方当事人的代理人,或者本所或其工作人员为一方当事人,本所其他律师担任对方当事人的代理人的;(4)在非诉讼业务中,除各方当事人共同委托外,同一律师事务所的律师同时担任彼此有利害关系的各方当事人的代理人的;(5)在委托关系终止后,同一律师事务所或同一律师在同一案件后续审理或者处理中又接受对方当事人委托的。

**陷阱三:律师主动回避。**有下列情形之一的,律师应当告知委托人并主动提出回避,但委托人同意其代理或者继续承办的除外:(1)接受民事诉讼、仲裁案件一方当事人的委托,而同所的其他律师是该案件中对方当事人的近亲属的;(2)担任刑事案件犯罪嫌疑人、被告人的辩护人,而同所的其他律师是该案件被害人的近亲属的;(3)同一律师事务所接受正在代理的诉讼案件或者非诉讼业务当事人的对方当事人所委托的其他法律业务的;(4)律师事务所与委托人存在法律服务关系,在某一诉讼或仲裁案件中该委托人未要求该律师事务所律师担任其代理人,而该律师事务所律师担任该委托人对方当事人的代理人的;(5)在委托关系终止后1年内,律师又就同一法律事务接受与原委托人有利害关系的对方当事人的委托的。

**陷阱四:只有经济困难才可以申请法律援助。**有下列情形之一,当事人申请法律援助的,不受经济困难条件的限制:(1)英雄烈士近亲属为维护英雄烈士的人格权益;(2)因见义勇为行为主张相关民事权益;(3)再审改判无罪请求国家赔偿;(4)遭受虐待、遗弃或者家庭暴力的受害人主张相关权益;(5)法律、法规、规章规定的其他情形。

# 真题快刷*

## 考点一 律师与律师事务所管理

**1** 律师事务所应当建立健全执业管理和各项内部管理制度,履行监管职责,规范本所律师执业行为。根据《律师事务所管理办法》,某律师事务所下列哪一做法是正确的?(2017年,单选)

A. 委派钟律师担任该所出资成立的某信息咨询公司的总经理

B. 合伙人会议决定将年度考核不称职的刘律师除名,报县司法局和律协备案

C. 对本所律师执业表现和遵守职业道德情况进行考核,报律协批准后给予奖励

D. 对受到6个月停止执业处罚的祝律师,在其处罚期满1年后,决定恢复其合伙人身份

**2** 律师在推进全面依法治国进程中具有重要作用,律师应依法执业、诚信执业、规范执业。

---

* 本章答案及解析见第164页。

根据《律师执业管理办法》,下列哪些做法是正确的?(2017年,多选)

A. 甲律师依法向被害人收集被告人不在聚众斗殴现场的证据,提交检察院要求其及时进行审查

B. 乙律师对当事人及家属准备到法院门口静坐、举牌、声援的做法,予以及时有效的劝阻

C. 丙律师在向一方当事人提供法律咨询中致电对方当事人,告知对方诉讼请求缺乏法律和事实依据

D. 丁律师在社区普法宣传中,告知群众诉讼是解决继承问题的唯一途径,并称其可提供最专业的诉讼代理服务

## 考点二 律师职业道德

**1** 王律师在甲律所执业期间,以"乙法律服务中心"名义在某网络平台发布视频,配字"提供法律咨询、代写文书等服务",用于个人宣传。关于王律师的行为,下列哪一说法是正确的?(2022年回忆版,单选)

A. 在网络平台进行业务推广,违反律师执业规范

B. 属于干扰正常的诉讼和仲裁活动

C. 属于以不正当方式承揽业务

D. 以非律师身份宣传,并不违背律师执业规范

**2** 关于律师职业道德,下列做法错误的是:(2020年回忆版,不定项)

A. 大学高校法学老师开设个人执业律师事务所,应吊销其律师执照

B. 律所在责令停业期间可解散

C. 律师去当企业高管,应吊销其律师执照

D. 律所为了社会利益,0元中标去国企当顾问

**3** 律师事务所应当建立利益冲突审查制度,在接受委托之前,应当进行利益冲突审查。办理委托事务的律师与委托人之间存在利害关系或利益冲突的,不得承办该业务并应主动提出回避。以下哪几项构成利益冲突应该回避的情形?(2018年回忆版,多选)

A. 甲曾是行政执法人员,承办对甲公司的行政处罚案件;1年后甲成为律师,并受该公司委托,成为该公司的法律顾问

B. 在张某诉王某侵权案中,张某解除对赵律师的委托关系后,在后续审理中,赵律师接受了王某的委托

C. 在非诉业务中,各方当事人共同委托甲律师事务所的律师同时担任各方当事人的代理人

D. 汪律师接受张某委托,担任张某的辩护人,而同所的方律师是该案被害人的近亲属,张某尚不知情

**4** 某律师事务所律师代理原告诉被告买卖合同纠纷案件,下列哪一做法是正确的?(2016年,单选)

A. 该律师接案时,得知委托人同时接触他所律师,私下了解他所报价后以较低收费接受委托

B. 在代书起诉状中,律师提出要求被告承担精神损害赔偿20万元的诉讼请求

C. 在代理合同中约定,如胜诉,在5万元律师代理费外,律师事务所可按照胜诉金额的一定比例另收办案费用

D. 因律师代理意见未被法庭采纳,原告要求律师承担部分诉讼请求损失,律师事务所予以拒绝

# 第六章　公证制度与公证员职业道德

## 名师带练

### 1　考点考查统计

- 公证制度与公证员职业道德
  - 公证制度
    - 公证机构＊＊＊
    - 公证人员＊＊＊＊
    - 公证办理程序＊＊
  - 公证员职业道德＊

### 2　命题基本规律

本部分近年来每年有1道题目，主要包括公证机构、公证员、公证程序、公证效力等内容，多与其他司法制度综合考查，重点是掌握《公证法》的相关内容，职业道德内容可以比照法官、检察官等职业道德记忆。

本部分的考查方式主要有：

(1)集中考查公证机构的设立，公证员任职条件，公证的业务范围、办理程序和效力等。这些内容均是《公证法》中的重点法条，近年来的考试题目基本覆盖到了，未来有重复考查的可能。

(2)将公证制度、公证员职业道德与其他法律人员的相关制度结合考查，一般公证制度内容仅为其中一个选项。例如，公证员的任职资格与法官、检察官的任职资格，公证员的回避与法官、检察官的回避等。这一部分在复习中需要注意对比积累。

### 3　设题陷阱

**陷阱一：特殊人群或特定事项公证申请的提出。**一般情况下，自然人、法人或者其他组织申请办理公证，可以向住所地、经常居住地、行为地或者事实发生地的公证机构提出；申请办理涉及不动产的公证，应当向不动产所在地的公证机构提出，但申请办理涉及不动产的委托、声明、赠与、遗嘱的公证，可以向住所地、经常居住地、行为地或事实发生地的公证机构提出。两个以上当事人共同申办同一公证事项的，可以共同到行为地、事实发生地或者其中一名当事人住所地、经常居住地的公证机构申办。当事人向两个以上可以受理该公证事项的公证机构提出申请的，由最先受理申请的公证机构办理。居住在我国香港特别行政区、澳门特别行政区、台湾地区的当事人，委托他人代理申办涉及继承、财产权益处分、人身关系变更等重要公证事项的，其授权委托书应当经其居住地的公证人(机构)公证，或者经司法部指定的机构、人员证明；居住在国外的当事人，委托他人代理申办涉及继承、财产权益处分、人身关系变更等重要公证事项的，其授权委托书应当经其居住地的公证人(机构)、我驻外使(领)馆公证。

**陷阱二:混淆公证的业务范围以及公证机构可以办理的事务。**公证的业务范围是:(1)合同;(2)继承;(3)委托、声明、赠与、遗嘱;(4)财产分割;(5)招标投标、拍卖;(6)婚姻状况、亲属关系、收养关系;(7)出生、生存、死亡、身份、经历、学历、学位、职务、职称、有无违法犯罪记录;(8)公司章程;(9)保全证据;(10)文书上的签名、印鉴、日期,文书的副本、影印本与原本相符;(11)自然人、法人或者其他组织自愿申请办理的其他公证事项。公证可以办理的事务是:(1)法律、行政法规规定由公证机构登记的事务;(2)提存;(3)保管遗嘱、遗产或者其他与公证事项有关的财产、物品、文书;(4)代写与公证事项有关的法律事务文书;(5)提供公证法律咨询。

**陷阱三:公证不能代理。**当事人可以委托他人代理申办公证,但申办遗嘱、遗赠扶养协议、赠与、认领亲子、收养关系、解除收养关系、生存状况、委托、声明、保证及其他与自然人人身有密切关系的公证事项,应当由其本人亲自申办。公证员、公证机构的其他工作人员不得代理当事人在本公证机构申办公证。无民事行为能力人或者限制民事行为能力人申办公证,应当由其监护人代理。法人申办公证,应当由其法定代表人代表。其他组织申办公证,应当由其负责人代表。

## 真题快刷*

### 考点一 公证制度

**1** 公证员办理没有依据的公证,公证机构负责人和公证员应如何处理?(2020 年回忆版,不定项)

A. 公证机构负责人被免职　　B. 公证员被开除

C. 公证处被责令停业整顿　　D. 公证员被罚款

**2** 公证制度是司法制度重要组成部分,设立公证机构、担任公证员具有严格的条件及程序。关于公证机构和公证员,下列哪一选项是正确的?(2017 年,单选)

A. 公证机构可接受易某申请为其保管遗嘱及遗产并出具相应公证书

B. 设立公证机构应由省级司法行政机关报司法部依规批准后,颁发公证机构执业证书

C. 贾教授在高校讲授法学 11 年,离职并经考核合格,可以担任公证员

D. 甄某交通肇事受过刑事处罚,因此不具备申请担任公证员的条件

### 考点二 公证员职业道德

下列哪些做法不符合公证员职业道德的要求?(2018 年回忆版,多选)

A. 王公证员除了做好公证工作外,还开办了一家工厂

B. 某公证机构的公证员,经常利用节假日到街上发传单,对自己所在的公证机构进行大肆炫耀

C. 某公证机构的业务做得很好,深受当地人们的信赖,于是此公证机构找到了市行政部门,通过行政部门支持对当地的公证业务进行垄断

D. 公证员为一些当事人进行公证,给当事人带来了很大的益处,有时接受当事人的答谢款待也是人之常情

* 本章答案及解析见第 167 页。

# 答案及解析

# 法　理　学

## 第一章　法的基本理论

### 考点一　法的概念和特征

**1** [答案]　AB

[考点]　法的概念、法律解释

[解析]　A 项考查法概念的学说。法概念争议的核心在于法律和道德是否存在概念上的必然联系。实证主义法学主张法律和道德不存在概念上的必然联系，主张研究实际存在的法律，法律的存在和法律在道德上的好坏不能混同，即恶法亦法。本题中，王某的做法违反了交通法规，虽然他的做法之后看来确实缓解了交通拥堵，是符合道德的，但在实证主义法学的观点看来，即使当时的法律不符合道德，也不能否认法律的存在，因此违反法律就要被处罚。故 A 项正确。

B 项考查法律解释的方法。客观目的解释，是指根据"理性的目的"或"在有效的法秩序的框架中客观上所指示的"目的，即法的客观目的，对某个法律规定进行解释。客观目的解释可以使法律决定与特定社会的伦理与道德要求相一致，从而使法律决定具有最大可能的正当性。本题中，对于王某行为的评价从最初确认其为违法行为到后来认可其做法进而增设车道的转变，是基于车道设置满足了当时社会生活的现实需要，符合法律本身的客观目的，因此属于客观目的解释，故 B 项正确。

C、D 项考查法律作用的局限性。由于法律自身条件的制约，因此法律存在着滞后性，即法律的稳定性和社会发展之间存在矛盾。本题中，有关部门一开始依据相关的交通法规对王某进行处罚，与之后又增设车道的做法并不矛盾，其根本原因在于法律作用的局限性，法律可能和现实社会发展不一致，但是并不能因此否认法律的作用和依据法律做出的行为。故 C、D 项错误。

[难度系数]　* * *

**2** [答案]　A

[考点]　法的特征、法与习惯

[解析][1]　A 项，法律的施行等同于法律的实施。法律的实施包括遵行(守法)、执行(执法)和适用(司法)；而法律的实效，就是指人们实际上按照法律规定的行为模式去行为，法律被人们实际遵行、执行或适用。因此没有被施行的法律自然不具有实效性。A 项正确。

① 为适应考生备考需要，如无特殊说明，本书解析部分均适用现行有效法律法规，特此说明。

B 项,《列宁全集》中提到:“法与国家存在着不可分割的联系。没有能够强制人们遵守法律规范的机关,法就等于零。”任何社会规范都具有强制性,作为一种以国家强制力为后盾,通过法律程序保证实现的社会规范,法律自生效那一刻起就具有强制力,而法律是否被遵守,都不影响法的强制性。恰恰由于法律的强制性,如果不遵守法律,可能会因此承受一定的法律后果。因此 B 项说法错误。

C 项,容易误导考生。任何社会规范都具有强制力,强制力并非法律的独特属性,法律的强制力和其他社会规范不同的地方在于,法律是以国家强制力为后盾,通过法律程序保证实现的社会规范。因此,法律拥有不同于其他社会规范的最强的强制力。习惯作为一种社会规范,和法律一样都具有强制力。C 项说法错误。

D 项,成文性是成文法的特征之一。一个社会规范具有成文性,那么这个规范就应以规范性条文的形式表述并于生效前公布。习惯独立于国家制定法之外,通常是在一定社会时期和地区,因长期而普遍地为人所遵从,而逐渐形成的具有一定强制性的行为规范,如古罗马法学家赫尔莫杰尼安所言,“那些由长期习惯确认了的并且被长年遵守的东西,同写成文字的法一样,被作为公民间的默认协议”。因此不能说习惯具有成文性。因此 D 项错误。

**[难度系数]** ＊＊

**3** **[答案]** C

**[考点]** 禁止拒绝裁判、法的局限性与前瞻性

**[解析]** “禁止拒绝裁判”是一项基本的司法义务,本是确立于《法国民法典》中的基本制度,在长期的司法实践中被固定下来成为司法裁判的原则。法无明文规定时,法官可以依据法理、国家政策及习惯作出公正的裁判,而不应拒绝裁判,所以 A 项错误,不当选。

法律是一个程序制度化的体系,它只是一种社会规范,不能调整所有社会生活空间或领域,而且还存在“法外空间”,有待道德等社会规范调整。科技发展引发的问题也不会只是法律问题,并非只能通过法律解决。所以 B 选项错误,不当选。

C、D 项考查法律的局限性和前瞻性。法律调整社会关系,以社会为基础,因此必然会受到其他社会规范以及社会条件和环境的制约,它对社会关系进行调整的范围和深度是有限的。无人驾驶汽车作为科技发展的新兴产物,法律尚未对其上路行驶作出规定,反映了法律受社会发展情况的制约,这是法律局限性的表现。但法律并不总是落后于社会发展进度的,立法者也会结合政治、经济、文化、社会等多方面的具体情况作出超前的立法,此时法律就会体现出其前瞻性。在科技发展尚未造成实际危害后果时,法律也可以对其进行干预,预防可能出现的问题,所以 C 项正确,当选,D 项错误,不当选。

**[难度系数]** ＊＊

**4** **[答案]** ACD

**[考点]** 实证主义和非实证主义的法律观、法的价值、法与道德

**[解析]** A、B 两项考查实证主义和非实证主义法律观。实证主义和非实证主义争论的核心是法与道德之间的关系问题。实证主义的观点是,法与道德在概念上是分离的,“实际上是怎样的法”与“应该是怎样的法”之间不存在必然联系,并不要求法律具备道德性。非实证主义认为,法与道德是相互关联的,道德上的正确性是法概念的一个要素,不具备道德性的法律不是法律,没有法律效力。本题中,沙威笃信法律就是法律,认为法律即使不公正也仍然是法律,应当被遵守,这是实证主义的法律观。B 选项错误,不当选。如果采纳非实证主义的观点,认为不公正的法律不是法

律,就可能从据以判处冉阿让刑罚的法律不公正的主张,推出该法律不具有法律效力,进而得出冉阿让并未犯罪的结论。A 选项正确,当选。

C 项,在法的价值层面,实证主义和非实证主义法律观各有侧重。非实证主义强调法的道德性,侧重于法的正义价值;实证主义强调法的权威制定性、社会实效性,侧重法的秩序价值。本题中,冉阿让认为法律不公并屡次越狱,从他的行为可知他持的是非实证主义的立场,强调法律的正义价值;沙威笃信法律就是法律,他采纳的是实证主义的观点,强调法律的秩序价值。C 选项正确,当选。

D 项,法律的权威源自人们的拥护和信仰,需要靠人民来维护。缺乏道德支撑的法律就丧失了正当性,无法被人们自觉遵守。D 选项正确,当选。

[难度系数] * *

## 考点二 法的作用

**1** [答案] D

[考点] 法的作用、法与社会的关系

[解析] A 项考查法的作用。法律不是万能的,法律仅仅调整人的外在行为,法律调整社会关系的广度和深度都是有限的,不能调整所有的社会关系,比如情感关系等,故 A 项错误。

B 项考查法律和其他社会规范的关系。法律是社会规范之一,它必然受到其他社会规范的影响和制约,法律的发展不能独立于道德和宗教,故 B 项错误。

C 项考查法律和社会的关系。法律以社会为基础,而非社会以法律为基础,故 C 项错误。

D 项考查法的作用。法律具有规范作用,法律可以影响人的行为,法律通过确立行为模式为人的行为提供指引,故 D 项正确。

[难度系数] *

**2** [答案] D

[考点] 法的规范作用

[解析] 法的作用泛指法对社会产生的影响。根据法在社会生活中发挥作用的形式和内容,分为规范作用和社会作用。法的规范作用共有五方面内容:

(1)指引作用。法的指引作用是指法对本人的行为具有引导作用。在这里,行为的主体是每个人自己。

(2)评价作用。法的评价作用是指法律作为一种行为标准,具有判断、衡量他人行为合法与否的评判作用。在这里,评价的对象是他人的行为。

(3)教育作用。法的教育作用是通过法的实施使法律对一般人的行为产生影响。这种作用具体表现为示警作用和示范作用。

(4)预测作用。法的预测作用是指凭借法律的存在,可以预先估计到人们相互之间会如何行为。预测作用的对象是人们相互之间的行为。

(5)强制作用。法的强制作用是指法可以通过制裁违法犯罪行为来强制人们遵守法律。在这里,强制作用的对象是违法者的行为。

A 选项中陈法官依据诉讼法相关规定的指示,主动申请回避,这是法的指引作用而非教育作用的体现,故 A 选项错误,不当选。B 选项中法院对王某盗窃行为的判决,是法律作为一种行为标准,判断、衡量行为合法与否的表现,这是法的评价作用而非指引作用的体现,故 B 选项错误,不当选。

C 选项中林某在获知相应的法律法规后，意识到企业法律风险防控的重要性，从而开始重视其所经营企业的法律风险防控，这是法的教育作用的体现。同时，法的规范作用中并不包括法的保护自由价值的作用，故 C 选项错误，不当选。D 选项中，法通过惩罚王某散布谣言的违法行为来强制其遵守法律，这是强制作用的体现，故 D 选项正确，当选。

［陷阱点拨］　考生对本题的异议反映出考生并未掌握各个作用之间的区别，故在此总结如下：

| 作用类型 | 作用方式 | 作用对象 | 作用内容 | 例　子 |
|---|---|---|---|---|
| 指引作用 | 提供行为模式 | 本人的行为 | 个别性指引、规范性指引、确定的指引、不确定的指引 | 基于《刑法》第 264 条的规定，王某打消了进行盗窃活动的想法 |
| 评价作用 | 判断、衡量 | 他人的行为 | 合法与否 | 法院判决王某的行为构成盗窃罪 |
| 预测作用 | 通过法律规范的指引预先估计 | 人们相互之间的行为 | 对如何行为的预测、对行为后果的预测 | — |
| 教育作用 | 通过法律的实施所产生的教育性影响 | 一般人的行为 | 示范与示警 | 林某参加法律培训后开始重视所经营企业的法律风险防控 |
| 强制作用 | 运用国家强制力制裁、惩罚 | 违法者的行为 | 追究相应的法律责任 | 王某因散布谣言被罚款 300 元 |

［难度系数］　＊＊

## 考点三　法的效力

**1**［答案］　D

［考点］　法的溯及力

［解析］　解答本题首先要理解法谚的含义。“法律对未来作规定”，是指法律约束的是法律制定之后的行为，一般对其制定之前的行为没有约束力，表达的是法的溯及力问题；“法官为过去做判决”，是指法官的裁判针对的是过去已经发生的行为，说的是判决的约束力问题。

B、C、D 三项考查法的溯及力。法的溯及力，也称法溯及既往的效力，是指法对其生效以前发生的行为和事件是否适用的问题。如果适用，新法就具有溯及力；如果不适用，则不具有溯及力。不同的法律规范的溯及力是不同的，就有关侵权、违约的法律和刑事法律而言，一般以法律不溯及既往为原则，这是由于：法律应当具有可预测性，人们根据法律从事一定的行为，并为自己的行为承担责任。如果法律溯及既往，就是以今天的规则要求昨天的行为，就等于要求某人承担自己从未期望过的义务，这是不公正的。但是，法律不溯及既往并非绝对的，目前各国采用的通例是“从旧兼从轻原则”，即新法原则上不溯及既往，但新法对被告人有利的可适用新法。因此，法律并非绝对禁止溯及既往，只是禁止对被告人有害的溯及既往，故 C 选项错误，不当选。新法具有溯及力，这也就是说，即使案件事实发生在过去，即新法生效前，新法仍然可以作为认定事实的根据。D 选项表述正确，当选。B 项，法官虽然只考虑已发生的事实，但是在新法可溯及既往的情况下，例如“新法不认为是犯罪或处刑较轻”时，应适用新法。故法官判案时一律选择适用旧法的表述错误，B 选项不当选。

A 项，法律虽然约束未来发生的行为和事件，但其内容规定并非总是超前的。法律所要调整的社会关系处于不断变化当中，社会中也不断有新情况和新问题产生，而这可能是立法者在制定法律时没有预见到的，故而法律相对于这些新情况、新问题可能是滞后的。A 选项前半句表述错误。法官的判决根据也并非总是滞后的，如上所述，法官的判决可能根据新法作出，从而使新法产生溯及既往的效力，而该新法相对于判决所依据的事实是超前的，故 A 选项后半句也错误，不当选。

［难度系数］ * *

**2** ［答案］ A

［考点］ 法的效力、免责

［解析］ 法的效力，是指法律对法律主体的约束力和拘束力。法的效力分为三种：

(1)法的对人效力。法的对人效力，是指法律能适用于哪些人，对什么人有拘束力。法的对人效力有四个原则：第一，属人主义原则，即法对自然人的效力以国籍为准，适用于本国人，而不论其身在国内还是国外；第二，属地主义原则，即法的效力以地域为准，适用于该国管辖地区内的所有人，而不论其是否为本国公民；第三，保护主义原则，即以维护本国利益作为是否适用本国法律的依据，任何侵害本国利益的人，不论其国籍和所在地域，都应适用本国法律；第四，折中主义，即以属地主义为主，属人主义和保护主义相结合的原则。

(2)法的空间效力。法的空间效力，是指法律适用的空间范围，法律在哪些地域有效力。一般来说，法的效力及于该国管辖范围的所有领域，包括领土、领水、领空和底土，还包括本国的驻外使馆、在外船舶和飞机(航空器)。

(3)法的时间效力。法的时间效力，是指法律何时生效，何时效力终止，以及对其生效之前的事件和行为有无溯及力。

本题中，赵某涉嫌走私国家禁止出口的文物而被立案侦查，体现了我国刑法对在我国领域内犯罪的人具有拘束力，属于法的对人效力问题。赵某在被立案侦查期间逃往 A 国并一直滞留于该国，暗示着我国不能采取强制措施将其逮捕归案，涉及法的空间效力问题，即我国法的效力只及于我国管辖范围内，不能及于 A 国。综上，该案涉及法对人的效力和空间效力问题，故 A 选项正确，当选。

我国刑法在对人效力上，采用折中主义原则：(1)以属地主义为原则，即凡在我国领域内犯罪的，都适用我国刑法，法律有特别规定的除外；(2)结合属人主义，即我国公民在我国领域外犯罪的，原则上适用我国刑法；(3)结合保护主义，即外国人在我国领域外对我国国家或者公民犯罪的，可以适用我国刑法，但是按照犯罪地的法律不受处罚的除外。本题中，赵某虽不在中国，但因其涉嫌走私国家禁止出口的文物，其犯罪行为地在中国，属于在我国领域内犯罪，根据属地主义应适用我国刑法。故 B 选项错误，不当选。

C 选项考查法的溯及力。法的溯及力，是指新的法律颁布后，对其生效以前发生的行为和事件是否适用的问题。如果适用，新法就具有溯及力；不适用，则不具有溯及力。本题中，没有特别说明赵某涉嫌走私国家禁止出口的文物的行为发生在刑法生效之前，也不涉及其他新法律法规，因而该案的处理与法的溯及力无关。故 C 选项错误，不当选。

D 选项考查时效免责。时效免责，即法律责任经过一定期限后而被免除，体现在刑法上，即追诉时效，是指按照刑法的规定追究犯罪嫌疑人刑事责任的有效期限。犯罪嫌疑人的犯罪行为已经超过刑法规定的追诉时效期限的，不再追究其刑事责任。《刑法》第 88 条规定了时效免责的例外，“在人民检察院、公安机关、国家安全机关立案侦查或者在人民法院受理案件以后，逃避侦查或者审判的，不受追诉期限的限制。被害人在追诉期限内提出控告，人民法院、人民检察院、公安机关应当立案而不予立案的，不受追诉期限的限制”。本题中，赵某在公安机关立案侦查期间逃往 A 国以逃避侦查，属于《刑法》第 88 条规定的不受追诉期限限制的情形，不能适用时效免责。故 D 选项错误，不当选。

［难度系数］ * *

| 考点四 | 法的价值 |
| --- | --- |

**1** [答案]　B

[考点]　法的价值、法的效力、法治、公民权利

[解析]　A选项考查法的位阶。我国《宪法》序言指出:“本宪法以法律的形式确认了中国各族人民奋斗的成果,规定了国家的根本制度和根本任务,是国家的根本法,具有最高的法律效力。”因此效力位阶最高的法律是宪法,不是公共福利法,故A选项错误,不当选。

B选项考查对法治的理解。法治包括形式法治和实质法治。形式法治注重法治的形式合理,追求形式平等性,而实质法治则着眼于法的伦理性及法的自由、正义等价值追求,重视实质合理,强调法治不仅要符合相关的法律形式要件,而且要实现权力制约和权利保障。公共福利是国家和社会为满足全体社会成员的物质及精神生活基本需要而兴办的公益性设施和提供的相关服务,追求的是实质法治,故B选项正确,当选。

C选项考查法的价值。公共福利(公共利益)是法的价值之一,但是法的最高价值是自由,故C选项错误,不当选。

D选项考查公民权利的限制。实现公共福利是追求实质平等,而实质的平等认为正义不仅仅是依靠法律的普遍性和统一性,法律还必须考虑特殊性,因个体差异而实行区别对待,注重条件平等和结果平等,为此可以限制个人权利,故D选项错误,不当选。

[难度系数]　* * * *

**2** [答案]　BCD

[考点]　法的自由价值

[解析]　题干中的这段话来源于马克思,所讲述的是自由与法律的关系。其表达的意思是:自由在法律制定前就已存在于社会中,它是自然的、无意识的自由,国家的法律只是对已有的自然规律下的自由进行确认,将其转化为有意识的自由。而法律确定了自由,人的自由才能有保障,人们才能获得实际的真正的自由。从这句话的含义可知,规律是自由的、无意识的,法律是有意识的,也是自由的,这是因为法律是对自然规律中自由的确认。故A选项表述错误,不当选。B项,法律是“人的实际的自由存在”的条件,是指有法律作为保障,人的自由才能实际地存在,符合此段话的含义,B选项正确,当选。C项,国家法律将自然规律的自由转化为法律上的自由,即是对自然规律的尊重,因此国家法律须尊重自然规律,C选项正确,当选。D项,自由是评价法律进步与否的标准,表明进步的法律应当是体现自由的,与此句话所传达的精神相符合,D选项正确,当选。

[难度系数]　* * *

# 第二章　法律规范与法律渊源

| 考点一 | 法律规则 |
| --- | --- |

**1** [答案]　D

[考点]　法律规则的分类、法律规则的逻辑结构

［解析］ A 项考查新“三要素说”中的行为模式。新“三要素说”将法律规则的逻辑结构分为假定条件、行为模式和法律后果。其中,行为模式就是指法律规则中规定人们如何具体行为之方式的部分,根据行为要求的内容和性质不同,分为可为模式、应为模式和勿为模式。《宪法》第 5 条第 3 款就属于典型的勿为模式。因此 A 项说法正确,不当选。

B 项考查法律规则的分类。确定性规则是指直接、明确地规定规则内容,而不必援引或参照其他规则来说明或确定其内容的法律规范。大部分法律规则都属于此类型,与之相对应的是委任性规则和准用性规则。材料中给出的规则内容直接、明确,不需要援引其他规则,因此属于确定性规则。B 项正确,不当选。

C 项,法律后果是指法律规则所规定的人们的行为在法律上可能引起的结果,分为肯定性法律后果和否定性法律后果。本题中这一规则只表达了假定条件和行为模式,省略了对法律后果的表达,因此 C 项说法正确,不当选。

D 项,倡导性规则是指提倡当事人采用特定行为模式的法律规则。材料中给出的规则并非一种倡导,而是具有强制性的内容,不允许人们随意更改,因此应当属于强行性规则。D 项错误,因为本题是选非题,因此当选。

［考点总结］ 关于法律规则的分类,详见下表归纳总结。

| 划分依据 | 法律规则的类别 | 内　容 |
|---|---|---|
| 按照行为模式划分 | 授权性规则 | 以权利为内容的法律规则,或者规定“可为模式”的法律规则 |
| | 义务性规则 | 以义务为内容的法律规则,分为规定积极义务的命令性规则与规定消极义务的禁止性规则 |
| 按照规则内容的确定程度划分 | 确定性规则 | 内容已经被明确规定,无须再援引或参照其他规则来确定其内容 |
| | 委任性规则 | 内容尚未确定,只是规定某种概括性指示,由相应的国家机关加以规定 |
| | 准用性规则 | 内容本身没有规定具体行为模式,而是要援引或参照其他相应规则 |
| 按照规则的强制程度划分 | 强行性规则 | 内容具有强制性质,不允许随意更改 |
| | 任意性规则 | 一定范围内,允许人们自行选择或协商为与不为、为的方式以及法律关系中的权利义务内容 |

［难度系数］ * * *

**2** ［答案］ C

［考点］ 法律规则的分类

［解析］ 本题考查考生对法律规则的分类标准、类别的把握。依据不同的分类标准,我们可对法律规则作出以下分类:

(1)强行性规则和任意性规则。这是以规则对人们行为规定和限定的范围或程度为标准所作的分类。强行性规则是指内容规定具有强制性质,不允许人们随便加以更改的法律规则。义务性规则、职权性规则都属于强行性规则。任意性规则是指规定在一定范围内,允许人们自行选择或协商确定为与不为、为的方式以及法律关系中的权利义务内容的法律规则。

(2)确定性规则、委任性规则和准用性规则。这是以规则内容的确定性程度为标准所作的分类。确定性规则是指内容本已明确肯定,无须再援引或参照其他规则来确定其内容的法律规则。委任性规则是指内容尚未确定,而只规定某种概括性指示,由相应国家机关通过相应途径或程序加以确定的法律规则。准用性规则是指内容本身没有规定人们具体的行为模式,而是可以援引或参照其他相应内容规定的法律规则。

(3)授权性规则和义务性规则,这个分类以规则的内容规定为标准。授权性规则指规定人们有权做一定行为或不做一定行为的规则,即规定人们“可为模式”的规则。义务性规则是指在内容上规定人们的法律义务,即有关人们应当作出或不作出某种行为的规则。义务性规则又可分为命令性规则和禁止性规则,前者是指规定人们的积极义务,即人们必须或应当作出某种行为的规则,后者是指规定人们的消极义务(不作为义务),即禁止人们作出一定行为的规则。

原《合同法》第155条规定:“出卖人交付的标的物不符合质量要求的,买受人可以依照本法第一百一十一条的规定要求承担违约责任。”从规则内容的确定性程度看,该条赋予当事人可为一定行为的权利,为授权性规则;从规则的内容规定上看,该条援引原《合同法》第111条①的规定,属于准用性规则;从条文对行为的限定程度上看,该条允许买受人自行决定是否要求出卖人承担违约责任,属于任意性规则。综上,C项正确,当选。

**[难度系数]** * *

**3** **[答案]** BC

**[考点]** 法律规则的逻辑结构、法律条文、法律原则

**[解析]** 本题综合考查了法律规则、法律条文、法律原则的相关知识。法律规则是指以一定的逻辑结构形式具体规定人们的法律权利、法律义务以及相应的法律后果的一种法律规范。

A项考查法律规则的逻辑结构,法律规则的逻辑结构是指法律规则诸要素的逻辑连接方式,即从逻辑的角度看,法律规则是由哪些部分或要素来组成的,以及这些部分或要素之间是如何联结在一起的。对法律规则的结构,根据新“三要素说”,任何法律规则均由假定条件、行为模式和法律后果三个部分组成,三要素任何一个部分在具体条文的表述中均可省略。A项正确,不当选。

C项考查法律原则。法律原则是指为法律规则提供某种基础或本源的综合性的、指导性的原理或价值准则的一种法律规范。法律原则相较于法律规则来说具有高度的一般性,其确定性和可预测性程度较低,C项表述的规范是我国《刑事诉讼法》规定的法律规则,更为具体和确定,是具有完整的假定条件、行为模式和法律后果的逻辑链条(省略法律后果),其并非法律原则,C项错误,当选。

B、D项考查法律条文、法律规则、法律原则三者的关系。现代国家的规范性法律文件大都以条文为基本构成单位。所谓法律条文,就是指表达法律规范,特别是法律规则的语句。法律条文可以分为规范性条文和非规范性条文,规范性条文是直接表述法律规范(法律规则和法律原则)的条文,非规范性条文是指不直接规定法律规范,而规定某些法律技术内容的条文。法律条文是法律规则的表现形式,法律规则是法律条文的内容。由此可见,法律条文既可以表达法律规则,也可以表达法律原则,但规范性条文是直接表述法律规则和法律原则的条文,而非只直接表达法律规则的,所以B项错误,当选。因为法律规则是通过特定语句表达的,所以法律规则存在多种表现形式,法律条文、判例、习惯等由语句组成的形式皆可表达法律规则,D项正确,不当选。

**[难度系数]** * *

## 考点二 法律原则

**1** **[答案]** AD

**[考点]** 法律原则与法律规则

---

① 现为《民法典》第582条。——编者注

［解析］ A、B 项考查法律原则之间的适用。由于法律规则明确具体，它们只适用于某一类型的行为；而法律原则具有宏观的指导性，其适用范围比法律规则更广。因此，当同时存在多个法律规则时，法律规则是以“全有或全无”的方式应用于个案的；当同时存在多个法律原则时，法律原则是以权衡强度或分量的方式，而不是以“全有或全无”的方式应用于个案当中的。本题中，法律原则在个案应用时，并不排斥其他法律原则的适用，相互冲突的法律原则也可以共存于一个案件中。因此，法律原则之间也可能存在冲突，不同的法律原则是以权衡强弱应用于个案的。故 A 项正确，B 项错误。

C 项考查法律规则和法律原则的关系。法律原则内容宽泛抽象，法律规则内容明确具体，因此法律规则有可能和法律原则发生冲突，例如，民法中合同具有相对性原则，但债权人行使代位权的具体规则突破了民法中合同相对性原则。具体而言，合同相对性原则是指合同关系只能发生在特定的主体之间，只有合同当事人一方能够向合同的另一方提出请求或诉讼。然而，根据《民法典》第 535 条的规定，因债务人怠于行使其债权或者与该债权有关的从权利，影响债权人的到期债权实现时，债权人可以向人民法院请求以自己的名义代位行使债务人对相对人的权利，但是该权利专属于债务人自身的除外。因此，代位权这一规则允许债权人在特定条件下，以自己的名义代位行使债务人对第三方的权利，突破了合同的相对性这一原则，是法律规则突破法律原则的体现。故 C 项错误。

D 项考查法律规则和法律原则的关系。只有穷尽法律规则，才能适用法律原则；或者为了实现个案正义时，才能舍弃法律规则，适用法律原则。在后一种情形中，法律原则否定了法律规则的适用，故 D 项正确。

［难度系数］ * *

**2** ［答案］ D

［考点］ 法律原则与法律规则

［解析］ 法律原则，是指为法律规则提供某种基础或本源的综合性的、指导性的原理或价值准则的一种法律规范。法律规则是指以一定的逻辑结构形式具体规定人们的法律权利、义务以及相应的后果的一种法律规范。法律原则是法律规则的基础，法律规则是对法律原则的具体化。

A 项，社会关系具有复杂、多变的性质，法律不可能涵盖全部社会关系，规范人们的全部行为，不可能完全适用于复杂的包罗万象的社会生活，加之客观形势的不断变化，必然导致法律规定与社会现实之间存在一定空隙和不适应性。再加上立法者的认知能力是有限的，通过文字表述的法律条文也是有限的，由此决定了法律规定本身总会有所遗漏，因此前半句“规则有漏洞”的说法是正确的。法律原则的规定比法律规则更加抽象和宽泛，一定程度上可以弥补法律漏洞，但不论是原则还是规则，都是通过概念来表达的，概念产生的歧义是很难避免的，或多或少都具有不确定性，有模糊边缘，因此后半句“原则无歧义”是不正确的。故 A 项错误，不当选。

B 项，法律规则的内容明确具体，只适用于某一类型行为，法律规则是对法律原则的具体化，而非法律原则的例外，因此 B 项错误，不当选。

C 项，法律原则是法律规则的基础，法律规则是对法律原则的具体化，因此规则与原则共通，而原则不是特别规则。C 项错误，不当选。

D 项，法律规则的内容明确具体，只适用于某一类型行为，是对法律原则的具体化，前半句表述正确；证成是给一个决定提供充足理由的活动和过程，法律原则是为法律规则提供某种基础或者本源的综合性、指导性的原理或者价值准则的一种法律规范，是法律规则的基础，可以说，原则给规则提供了充足理由,后半句表述正确。因此 D 项正确,当选。

[难度系数] * * *

**3** [答案] ABC

[考点] 法律原则

[解析] A 项考查法律原则的适用。法律规则是明确具体的,它预先设定了明确、具体的假定条件、行为模式和法律后果;法律原则内涵高度抽象,外延宽泛,没有与法律规则同样的具体明确性。因此,当法律原则作为裁判案件的标准发挥作用时,会赋予法官较大的自由裁量权,从而不能有效保证法律的确定性和可预测性。为了将法律原则的不确定性限定在一定程度之内,故需要对法律原则的适用设定以下严格条件:(1)顺序限制:穷尽法律规则,也就是在有具体的法律规则可供适用时,不得直接适用法律原则;即使出现了法律规则的例外情况,如果没有非常充分的理由,法官也不能以一定的原则否定既存的法律规则;只有出现无法律规则可以适用的情形,法律原则才可以作为弥补规则漏洞的手段发挥作用。(2)目的限制:实现个案正义,也就是如果某个法律规则适用于某个具体案件,没有产生极端的不可容忍的不正义的裁判结果,法官就不得轻易舍弃法律规则而直接适用法律原则。(3)说理限制:提出更强理由,也就是如果通过法律原则改变既存规则或否定既存规则的有效性,那么基于该原则所提供的理由,其强度必须强到足以排除支持该既存规则的形式原则,尤其是确定性和权威性。就本案而言,法官以公序良俗原则,否定协议的效力,正是为了实现个案正义,同时,还要进行充分说理,提出更强理由。因此法院基于公序良俗原则认定协议内容无效,是为遗嘱继承应当优先于法定继承的规定创设了例外情形,故 A 选项正确,当选。

B 项考查法律原则的分类。根据法律原则产生的基础不同,分为公理性原则和政策性原则:(1)公理性原则,是由法律原理(法理)构成的原则,是由法律上的事理推导出来的法律原则,是严格意义上的法律原则,如平等、诚信、罪刑法定、无罪推定等原则。公理性原则在国际范围内具有较大的普适性。(2)政策性原则,是一个国家或者民族出于一定的政策考量而制定的原则,如计划生育原则。政策性原则具有针对性、民族性和时代性。尊重善良风俗是具有普遍性的人类共同要求,因此属于世界各国普遍承认的公理性原则,故 B 选项正确,当选。

C 项考查事实判断和价值判断的区别。对事物本身事实的描述和指陈判断称为事实判断,对主客体之间价值关系的肯定或否定性判断称为价值判断。司法的过程,既是根据客观证据查明案件事实的过程,同时也是司法者在特定具体案件的情境下对该案件所涉及的法的不同价值进行衡量、平衡和抉择的过程。法院在裁判案件的过程中查清案件事实的做法,体现了事实判断;而坚守法律和人伦底线否定赵某的遗嘱效力,体现了价值判断,故 C 选项正确,当选。

D 项考查内部证成。所谓"证成",是指给一个决定提供充足理由的活动或者过程。"法律证成"可以分为"内部证成"和"外部证成"。法律决定必须按照一定的推理规则从相关前提中逻辑地推导出来,属于"内部证成";对法律决定所依赖的前提的证成,属于"外部证成"。法院选择适用公序良俗原则裁判案件,需要对大前提法律规范作出充分的论证说理,而对前提的论证属于外部证成。故 D 选项错误,不当选。

[难度系数] * * *

**4** [答案] AC

[考点] 法律规则与原则的区别、法律原则的适用条件

[解析] 本题考查法律规则与法律原则在适用上的区别。在适用方式上,法律规则以"全有或全无的方式"或涵摄的方式应用于个案当中,因此,如果案件事实满足一条规则所规定的条件,那

么这条规则就被确定地适用于该案件,如果该规则规定的条件没有被满足或者由于与另一个规则相冲突而被排除,那么该规则对该案件无效。法律原则则不然,它是以衡量的方式应用于个案当中,不同的法律原则具有不同的强度或者说分量,因此当两个原则在个案中冲突时,法官必须作出权衡,被认为较强的原则对该案件的裁决具有指导作用,但这并不导致另一原则的无效,也不导致其被排除在法律适用之外,两个原则只是在个案中出现了分量轻重之别。因此 A 项表述正确,当选,B 项表述错误,不当选。

法律原则可以克服法律规则的僵硬性缺陷,弥补法律漏洞,保证个案正义,但法律原则直接作为裁判案件的标准时会赋予法官较大的自由裁量权,因此需要对法律原则的适用加以限制——穷尽法律规则,方可适用法律原则;除非为了实现个案正义,否则不得舍弃法律规则而直接适用法律原则;没有更强理由,不得径行适用法律原则。据此,C 项正确,当选;D 项错误,不当选。

[难度系数] * *

**5** [答案] C

[考点] 法律原则与法律规则的区别、法律原则的适用

[解析] A 项考查法律原则的表达形式。法律原则是法律规范的一种,法律规范具有语言依赖性,必须通过语言表达、记载、解释和发展。古今中外,没有任何一个国家的立法者,能脱离语言而将表达其意志的法律规范传达给其人民。一切法律规范都必须以"法律语句"的形式表达:法律规则必须借助法律语句,才能清楚地规定假定条件、行为模式和法律后果,为人们所理解并遵守;法律原则虽然抽象,但也要通过法律语句才能表达其内涵,为法律人所领会。很难想象若离开法律语句,法律人将如何去把握蕴含在法律原则之后的精神。具体到本题,诚实信用原则为民法和民事诉讼法的基本原则,在《民法典》第 7 条和《民事诉讼法》第 13 条中以"法律语句"的形式表达,A 选项认为其一般不通过"法律语句"的语句形式表达,是错误的,不当选。

B、C、D 三项考查法律原则的特点。与法律规则相比,法律原则的特点表现为:

(1)内容上,法律规则规定具体,并具有清晰的逻辑结构;而法律原则高度一般化,内容具有抽象性,确定性和较低的可预测性。因此,法律规则比法律原则更能实现法的确定性和可预测性,这与 B 选项表述正好相反,故 B 项错误,不当选。

(2)适用范围上,法律规则关注某一类行为的共性,将该类行为的特征和情形加以概括作为其适用条件,因而法律规则仅适用于某类行为。法律原则对行为及条件的共性和特殊性都进行关注。一方面,法律原则作为一种抽象的法律规范,其适用范围广泛,不限于某一类型的行为。之所以能将同一个法律原则适用于不同的行为,是因为这些行为都存在原则和理念上的共同点。因此,从宏观上看,法律原则着眼于行为及条件的共性。另一方面,对于个案来说,适用法律原则常常是因为个案的特殊情况,如法无明文规定或适用法律已有的规定会产生不公正。因此,从微观上看,法律原则也关注行为和条件的个别性和特殊性。故 C 选项表述正确,当选。

(3)适用方式上,法律规则是以"全有或全无的方式"适用于个案的,即对于特定案件,一个法律规则要么适用,要么不适用;而法律原则以衡量的方式适用于个案,在不同案件中可以被不同程度地适用。D 项错误,不当选。

[陷阱点拨] 本题 C 选项争议较大。考生大多认为法律原则只着眼于行为及条件的共性,从而认为 C 选项错误,不当选。这种观点的错误在于缺乏对法律原则功能的全面理解。其实,法律原则之所以存在,是对不同案件中所涉及的共同的精神和原理的概括,因而法律原则关注了行为和条件的共性;而法律原则之所以在司法中进行适用,是因为个案的特殊情况无法适用已有的法律规

则,这表明其也关注了案件的个别性和特殊性。故 C 选项正确。

[难度系数] * * *

## 考点三 法的渊源、法律部门与法律体系

**1** [答案] C

[考点] 案例指导制度、法的渊源的分类与效力

[解析] A 项考查典型案例的法律效力。最高人民法院的典型案例不是规范性法律文件,而是非规范性法律文件,因此不具有普遍约束力,故 A 选项错误,不当选。

B 项考查法的渊源的分类。法的渊源,是指特定法律共同体所承认的具有法的约束力或具有法律说服力并能够成为法律人的法律决定之大前提的规范或准则来源的那些资料,如制定法、判例、习惯、法理等。根据法的渊源在法律推理中的效力和地位的不同,法的渊源分为正式的渊源和非正式的渊源:(1)正式的法的渊源,是指具有明文规定的法律效力并且直接作为法律人的法律决定的大前提的规范来源的那些资料,主要是制定法。对于正式的法的渊源,法律人必须予以考虑,法律人有义务适用它们。(2)非正式的法的渊源,是指不具有明文规定的法律效力,但具有法律说服力并能够构成法律人的法律决定的大前提的准则来源的那些资料,如正义标准、理性原则、公共政策、道德信念、社会思潮、习惯、乡规民约、社团章程、权威性法学著作,还有外国法等。在当代中国,法的非正式渊源主要包括:习惯、判例(或指导性案例)、政策。在我国,作为法的非正式渊源的政策,是指那些未被整合到法律中的政策,既包括国家政策,也包括党的政策中与国家或政府有关的政策。故 B 选项错误,不当选。

C 项考查法的非正式渊源的效力。最高人民法院《关于案例指导工作的规定》第 7 条规定:“最高人民法院发布的指导性案例,各级人民法院审理类似案例时应当参照。”最高人民法院《〈关于案例指导工作的规定〉实施细则》第 9 条规定:“各级人民法院正在审理的案件,在基本案情和法律适用方面,与最高人民法院发布的指导性案例相类似的,应当参照相关指导性案例的裁判要点作出裁判。”故 C 选项正确,当选。

D 项考查司法的功能。司法的功能分为应然和实然两个层面。就司法的应然功能而言,即通常说的“定分止争”、“惩奸除恶”、“止恶扬善”、“实现公平正义”、“最后一道防线”以及亚里士多德讲的“校正正义”等。就司法的实然功能而言,从总体上看,司法具有解决纠纷的直接功能和人权保障、调整社会关系、解释和补充法律、形成公共政策、秩序维持、文化支持等间接功能。因此,司法具有形成公共政策功能,而不是具有政策实施功能,故 D 选项错误,不当选。

[难度系数] * * *

**2** [答案] B

[考点] 规范性文件的性质、法的渊源

[解析] 本题主要考查规范性文件的性质,做这一类题的方法,就是根据文件的名称和制定、修改、发布机关等来判断其性质。规范性文件,从广义上讲一般是指属于法律范畴(宪法、法律、行政法规、地方性法规、自治条例、单行条例、国务院部门规章和地方政府规章)的立法性文件和除此以外的由国家机关和其他团体、组织制定的具有约束力的非立法性文件的总和。

本题的 A 和 D 两个选项考查部委制定的规范性文件,B 和 C 两个选项考查国务院制定的规范性文件。部委制定的规范性文件可以分为部门规章和部门规章以外的规范性文件。对于部门规章,《立法法》第 91 条第 1 款规定:“国务院各部、委员会、中国人民银行、审计署和具有行政管理职

能的直属机构以及法律规定的机构,可以根据法律和国务院的行政法规、决定、命令,在本部门的权限范围内,制定规章。"《立法法》第96条第1款规定:"部门规章由部门首长签署命令予以公布。"部委制定的其他规范性文件,通常以部委名义或部委办公厅名义发布,均不需要国务院批准。本题中,《外国人来华登山管理办法》于1991年7月31日由国务院批准,因此首先排除部委制定的文件。AD项不当选。

国务院制定、发布的规范性文件可以分为行政法规和行政法规以外的规范性文件(包括国务院发布的决定和命令等)。根据《立法法》第72条第1款的规定,国务院根据宪法和法律,制定行政法规。《立法法》第77条规定,行政法规由总理签署国务院令公布。有关国防建设的行政法规,可以由国务院总理、中央军事委员会主席共同签署国务院、中央军事委员会令公布。

国务院发布的决定和命令不是立法法所规定的,但《宪法》第89条第1项规定国务院可以"根据宪法和法律,规定行政措施,制定行政法规,发布决定和命令"。由于宪法中将决定和命令与行政法规并列,因此国务院发布的决定和命令在很大程度上取得了事实上和行政法规同样的效力。

区分行政法规和国务院发布的决定和命令,可以从文件的名称、内容等方面着手。行政法规一般称为"条例""规定""办法",而决定和命令的文件名称一般为"通知""决定"等。行政法规通常为"由国务院制定""由……签署国务院令公布",而命令与决定通常只会表述为"由……发布"。行政法规是指国务院为领导和管理国家各项行政工作,根据宪法和法律,按照行政法规规定的程序制定的与政治、经济、教育、科技、文化、外事等有关的各类法规。由于法律关于行政权力的规定常常比较原则、抽象,因而还需要行政机关进一步具体化。行政法规就是对法律内容具体化的一种主要形式,而决定与命令一般为程序性文件或任命性文件。从本题看,《外国人来华登山管理办法》是对外国人来华登山这一活动的具体规定,因此是行政法规,故B项正确,当选。

**[陷阱点拨]** 本题比较特殊的一点在于《外国人来华登山管理办法》是1991年通过生效的文件,而《立法法》在2000年才通过生效,因此这个文件并不是根据《立法法》制定的,但判断的思路是相同的。

**[难度系数]** * * *

**3** **[答案]** AB

**[考点]** 法的渊源、法的效力位阶、公法与私法

**[解析]** A项考查特别法与一般法。根据内容的具体程度和适用范围的不同,可将同一位阶的法划分为特别法与一般法。特别法指内容更为具体、适用范围更为狭窄的法律规范;一般法指内容较为概括、适用范围较为普遍的法律规范。本题中,《食品安全法》属于法律,《条例》属于行政法规,两者不属于同一位阶的法律,不存在划分为特别法与一般法的前提。因此,《条例》不是《食品安全法》的特别法,A选项正确,当选。

B项考查公法与私法的分类。公法与私法是大陆法系对法的分类,最早由古罗马法学家乌尔比安提出。现代法学一般认为,公法是调整公共关系、保护公共利益的法律,其调整的主体之间具有上下级的服从、管理关系,如宪法、刑法、行政法、诉讼法都属于公法;而私法是调整平等主体之间的关系、保护个人权利和利益的法,如民法和商法。《食品安全法》中规定食品生产经营许可的法律规范,其所调整的是行政法律关系,其主体为行政机关和行政相对人,两者之间是管理与被管理的关系,因此,该规范属于公法范畴。B选项正确,当选。

C项考查对规范性法律文件的撤销权。根据《立法法》第108条第2项的规定,有权撤销同宪法和法律相抵触的行政法规的主体只有全国人大常委会。法院无权撤销行政法规中与上位法相抵

触的条款,但法院可以根据上位法优于下位法的原则适用上位法。此外,根据《立法法》第 110 条第 2 款的规定,法院可以向全国人大常委会书面提出对《条例》进行审查的建议,由全国人大常委会来撤销《条例》中与上位法相抵触的条款。因此,若《条例》与《食品安全法》抵触,法院无权直接撤销。C 选项错误,不当选。

D 项考查法的正式渊源。法的正式渊源具有明文规定的法律效力,可以直接作为法律决定的大前提的规范来源。在我国,法的正式渊源包括宪法、法律、行政法规、部门规章、地方性法规、政府规章等。其中,法律是指全国人大或全国人大常委会通过立法程序制定的规范性文件。行政法规是国务院制定的规范性文件,其效力低于法律。本题中,《食品安全法》属于法律,《条例》由国务院制定,属于行政法规。前者属于当代中国法的正式渊源中的"法律",后者不属于。D 选项错误,不当选。

［难度系数］ * *

# 第三章　法律关系及其要素

## 考点一　法律关系

**1**［答案］ C

［考点］ 法律关系的要素

［解析］ A 项考查法律关系。法是调整人的行为的社会规范,法律关系是法律规范在调整社会关系的过程中所形成的人与人之间的权利义务关系,主要涉及法律关系主体、内容、客体。本案中,法律调整的著作权侵权案件并未扩大法律调整的社会关系范围,故 A 选项错误,不当选。

B 项考查法律关系的主体。对于本案而言,法律关系主体为某软件公司与罗某,并未产生新型种类,故 B 选项错误,不当选。

C 项考查法律关系的客体。一般来说,法律关系的客体为物、人身利益、精神产品、行为结果,本案中的客体表现为新型智力成果,扩展了法律关系客体的表现形式,故 C 选项正确,当选。

D 项考查权利能力。法律关系主体的权利能力,是指主体能够参加一定的法律关系,依法享有一定权利和承担一定义务的法律资格。就本案法律关系主体某软件公司与罗某而言,并未提升法律关系主体的权利能力,故 D 选项错误,不当选。

［难度系数］ * *

**2**［答案］ D

［考点］ 法律关系的分类

［解析］ 法律关系是在法律规范调整社会关系的过程中所形成的人们之间的权利和义务关系。在法学上,根据不同的标准和认识角度,可以对法律关系作不同分类:

(1)调整性法律关系和保护性法律关系。这是以法律关系产生的依据、执行的职能和实现规范的内容为标准作出的分类。调整性法律关系是基于人们的合法行为产生的、执行法的调整职能的法律关系,它所实现的是法律规范(规则)的行为规则(指示)的内容。它不需要适用法律制裁,法律主体之间能够依法行使权利、履行义务。保护性法律关系是基于违法行为而产生的、旨在恢复被破坏的权利和秩序的法律关系,它执行法的保护职能,所实现的是法律规范(规则)的保护规则(否定性法律后果)的内容,是法的实现的非正常形式。其典型特征是国家适用法律制裁,另一方主体(通常是违法者)必须接受这种制裁。

(2)纵向法律关系和横向法律关系。这是依据法律主体在法律关系中的地位不同所作的分类。纵向法律关系是指在不平等的法律主体之间所建立的权力服从关系。横向法律关系是指平等法律主体之间的权利义务关系。

(3)单向(单务)法律关系、双向(双边)法律关系和多向(多边)法律关系。这是以法律主体的多少及其权利义务是否一致为标准作出的分类。单向(单务)法律关系是指权利人仅享有权利,义务人仅履行义务,两者之间不存在相对的联系。双向(双边)法律关系是指在特定的双方法律主体之间,存在两个密不可分的单向权利义务关系。多向(多边)法律关系又称"复合法律关系"或"复杂的法律关系",是三个或三个以上相关法律关系的复合体,其中既包括单向法律关系,也包括双向法律关系。

(4)第一性法律关系(主法律关系)和第二性法律关系(从法律关系)。此分类以相关的法律关系作用和地位的不同为标准。第一性法律关系是人们之间依法建立的、不依赖其他法律关系而独立存在的或在多向法律关系中居于支配地位的法律关系。由此而产生的、居于从属地位的法律关系就是第二性法律关系。

本题中,从法律关系产生的依据、执行的职能和实现规范的内容看来:一方面,张某和李某是雇佣与被雇佣的劳动关系,该关系是基于二人的合法行为产生的法律关系,因此属于调整性法律关系;另一方面,张某和李某之间基于张某的违法行为(将李某打成重伤)产生了一种刑事法律关系,因此二人之间存在保护性法律关系。A 项正确,不当选。张某和公安机关之间,是由于张某的违法行为形成的法律关系,因此属于保护性法律关系,而非调整性法律关系,因此 D 项错误,当选。

从法律主体在法律关系中的地位来看,张某和检察院作为平等主体建立了买卖合同关系,是一种横向法律关系。B 项正确,不当选。张某和法院之间由于审判产生的法律关系,张某必须服从法院的生效裁判,双方是不平等的主体,属于纵向法律关系,C 项正确,不当选。

[**难度系数**] * *

## 考点二 权利与义务

**1** [**答案**] B

[**考点**] 权利的分类、法律原则

[**解析**] A 项考查应然权利与法定权利。应然权利是基于道义而应当享有的权利,属于权利的应然状态。法定权利,指法律明文规定的权利,属于权利的实然状态。《民法典》第 110 条明确规定了自然人享有姓名权,故姓名权属于法定权利。A 选项错误,不当选。

B 项考查法律原则的作用。在法律实施阶段,法律原则的作用主要表现在三个方面:(1)指导法律解释和法律推理;(2)填补法律漏洞;(3)限制自由裁量权。法律原则作为一种综合性、指导性的价值准则或规范,可以填补规则漏洞。这是因为法律原则的要求较为笼统、抽象,它设定了一些概括性的要求和标准,其适用范围广泛,可以涵盖法律规则内容上的欠缺。诚实信用原则作为一项重要的法律原则,可以填补规则漏洞。B 选项正确,当选。

C 项考查绝对权和相对权。这是根据权利对应的义务主体范围的不同所作的分类。若权利对应的义务主体为不特定的人,这样的权利称为绝对权,如物权、知识产权、人身权等;若权利对应的义务主体为特定的人,这样的权利称为相对权,如债权。姓名权是公民依法享有的决定、使用、变更自己的姓名并要求他人尊重自己姓名的一种人格权利，其义务主体是除本人之外的一切人，义务主体不特定，属于绝对权，而非相对权。C 选项错误，不当选。

D 项考查冒犯原则。冒犯原则是指言论即使没有直接侵害他人合法权利，但若该言论可能构成对他人精神上的伤害，即可能冒犯他人，那么这样的言论也应受到限制。例如，嘲笑残疾人的言论，虽然它可能没有直接对残疾人的权利造成损害，但由于这样的言论会冒犯残疾人，也应当被禁止。本题中，王甲经法定程序改名为“王乙”，是行使其姓名权的合法行为。但王甲明知其新名字与某一知名作家重名，仍然在其创作的小说上署名“王乙”以增加销量，其行为是恶意的，且误导了读者，损害了王乙的合法权益，违反了诚实信用原则。该行为并不涉及言论自由的限度，与冒犯原则无关。若法院判决王甲承担赔偿责任，则体现了诚实信用原则，而非冒犯原则。D 选项错误，不当选。

**［陷阱点拨］** 本题 C 选项争议极大。很多考生认为由于有很多人重名，姓名权是相对的，这种观点是错误的。姓名权是绝对权还是相对权与是否重名没有任何关系。姓名权的义务主体是除本人之外的一切人，包括重名的人，义务主体不特定，属于绝对权。每一个人都是他人姓名权的义务主体，这与是否重名无关。该错误根源在于考生没有根据绝对权与相对权的概念进行分析，而仅根据直觉进行选择。因此，为了避免这类错误，考生要注意把握概念，并在平时的练习中有意识地运用概念进行分析。

**［难度系数］** * * *

**2** **［答案］** BD

**［考点］** 法理与情理、权利义务的含义、义务的分类

**［解析］** A 选项考查法理与情理。法理指“法之理”，即实在法的规定，它与西方法理学中的“法理”不同，后者的“法”不限于实在法。情理指法以外的其他因素，如情感、人情、道德、道理等。法理与情理的关系较为复杂，一般情况下，符合法理的也符合情理，两者是一致的，但两者之间也存在冲突的情形：对于有的疑难案件，若依据法律裁判案件会产生令人们难以接受的结果；对于一些责任，人们在情理上应当承担，却没有实在法作为依据。本题中，从感情和道德上来看，林某应当探望儿子，这是基于情理的考量，但从法理上讲，法院不可判决强制其行使探望权，这是因为目前我国的法律没有强制行使探望权的规定，法院判决强制林某行使探望权没有法律依据。A 选项错误，不当选。

B、C、D 三项考查法律权利与法律义务。法律权利是法律确认并保护的一定范围内的自由；法律义务是法律规定必须履行的作为或不作为的约束。本题中，探望权作为一种权利，其本质是一种自由，而不是约束。林某作为探望权的主体，能在法律规定的范围内自由决定是否探望、何时探望、怎样探望。C 选项错误，不当选。D 项，为了让林某的探望权得以实现，许某负有相应的协助义务，包括促使探望顺利进行的积极义务，也包括不阻止和干扰探望的消极义务。D 选项正确，当选。

从理论上讲，权利的行使与义务的履行均具有其界限。权利行使的界限一般包括：不得违反法律的强制性规定，不得侵犯他人合法权利，不得损害公共利益，不得违反善良风俗。义务的履行也有界限，例如，诉讼时效制度为义务的行使设立了时间上的界限，经过一定的时间后，法律上的义务将会消失。B 选项正确，当选。

**［难度系数］** * *

## 考点三 法律责任

**1** [答案] B

[考点] 法律责任的免除、法律责任的竞合、法律制裁

[解析] A项考查法律责任的免除。法律责任的免除,即免责,是指由于出现了法律上规定的条件或法律上允许的条件,责任人所应承担的法律责任被部分免除或被全部免除。法律责任免除的条件,可以被区分为法定免除条件(法律上规定的免除条件)与意定免除条件(法律上允许的免除条件);也可以被区分为私法上的免除条件与公法上的免除条件。根据我国的法律规定与法律实践,法律责任免除的情形主要有:时效、不诉、自愿协议、不可抗力、正当防卫、紧急避险、自首、立功、人道主义等。就本案而言,张某与燃气公司对王某的受伤各自承担相应的责任,因此燃气公司承担责任本身并非对张某责任的部分免除。故A选项错误,不当选。

B项考查法律责任。法律责任是行为人由于违法行为、违约行为或者由于法律规定而应承受的某种不利的法律后果。法律责任的归结,即归责,是指特定国家机关根据法定职权与程序对行为人应该承担的法律责任进行判断与认定。在我国,归责应遵循下列原则:(1)责任法定原则,即法律责任作为否定性法律后果必须由法律规范予以明确的规定。(2)公正原则,包括:①坚持法律平等,任何人的任何违法行为都应该被依法追究法律责任,不允许有凌驾或超越法律之上的特殊人。②法律责任的性质或种类应该与违法行为的性质或种类相一致,即法律责任的定性要公正。③法律责任的轻重或多少要公平,即法律责任的定量要公正。定量公正体现在它不仅要与违法行为所造成的损害后果的轻重相一致,而且要与行为人的主观过错程度相一致,也要与违法行为作为损害后果的原因的大小相一致。(3)效益原则,即应当对法律责任的认定与追究进行成本收益分析,追求法律责任的效益最大化。(4)责任自负原则,即谁违法谁负责,反对株连或变相株连,既要求保证违法人的法律责任得到追究,又要保证无责任的人不被法律追究。因此对于责任的公正分配,应与行为人所承担的具体义务一致,故B选项正确,当选。

C项考查法律责任的竞合。法律责任的竞合,是指因某种法律事实的出现,导致两种或两种以上的法律责任产生,而这些责任之间相互冲突的现象。所谓冲突是指行为人不可能同时承担和履行这些法律责任,由此产生了哪一法律责任应当优先被承担和履行的问题。法律责任竞合既可能是同一部门法之中的不同法律责任的竞合,如民法中的违约责任与侵权责任的竞合;也可能是不同部门法的不同法律责任的竞合,如民事责任与行政责任的竞合等。法律责任竞合的特点为数个法律责任的主体为同一法律主体,而本案中张某与燃气公司属于不同主体,承担不同责任,不属于法律责任竞合,故C选项错误,不当选。

D项考查法律制裁。法律制裁,是指特定国家机关依照法定职权与程序对应该承担法律责任的主体依其法律责任而实施的强制性惩罚措施。对此,应注意以下两点:(1)法律制裁与法律责任紧密相关,法律责任先于法律制裁。(2)法律责任不一定必然导致法律制裁,因为责任人可以主动承担与履行法律责任。故D选项错误,不当选。

[难度系数] * * *

**2** [答案] ABC

[考点] 法律责任、法律关系的分类、自由裁量

[解析] A项考查过失的判断标准。根据法律规定,被侵权人对损害的发生有过失的,可以减轻经营者的责任。本案中要衡量地铁公司法律责任的轻重,需对被侵权人赵某是否存在过失以及

过失的轻重程度进行判断,而是否违反注意义务,是学界公认的判断过失的重要标准。因此,该案中赵某是否违反注意义务,是衡量法律责任轻重的重要标准。A 选项正确,当选。

B 选项考查第一性法律关系和第二性法律关系。这是按照法律关系的作用和地位不同所作的分类。第一性法律关系,又称主法律关系,是指不依赖其他法律关系而独立存在的,或在多向法律关系中居于支配地位的法律关系。第二性法律关系,又称从法律关系,指由第一性法律关系产生的、居于从属地位的法律关系。在实体性和程序性法律关系中,实体性法律关系为主法律关系,程序性法律关系为从法律关系。本题中,赵某与地铁公司之间的侵权法律关系为实体性法律关系,属于第一性法律关系;民事诉讼法律关系是程序性法律关系,它以侵权法律关系为前提,属于第二性法律关系。B 选项正确,当选。

C 项考查协议免责。协议免责是指在法律允许的范围内,基于当事人的真实意思表示达成合意,全部或部分免除加害人责任的免责形式。本题中,若经法院调解后赵某放弃索赔,这在本质上是基于赵某与公交公司自愿达成合意而进行的免责,属于协议免责。C 选项正确,当选。

D 选项考查自由裁量。自由裁量,是指在法律没有明文规定或者虽有规定但不明确的情况下,法官有权依照立法精神和目的、法律基本原则或其他非正式法律渊源进行裁判。自由裁量并不是任意的裁判,需要受一定的限制。法官在进行自由裁量时,必须结合法的精神、原则、目的,以及非正式法律渊源作出裁判,因而并非不受任何限制。D 选项错误,不当选。

[**陷阱点拨**] 本题 C 选项存在很大争议。很多考生认为经法院调解后达成的免责不构成协议免责,因为该免责是在法院的调解下达成的,而不是经过双方协议产生的。该观点错误,因为协议免责中的“协议”强调的是内容的自愿性,是双方自愿达成的,而并不强调通过什么样的程序达成。法院调解必须基于当事人的意愿,所以调解后达成的免责也是当事人自愿达成的,属于协议免责。

[**难度系数**] * * *

**3** [**答案**] BD

[**考点**] 法律责任竞合

[**解析**] 法律责任竞合的特点表现为以下四个方面:(1)数个法律责任的主体为同一法律主体。如果是不同法律主体的不同法律责任,则可以分别追究,不存在相互冲突的问题。(2)责任主体仅实施了一个行为。如果是数个行为分别触犯不同的法律规定,并且符合不同的法律责任构成要件,则应针对各行为追究不同的法律责任,而不能按责任竞合处理。(3)该行为符合两个或两个以上的法律责任构成要件。行为人虽然仅实施了一个行为,但该行为同时触犯了数个法律规范,符合数个法律责任的构成要件,因而导致了数个法律责任的产生。(4)数个法律责任之间相互冲突,既无吸收关系也无并存关系。

A 选项中,方某共实施了两个行为:非法开设诊所和非法行医。卫生局依据《行政处罚法》追究其非法开设诊所的行政责任,法院依据《刑法》追究其非法行医的刑事责任。这是对同一法律主体的不同行为分别追究责任,不存在法律责任竞合的问题,故 A 选项错误,不当选。B 选项中,王某只实施了一个行为:购买有质量缺陷的手机。这一行为不仅引发了违约责任(买卖合同),也引发了侵权责任(右耳失聪),而且违约责任与侵权责任既不能相互吸收又不能同时并存,产生了法律责任竞合的问题,故 B 选项正确,当选。C 选项中,林某因故意伤害罪被同时追究刑事责任和附带民事赔偿责任。由于刑事责任与附带民事责任可以并存,所以不存在法律责任竞合的问题,故 C 选项错误,不当选。D 选项中,戴某只实施了一个行为:用假币购买手表。该行为不仅触犯了《刑法》第

172 条的使用假币罪，也触犯了该法第 266 条的诈骗罪。使用假币罪与诈骗罪既不能相互吸收又不能同时并存，产生了法律责任竞合的问题，故 D 选项正确，当选。

［陷阱点拨］ 考生对此题异议甚多，主要集中在以下几点：

对 A、C 选项的异议在于，法律责任竞合既可发生在同一法律部门内部，如民法上的侵权责任和违约责任的竞合，也可发生在不同的法律部门之间，如民事责任、行政责任和刑事责任等之间的竞合。持有该异议的考生没有认识到，不同法律部门之间可能产生不同的责任，但这种不同的责任不是责任竞合。例如，抢劫行为既触犯了刑法的抢劫罪，也构成了民法上侵害财产权的民事责任，但根据《刑法》第 36 条、《刑事诉讼法》第 101 条的规定，被害人由于被告人的犯罪行为而遭受物质损害的，在刑事诉讼中有权提起附带民事诉讼，同时追究被告的民事责任，那么此时虽出现刑事责任与民事责任并存，但是并不构成法律责任竞合。所以，在判断何种情况属于法律责任竞合时，必须按照责任竞合的四个特点逐一进行检验，而不能依据“是否同时存在数个法律责任”这一标准进行判断。故该异议不成立。

对 B 选项的异议在于，选项中并未说明手机制造商和销售商是同一个主体，因为若是不同的主体，王某就只能向制造商追究侵权责任，或者只能向销售商追究违约责任。持有该异议的考生没有注意到我国《民法典》第 1203 条的规定：“因产品存在缺陷造成他人损害的，被侵权人可以向产品的生产者请求赔偿，也可以向产品的销售者请求赔偿。产品缺陷由生产者造成的，销售者赔偿后，有权向生产者追偿。因销售者的过错使产品存在缺陷的，生产者赔偿后，有权向销售者追偿。”依据该规定，王某既可以向手机制造商追究侵权责任或者违约责任，也可以向手机销售商追究侵权责任或者违约责任。故该异议不成立。

对 D 选项的异议在于，该情形属于法条竞合而非想象竞合（法律责任竞合）。持有该异议的考生没有理解法条竞合与想象竞合之间的联系和区别。法条竞合与想象竞合反映出刑法理论中的一种特殊情况，即当一个行为同时符合数个法条规定的犯罪构成要件时，从数个法条之间的逻辑关系来看，只能适用其中一个法条，而排除适用其他法条的情况。二者的主要区别在于一个行为侵犯了几个法益。法条竞合时，一个行为只侵犯了一个法益，而且数个法条之间具有包容、交叉关系，如诈骗罪与金融诈骗罪。想象竞合时，一个行为侵犯了数个法益，而且数个法条之间不具有包容、交叉关系。D 选项中，戴某的行为同时侵害了货币的公共信用和他人的合法财产权这两个不同法益，而且使用假币罪与诈骗罪之间没有包容、交叉关系，据此 D 选项构成想象竞合，也就是法律责任竞合，而不构成法条竞合。故该异议不成立。

［难度系数］ ＊＊＊

# 第四章 法的运行

## 考点一 法的实施与法律监督

**1** ［答案］ D

［考点］ 法的实施、法的适用

［解析］ “法官是会说话的法律，而法律则是沉默的法官。”这是爱德华·S. 考文的名言。本题考查了这句法谚的前半句，可以解读为，法官应该严格依法办事，但不等于简单而机械地直接依

照法律进行判决。由于制定法的高度抽象性与概括性,当其面临具体的案件事实时,必须经由解释,才能使法律规范与案件事实彼此契合。因此司法者适用法律时,要在一定法律规则下,运用自己的知识与判断力,对法律进行解释,然后再根据查明的案件事实,进行判决与裁量。法律不经解释,则无法适用。D 项说法正确,当选。

A 项考查法律义务的来源和性质。法律义务是设定或隐含在法律规范中、实现于法律关系中的、法律关系主体以作为或不作为的方式所必须履行的责任。因此法律义务是法定的,即使不经裁判,也是客观存在的。当负有义务的主体不履行或不适当履行自己的义务时,要受到国家强制力的制裁,承担相应的责任。因此 A 项说法错误,不当选。

B 项考查法律解释。法律解释是指一定的解释主体根据法定权限和程序,按照一定的标准和原则,对法律的含义以及法律所使用的概念、术语等进行进一步说明的活动。根据主体和效力,法律解释分为正式解释(包括立法解释、行政解释、司法解释)和非正式解释(包括学理解释和任意解释)。不论哪种解释,都是解释主体针对法律规范本身所为,无须转化的过程。因此不存在“法律不经转化,则无法解释”的情况。B 项错误,不当选。

C 项考查法律的效力。法律效力,是指法律所具有或者赋予的约束力。一部法律经由法定程序制定并通过,符合生效条件,自然地就具有法律效力,而不需要通过个案适用,才能产生效力。C 项说法错误,不当选。

**[难度系数]** *

**2** **[答案]** ABC

**[考点]** 法的实施、法律监督、法的规范作用、权利的分类

**[解析]** A 项考查法的实施。法的实施,是指法在社会生活中被人们实际施行,是将“书本上的法”变成“行动中的法”,从法的应然状态变为实然状态的过程。法的实施方式包括法的遵守、执行、适用。其中,法的遵守,即守法,是指行为主体以法律为行为准则,依照法律行使权利、履行义务的状态,它不仅包括消极的守法,即不违法,也包括积极的守法,即主动行使权利。本题中,王某申请信息公开,是行使法律赋予其申请信息公开的权利的行为,属于守法行为。A 选项正确,当选。

B 项考查法的规范作用。法的规范作用,是指法作为一种行为规范而对人的行为产生的作用。法的规范作用包括:(1)指引作用,是指法所具有的指示本人如何行为的作用。(2)评价作用,是指法律作为一种行为标准,具有判断、衡量他人行为是否合法的评判作用。(3)预测作用,是指使人们可以凭借法律预先估计到人与人相互之间会如何行为的作用。(4)教育作用,是指通过法的实施使法律对一般人的行为产生影响的作用。(5)强制作用,是指法可以通过制裁违法行为来强制人们遵守法律的作用。本题中,法院判决环保局败诉,一方面,是对环保局行政不作为的否定评价,体现了法的评价作用,另一方面,也体现了法的强制作用。这是因为,《行政诉讼法》第 72 条规定,人民法院经过审理,查明被告不履行法定职责的,判决被告在一定期限内履行。故法院判决环保局败诉,必然包含着对环保局在一定时间内对信息公开申请作出答复的要求,属于强制行政机关履行其职责,体现了法的强制作用。B 选项正确,当选。

C 项考查法律监督。法律监督,是指对法律实施以及各种法律行为的合法性的监督。根据监督主体的不同,法律监督可分为国家监督和社会监督。国家监督是由国家权力机关、行政机关和司法机关依照宪法和法律规定的权限和范围所实施的监督。社会监督,是由各政党、各社会组织和公民依照宪法和有关法律所进行的监督。本题中,王某起诉环保局,是以公民的身份对环保局的行政不作为进行的监督,属于社会监督。C 选项正确,当选。

D 项考查绝对权和相对权。根据权利对应的义务主体范围的不同,可将权利分为绝对权和相对权。若权利对应的义务主体为不特定的人,这样的权利称为绝对权,如物权、知识产权、人身权等;若权利对应的义务主体为特定的人,这样的权利称为相对权,如债权。本题中,王某的诉权对应人民法院受理的义务,即只要王某的起诉符合《行政诉讼法》关于起诉的规定,受诉人民法院就应当受理。因此,王某的诉权属于相对权,而非绝对权。D 选项错误,不当选。

**[陷阱点拨]** 本题 B 选项有很大的迷惑性。根据题目中的描述,考生很容易得出"判决环保局败诉体现了法的评价作用"的结论,从而认为该判决体现了法的评价作用,而非强制作用。产生这样的错误,有主客观两方面的原因。客观上,该题具有一定的难度。题干中"法院判决环保局败诉"隐含了《行政诉讼法》规定的"判决被告在一定期限内履行",故使得判决看上去只体现了法的评价作用,而没有体现强制作用。主观上,惯性思维使考生在做法的规范作用这类习题时,容易仅根据题目字面的表述进行判断,从而落入出题人的陷阱。

**[难度系数]** * * *

## 考点二 法适用的一般原理

**1** **[答案]** ABD

**[考点]** 法律漏洞的弥补

**[解析]** A 项,居住权设立的目的主要是解决离婚后夫或妻一方或者老年人群体的居住需求,李某在配偶去世后没有生活来源,只有涉案住房可以居住。法院的判决,考虑到了李某作为人生存生活必不可少的个人需求,给予弱者特殊保护,体现了法律分配正义的个人需求原则。A 项正确,当选。

B 项,目的论扩张是指法律规范的文义没有涵盖某类案件,但是依据法律规范的目的,该类案件是应当为法律规范所调控的,为了应对此种情形,就要超越文义本身来对法律规范进行适用,以达到弥补法律漏洞的目的。虽然本案中的房屋并未设立居住权,但是法院在判决时,考虑到了居住权的立法目的,承认了李某的居住权利,是超越了居住权法律文本进行的适用。因此 B 项正确,当选。

C 项,根据对标的物支配范围的不同,物权可以分为所有权及限制物权。所有权是指全面支配标的物的物权;限制物权是指在特定方面支配标的物的物权,居住权便是一种典型的限制物权。作为限制物权的居住权是在他人之所有物上设定的权利,实际上是根据所有权人的意思表示而设定的所有权上的负担,起着限制所有权的作用,两者都是基本权利,但是作为限制物权的居住权对比所有权有着优先的效力。在所有权与居住权发生冲突时,应优先保障居住权的行使。因此 C 项说法错误,不当选。

D 项,判决的目的之一是维护公平正义,保证当事人的合法权益。法院认为,此住房是李某唯一住房,且李某年事已高,无其他生活来源,如让其搬离,会违背社会公序良俗。这种对于公序良俗的考量,就是为了确保判决公平正义的目的性,保证当事人的合法权益,因此 D 项正确,当选。

**[难度系数]** * *

**2** **[答案]** CD

**[考点]** 法律推理、法律漏洞

**[解析]** A 项,法学家拉伦茨将"法律漏洞"定义为违反计划的不圆满性,这里的计划实际上是立法的人所显现的规整意向。如果这种欠缺是立法者有意识的决定,就不能归为法的漏洞,这被

他称为“有意义的沉默”。事实上,法律是调整社会关系、解决社会矛盾的一种工具,却并非唯一工具,并非所有的社会关系都需要通过法律进行调整。因此法外空间是必然存在的,而不是只要是法律没有规定的内容都是法律漏洞。A 项说法错误,不当选。

B 项,价值评价是主体对客体可能具有的价值和实践改造客体后的意义、成果等进行的评价,它根据主体的利益、主体的价值需求来评判客体。我们判断是否存在法律漏洞的前提和依据就是立法计划(目的),显然立法计划具有立法者的价值取向,而判断法律未作规定的事项是否违反立法计划,又不可避免地包含立法者对于法律的价值评价,因此可以说,判断法律漏洞一定需要价值评价。B 项错误,不当选。

C 项,以法律对待决的具体个案是否有明确的规定为标准,可以将法律漏洞分为明显漏洞与隐藏漏洞。明显漏洞,是指针对特定的事实和问题,法律依据立法计划应规定而没有规定。隐藏漏洞,是指法律对某一问题虽然有所规定,但规定不充分或对于应当规定的例外情况没有规定。题干中说“法律对恶意取得人和善意取得人返还财物的范围无具体规定”,法律中对于何种情形下要返还财产有明确规定,但没有规定具体范围,因此是一种隐藏漏洞。C 项正确,当选。

D 项,类比推理亦称“类推”,是根据两个对象在某些属性上相同或相似,通过比较而推断出它们在其他属性上也相同,是一种或然的法律推理方法。在法律中,占有返还和善意、恶意取得的返还具有许多相同属性,都属于物权法的调整范围,都是占有人及物权人之间的权利义务关系,都是占有人对物权人的返还,等等。法官因为以上相同属性,类推适用了物权法中对占有返还财物范围的规定,是一种类比推理。D 项正确,当选。

[难度系数] * *

**3** [答案] ABC

[考点] 法的可预测性、利益衡量、事实认定、法律原则

[解析] A 项考查法的可预测性。法的可预测性,是指对法律在实施的过程中出现的结果进行预判的可能性。可预测性是形式法治的要求,根据这一要求,若立法时采用穷尽式列举,将该规则涉及的所有情形都清楚明确地写入法律当中,人们就能根据该规定预测其行为的法律后果,有助于提高法的可预测性。A 选项正确,当选。

B 项考查利益衡量。利益衡量指对法律所涉及的各方面的利益进行评价、权衡并进行取舍的思维活动。司法过程中,无论是在解释法律时还是填补法律漏洞时,都可能涉及当事人之间的利益冲突,此时可以观察各方的利益状态,通过评价各种法益的重要性,进行利益衡量,并根据利益衡量的结果解释法律或填补法律漏洞。本题中,原告取证的合法性没有法律明文规定,法官在认定该证据的合法性时,从社会公共利益、他人合法权益以及原告被侵害的利益方面进行考量,认为原告的取证行为既能遏制侵权行为从而保护原告的权益,又不损害社会公共利益和他人合法权益,应认定为合法。法官的该判断作了利益衡量。B 选项正确,当选。

C 项考查客观事实与裁判事实。客观事实,是指在时空中存在过的案件的实际状况。裁判事实,是指法官根据证据依法认定的案件情况。裁判事实与客观事实既紧密联系又相互区别。一方面,法官对事实的认定以寻求客观事实为目标,尽可能地根据证据还原案件的真实情况,以达到裁判事实与客观事实相符;另一方面,现实中裁判事实与客观事实之间又存在差距,体现为两者之间的不一致。造成这种差距的根本原因在于据以认定事实的证据不足以还原案件的真实情况。本题中,违法取得的证据不得采信,这可能造成案件的部分客观事实不能被认定,从而无法作为裁判事实,造成裁判事实同客观事实不一致。C 选项表述正确,当选。

D 项考查法律原则的适用。法律原则是为法律规则提供正当性基础的,具有综合性、指导性的价值准则或规范,它可以克服法律规则的僵化性,填补法律漏洞。但由于法律原则的内涵高度抽象,不像法律规则那样对适用条件和法律后果有具体明确的规定,若将法律原则直接作为裁判案件的标准,会赋予法官较大的自由裁量权,难以保证法律的确定性和可预测性。因此,为了将裁判的不确定性控制在一定的范围内,法律原则的适用需要遵循严格的条件:(1)穷尽法律规则,方得适用法律原则;(2)除非为了实现个案正义,否则不得舍弃法律规则而适用法律原则;(3)没有更强的理由,不得径行适用法律原则。因此,与法律原则相比,法律规则应优先适用。D 选项表述正好相反,错误,不当选。

[难度系数] * *

**4** [答案] ABC

[考点] 法的确定性

[解析] 题干中的法律格言可以理解为:法律追求确定性,但如果赋予法律完全的确定性,将法律调整的所有情形都进行明确规定,而不允许有裁量的空间,法律就会变得僵化,以至于在有的案件中,为了实现正义必须背离法律已有的明确规定而不依法裁判,这又反过来损害了法的确定性。简言之,该法律格言是说,法律的极度确定性在现实中的实施会产生与该目的矛盾的后果,因此极度确定的法律是不可实现的。所以法律应当允许存在一定的不确定性,以增强法律的灵活性和适应性。

A、C 两项考查法律不确定性的表现。法律的不确定性可以通过法律原则、概括性条款、委任性规则、准用性规则、自由裁量等方式体现。其中,准用性规则是指内容本身不确定,而规定可以援引或参照其他法律法规来确定权利义务的法律规则。准用性规则能通过赋予法律一定的不确定性来保持法律的适应性和灵活性,因而在法律中允许有准用性规则的存在。A 选项正确,当选。法律原则是抽象的、高度概括的行为准则,概括条款是内容较为宏观、外延开放的条文,两者都可通过赋予法律一定的不确定性来增强法律的适应性。C 选项正确,当选。

B 项考查法律推理和法律解释与法律的确定性之间的关系。法律的确定性不仅要通过法律规范的明确规定来保证,还需要通过法律推理与法律解释来保证。法律推理能提供确定的推理规则,保证从法律规范到法律决定的确定性。法律解释能运用解释规则,澄清制定法的内涵,明确制定法的适用标准。故两者都能提高法律的确定性。B 选项正确,当选。

D 项,法律的确定性与不确定性是法律规定的明确程度方面的区别,与规定的内容是什么无关。无论是权利还是义务,在法律中都有相对确定和不确定的规定。D 选项错误,不当选。

[难度系数] * *

# 第五章 法律解释

## 考点一 法律解释的基本理论

**1** [答案] D

[考点] 法律解释、法律推理

[解析] A 项,当然推理,是指由某个更广泛的法律规范的效力推导出某个不那么广泛的法律

规范的效力的推理方式。换言之，是指“如果较强的规范有效，那么较弱的规范就必然更加有效”。当然推理主要包括两种形式：举轻以明重、举重以明轻。本题的推理方式并不涉及法律规范的强与弱，所以与当然推理无关，故 A 项错误，不当选。

B 项，反向推理，又叫“反面推论”，是指从法律规范赋予某种事实情形以某个法律后果，推出这一后果不适用于法律规范未规定的其他事实情形的推理方式。本题的推理方式并不涉及法律规范的正向与反向推理，故 B 项错误，不当选。

C 项，历史解释，是指依据正在讨论的法律问题的历史事实对某个法律规定进行解释。本题的解释方法没有涉及本法律问题的历史事实，故 C 项错误，不当选。

D 项，客观目的解释，是指根据“理性的目的”或“在有效的法秩序的框架中客观上所指示的目的”，即法的客观目的，对某个法律规定进行解释。客观目的解释可以使法律决定与特定社会的伦理与道德要求相一致，从而使法律决定具有最大可能的正当性。客观目的解释着重于社会效果的预测和社会利益的衡量，根据各种社会因素对法律规范的社会目的和社会效益进行解释。本题中，法官审判时考虑了当前社会老龄化的实际情况以及维护老年人合法权益这一社会伦理与道德的要求，属于客观目的解释，故 D 项正确，当选。

**[难度系数]** * * *

**2** **[答案]** BCD

**[考点]** 法律解释的方法与适用

**[解析]** (1)根据不同解释方法的逻辑形式与概念，解释方法可分为六种：

①文义解释，也称语法解释、文法解释、文理解释，是指解释者按照表达法律的语言文字的日常意义和技术意义来揭示和说明某个法律文本或资料的含义。

②立法者的目的解释，又称主观目的解释，是指根据参与立法的人的意图或立法资料揭示和说明某个法律文本或资料的意义，或者说将对某个法律文本或资料的解释建立在参与立法的人的意图或立法资料的基础之上。

③历史解释，是指依据正在讨论的法律问题的历史事实对某个法律规定进行解释。

④比较解释，是指根据外国的立法例和判例学说对某个法律规定进行解释。

⑤体系解释，也称逻辑解释、系统解释，是指将被解释的法律条文放在整部法律中乃至整个法律体系中，联系此法条与其他法条的相互关系来解释法律。

⑥客观目的解释，是指根据“理性的目的”或“在有效的法秩序的框架中客观上所指示的目的”，即法的客观目的，而不是根据过去和目前事实上存在的任何个人的目的，对某个法律规定进行解释。

(2)根据解释主体和解释效力的不同，法律解释可分为正式解释和非正式解释。正式解释，又称有权解释，是指由特定的国家机关、官员或其他有解释权的人对法律作出的具有法律约束力的解释。非正式解释又称无权解释(包括学理解释和任意解释)，是指由学者或其他个人、组织对法律规定所作出的不具有法律约束力的解释。

比较解释，是指根据外国的立法例和判例学说对某个法律规定进行解释。本案中法院对“火灾”和“自燃”的解释并非运用比较解释方法。故 A 选项错误，不当选。体系解释是将被解释的法律条文放在整部法律乃至整个法律体系中，联系此法条与其他法条的相互关系来解释法律。本案中，法院对“自燃”的解释，联系了日常用语中“自燃”的概念，以及该保险合同的免责条款中“自燃”的概念，明确了该合同中的“自燃”并非“火灾”之义，故 B 选项正确，当选。文义解释是指按照日常的、一般的或法律的语言使用方式描述制定法的某个条款的内容。本案中,法院认为,在日常用语中,“自燃”是“火灾”的一种类型,这属于文义解释。故C选项正确,当选。

D项考查法律解释方法适用模式。法律解释方法适用模式中的冲突模式是指法律人针对特定案件事实同时适用两种以上的法律解释方法对特定法律文本或法的渊源进行解释而得到至少两个相互对立、冲突的解释结果,而且这些解释结果证成了不同的法律决定。此模式运用的关键和根本之处不在于法官或法律适用者运用不同的相互独立的法律解释方法证成不同的法律解释结果,而在于证成哪一个法律解释结果具有优先性,即解决冲突问题。就本案而言,法院认为,在日常用语中,“自燃”是“火灾”的一种类型,但该保险合同的免责条款明确了“自燃”概念,故该合同中的“自燃”并非“火灾”之义,法院就“自燃”概念判定哪种解释具有优先性,解决冲突问题,故D选项正确,当选。

[难度系数]　* * *

**3** [答案]　BCD

[考点]　法律解释、法律问题与事实问题、行政强制性的来源

[解析]　本题借用“白马非马”的典故考查了法理学中法律问题与事实问题的区分、法律解释、行政权力强制性的来源等知识点。

A、C、D项考查法律问题与事实问题的区分以及法律解释的必要性。法律问题是围绕法律规范应不应该适用、应该如何适用等规范层面的争议展开的问题。事实问题是围绕实际发生的事情、事物的实际情况、事物实际是什么而产生的问题。“白马是不是马”这一讨论是对白马这一事物可否被认定为马而产生的争议,因此其属于事实问题,其中没有涉及法律应当如何适用的问题,所以不是法律问题,A项错误,不当选。

法律解释是指一定的人、组织及国家机关在法律实施的过程中对表达法律的语言文字的意义进行揭示、说明和选择的活动。题干中,辩士与门卫就“白马是不是马”的事实产生了分歧,而对“马过城门须纳税”这一法律规定并无争议,由此,“马过城门须纳税”可以直接适用,不需要法律解释,C项正确,当选。如前所述,双方的分歧确实是“白马是不是马”,因此D项正确,当选。

B项考查行政强制性的来源。税收的主体是国家,门卫之所以能对其他公民收取税费,行使具有强制性的行政权力,乃是因为国家权力赋予门卫等公务人员以执法权,并以国家暴力机关保障行政权力的行使,因此B选项正确,当选。

[难度系数]　* * *

**4** [答案]　CD

[考点]　法律解释的方法

[解析]　A项,李某作为自然人,不具有法律解释权,其解释也无法律规范效力,因此其作出的解释确实是无权解释。但从解释方法来看,李某对白骨的解释并未根据参与立法的人的意图或立法资料说明“白骨”的意义,不是主观目的解释。A项错误,不当选。

B项,在我国,法官不具有法律解释权,其作出的解释并无规范性效力,属于非正式解释,而非有权解释。司法解释与法官在个案中作出的解释易混淆,司法解释具有普遍的司法效力,而我国的个案解释不具有普遍约束力。法官根据日常用语习惯认为“伪造货币罪”中的货币不包括生肖纪念币,确属文义解释。B项错在“有权解释”,不当选。

C项,最高人民法院某副院长结合《刑法》总则,对《刑法修正案(八)》中规定的“醉驾入刑”进行解释,联系了此法条与其他法条之间的相互关系,属于体系解释。C项正确,当选。

D项,李某从法律规制卖淫现象的客观目的出发,将组织他人卖淫罪中“他人”解释为男性和女

性，属于客观目的解释。D 项正确，当选。

［难度系数］ ＊＊

**5**［答案］ C

［考点］ 法律解释方法、法律体系

［解析］ 这段文字的含义是，法律人在获取作为法律推理大前提的法律规范时，要从宏观和微观两个方面把握法律的含义：宏观上，要立足于整个法律体系，对该国的法律有整体的理解和把握；微观上，所选的法律规范应当切合具体的案件事实，且应正确理解该规范的含义，不仅要理解字面含义，还要把握规范背后的意图。

法律适用是将一般性的法律规范运用于具体案件的过程，在这个过程中同时涉及事实与规范问题。事实问题包括对案件事实的查明和认定，规范问题包括对法律大前提的选择和解释。因此，适用法律必须面对认定案件事实和解释法律的问题，这与题干中该段文字的内容相符。A 选项正确，不当选。

法律解释方法包括文义解释、体系解释、目的解释、历史解释、比较解释等。文义解释，是指按照日常的、一般的语言使用方式揭示制定法的某个条款的内容，即根据法律条文的字面含义解释。文义解释只关注法律的字面含义而不关注法律的意图，因此，法律的字面含义有时与法律背后的意义不一致。D 选项正确，不当选。体系解释，是指将被解释的法律条文放在整部法律中乃至整个法律体系中，联系此法条与其他法条之间的相互关系来解释法律。若法律的字面含义不清晰，无法运用文义解释，此时可运用体系解释，根据法条之间的关系、法条与整部法律的关系来理解法律，即通过法律体系理解其含义。B 选项正确，不当选。

C 项考查法律体系。法律体系是指由一国的全部现行法律规范构成的有机整体。由此可知，法律体系仅由一国现行法构成，而不包含历史上曾经有效的法。C 选项错误，当选。

［难度系数］ ＊＊

## 考点二　当代中国的法律解释体制

［答案］ C

［考点］ 法律解释的分类、立法解释

［解析］ C、D 两项考查法律解释的分类。

（1）根据解释的结果不同，法律解释可分为扩张解释和限制解释。扩张解释，是指当法律条文的文义太窄时，根据立法目的，将该条文含义的范围扩大，使其内容超出法律条文字面含义的解释。限制解释，是指当法律条文的文义太宽时，依据立法目的，将该条文含义的范围缩小，使其内容小于法律条文字面含义的解释。本题中，该解释规定《刑法》第 158 条和第 159 条的规定只适用于依法实行注册资本实缴登记制的公司，是对公司的类型进行了限制，缩小了适用范围，属于限制解释。C 选项正确，当选。

（2）根据解释主体和解释效力的不同，法律解释可分为正式解释和非正式解释。正式解释，又称有权解释，是指由特定的国家机关、官员或其他有解释权的人对法律作出的具有法律约束力的解释。根据解释的国家机关不同，正式解释又分为立法解释、司法解释和行政解释。本题中，全国人大常委会是《宪法》规定的有法律解释权的国家机关，其作出的解释属于正式解释，而非学理解释。D 选项错误，不当选。

A 项考查立法解释的效力。《立法法》第 53 条明确规定："全国人民代表大会常务委员会的法律解释同法律具有同等效力。”本题中的解释由全国人大常委会作出，故与《刑法》效力相同，A 选项错误，不当选。

B 项考查全国人大常委会的立法解释权。《立法法》第 48 条规定：“法律解释权属于全国人民代表大会常务委员会。法律有以下情况之一的，由全国人民代表大会常务委员会解释：(一)法律的规定需要进一步明确具体含义的；(二)法律制定后出现新的情况，需要明确适用法律依据的。”因此，全国人大常委会可以就所有的法律作出解释，如《刑事诉讼法》《治安管理处罚法》等，而不限于《刑法》。B 选项错误，不当选。

[难度系数] * *

# 第六章 法律推理与证成

## 考点一 法律推理

**1** [答案] A

[考点] 法律推理、法律解释

[解析] A 项考查设证推理。设证推理是依赖“法感”来做出的，其推理形式为：(1)出现待解释现象甲；(2)由经验可知，如果满足乙条件，则结果甲会出现；(3)甲结果出现，因此乙条件一定满足。在本题中，法院根据经验法则，光污染会导致视觉不能容忍的结果。进而从显示屏亮度超过一般人能忍受的程度这一事实，推导出商场外显示屏存在光污染的结论，这一推理过程属于设证推理，故 A 项正确。

B 项考查当然推理。当然推理是由较强的规范的有效性，推出较弱的规范的有效性，推理规则是“举重以明轻”以及“举轻以明重”，本题并不涉及当然推理，故 B 项错误。

C 项考查体系解释。体系解释是将被解释的法律条文放在整部法律中乃至整个法律体系中，联系此法条与其他法条的相互关系来解释法律。其作用在于以法律体系整体为参照，保证法律体系内在的统一性，避免法律体系内部的矛盾。本题不涉及体系解释，故 C 项错误。

D 项考查比较解释。比较解释是指利用外国的立法例和判例学说对某个法律规定进行解释。本题不涉及外国的立法例和判例学说，故 D 项错误。

[难度系数] * *

**2** [答案] ABCD

[考点] 法律推理

[解析] A 项，反向推理，指从法律规范赋予某种事实情形以某个法律后果中，推出这一后果不适用于法律规范未规定的其他事实情形，换言之，如果法律规定的情形会导致某种后果，那么法律未规定的情形则不会有该种后果。可以进行反向推理的法律规范有一个特征：改写为“只有……才……”后仍然符合立法者的原意。本题中，法院认为，只有给付彩礼方才有权请求接受方返还彩礼，而吕女并非给付彩礼方，因此无权向其母亲索要，是一种反向推理，因此 A 项正确，当选。

B 项，法律推理的大前提即法律规范，《民法典》第 10 条规定：“处理民事纠纷，应当依照法律；法律没有规定的，可以适用习惯，但是不得违背公序良俗。”本案中法官依据当地风俗习惯认定该笔款项的性质，是以当地习俗为法律推理的大前提，因此 B 项正确，当选。

C 项,法的发现,是法律人获得法律决定或判断的事实过程,因此法院查明习俗的过程,属于法的发现,故 C 项正确。

D 项,涵摄是指确定生活事实与法律规范之间关系的思维过程,法官根据三段论式的逻辑推理,将案件事实涵摄于法律规范之下,即可得出法律判决。就本案而言,法院查明了法律事实“钱款系朱男婚前向吕母支付的彩礼,而非赠与吕女的财产”,将其对应法律规范“只有给付彩礼方有权请求接受方返还彩礼”进行了推理,采用了涵摄的方法,D 项正确,当选。

[难度系数] * * *

**3** [答案] C

[考点] 案例指导制度

[解析] 案例指导制度,是指由最高人民法院发布指导性案例,通过案例解读法律,给个案的处理提供判例参考的制度。

A、B 两项考查指导性案例的性质。指导性案例的性质包括两个层面:

在法律文件层面上,指导性案例属于非规范性法律文件。非规范性法律文件是指没有普遍约束力,仅针对个别人、具体事所作出的有约束力的法律文件,如委任状、逮捕证、行政处罚决定书等。与之相对应的是规范性法律文件,是指由有权制定法律规范的国家机关制定和发布的、适用对象不特定且能重复适用、具有普遍约束力的法律文件,如法律、行政法规、部门规章等。指导性案例的本质是司法判决,判决仅对具体的案件具有法律效力,不具有普遍约束力,属于非规范性法律文件。B 选项错误,不当选。

在法律渊源层面上,指导性案例属于非正式的法律渊源。非正式渊源是指不具有明文规定的法律效力,但具有法律说服力,能构成法律决定的大前提的准则来源,包括习惯、判例、政策等。正式渊源,指具有明文规定的法律效力,可以直接作为法律决定的大前提的规范来源。最高人民法院《〈关于案例指导工作的规定〉实施细则》(以下本题中简称为《实施细则》)第 10 条规定:“各级人民法院审理类似案件参照指导性案例的,应当将指导性案例作为裁判理由引述,但不作为裁判依据引用。”据此,指导性案例不作为裁判依据,不属于我国正式的法律渊源。A 选项错误,不当选。

C 项考查运用指导性案例的思维方法。《实施细则》第 9 条规定:“各级人民法院正在审理的案件,在基本案情和法律适用方面,与最高人民法院发布的指导性案例相类似的,应当参照相关指导性案例的裁判要点作出裁判。”根据该条文,运用指导性案例的思维方式是类比推理。在司法中,类比推理是常用于案件之间的推理方法,即根据两个案件事实上的相似,推论出案件处理结果也应当相似,从而实现“相同情况相同处理”。本题中,法官在审理案件时参照指导性案例作出了判决,即根据本案与指导性案例在案情上的相似,推出案件也应当以相同的方式处理,所运用的是类比推理。C 选项正确,当选。

D 项考查指导性案例的发布主体。最高人民法院《关于案例指导工作的规定》第 1 条规定,指导性案例由最高人民法院确定并统一发布。因此,只有最高人民法院有权发布指导性案例,其他各级法院无此权限。D 选项错误,不当选。

[难度系数] * *

**4** [答案] B

[考点] 法的渊源、法律推理、法律规则的逻辑结构、证成

[解析] A 项考查法的渊源。法的渊源,是指特定法律共同体所承认的,具有法律约束力或法律说服力,并能够作为法律决定之大前提的规范或准则的来源。法的渊源分为正式渊源和非正式

渊源。正式渊源,是指具有明文规定的法律效力,可以直接作为法律决定的大前提的规范来源,如宪法、法律、法规等。非正式渊源是指不具有明文规定的法律效力,但具有法律说服力,能够构成法律决定的大前提的准则来源,如道德信念、公共政策、权威性法学著作等。《错斩崔宁》是话本小说,不具有法律说服力,也没有提供能构成法律决定的大前提的准则,不是非正式的法律渊源。A 选项错误,不当选。

B 项考查法律推理。法律推理,是指法律人从一定的前提中推导出法律决定的过程。法律适用过程中的推理主要有:(1)演绎推理;(2)归纳推理;(3)类比推理;(4)设证推理;(5)反向推理;(6)当然推理。

本题中,邻居推理的过程可概括为:第一步,假设陈、崔二人为凶手。第二步,看该假设是否能解释已知的案件事实。邻居认为,该假设最能解释为什么崔宁与死者刘贵之妻陈二姐夜间同行,且崔宁携带的 15 贯钱与刘贵被盗的 15 贯钱数量相同。第三步,判断该假设成立,陈、崔二人为凶手。该推理过程符合设证推理的特征,属于设证推理,故 B 选项正确,当选。应当注意的是,设证推理建立在假设之上,而假设往往是缺乏事实依据的,而且人们通常容易带着这种假设的眼光对假设进行证立,从而得出与真实情况不相符的结论。故设证推理是效力很弱的推理,法律人在运用设证推理时要认识到设证推理是可修正的。

C 项考查假定条件。假定条件是法律规则的构成要素之一,是指法律规则中有关该规则适用的条件和情况的部分。本题中,“盗贼自刘贵家盗走 15 贯钱并杀死刘贵”所陈述的是案件事实而非法律规则,因而表述的不是法律规则的假定条件。C 选项错误,不当选。

D 项考查证成。证成是给一个决定提供充足理由的活动。法律适用就是一个证成的过程:一方面,法律决定要按照一定的推理规则从前提中推导出来,这就要进行内部证成。另一方面,法律决定所依赖的前提必须是合理的、正当的,这就要对前提进行外部证成。本题中,从生活事实向法律事实转化,是对案件推理的小前提的证成过程。在刑事诉讼中,为了确保作为推理小前提的法律事实的合理性,应将“以事实为依据”“排除合理怀疑”作为证成标准;而官府屈打成招,并非以事实为依据,更不能排除陈、崔二人并非凶手的怀疑,不符合证成标准。D 选项错误,不当选。

[难度系数] * *

## 考点二 证成

**1** [答案] B

[考点] 法律推理、法律证成、法律原则

[解析] A 项考查法律推理。反向推理,又叫“反面推论”,是指从法律规范赋予某种事实情形以某个法律后果推出,这一后果不适用于法律规范未规定的其他事实情形。这种推理的思考方式在于,明确地说出某事(应当)是什么就意味着另一件不同的事(应当)不是什么。换言之,反向推理将一个法律规范解释为它只适用于它明确规定的情形。罗马法谚“明示其一即否定其余”“例外证实了非例外情形中的规则”,就体现了这种推理。本案中,法院判决甲无罪,运用了演绎推理,即从一般到特殊的推论,而不是反向推理,故 A 项错误。

B 项考查涵摄推理。本案中,法院判决甲无罪,运用了演绎推理。演绎推理时可能需要“涵摄”。涵摄,是指确定具体的个案事实与法律规范之间关系的思维过程。涵摄时,需要在两者之间加上数量不等的命题或步骤将两者连接起来。至于要加上多少中间性的步骤或命题,视一般性法律规定或其包含的抽象概念以及个案事实而定。因此,法院如果判决甲构成重婚罪,则不是运用涵摄推理，故 B 项正确。

C 项考查法律证成。所谓“证成”，是指给一个决定提供充足理由的活动或者过程。“法律证成”可以分为“内部证成”和“外部证成”。法律决定必须按照一定的推理规则从相关前提中逻辑地推导出来，属于“内部证成”；对法律决定所依赖的前提的证成，属于“外部证成”。法院对网络空间的婚姻不是法定婚姻的推理属于外部证成，“外部证成”必然涉及“内部证成”，也就是说，对法律决定所依赖的前提的证成本身也是一个推理过程，即有一个“内部证成”的问题。故 C 项错误。

D 项考查法律原则。法律规则，是指采取一定的逻辑结构形式具体规定人们的法律权利、法律义务以及相应的法律后果的一种法律规范。法律原则，是指为法律规则提供某种基础或者本源的、综合性的、指导性的原理或价值准则的一种法律规范。公序良俗属于法律原则。在有具体的法律规则可供适用时，不得直接适用法律原则，故 D 项错误。

[难度系数]　* * *

**2** [答案]　ABC

[考点]　法的证成

[解析]　A 项考查法律漏洞的填补。目的论扩张是一种法律漏洞填补方法，其主要适用于法律规定明显小于规范目的“潜在包含”的情形，此时应当结合立法目的扩张规则适用范围，将本该包含的情形包含进来。本案中，对于保险公司的主张，法院将年事已高的李某作为保险受益人，保障其基本生存条件，符合公序良俗原则和王某真实意愿，符合目的论扩张的原理，故 A 选项正确，当选。

B 项考查法的价值。法院在论证中将李某的基本生存条件作为考虑因素，符合将人权作为重要的价值评价标准，故 B 选项正确，当选。

C 项考查外部证成。法律的外部证成是对法律决定所依赖的前提的证成，关涉的是内部证成中所使用的前提本身的合理性问题，法院推定王某的真实意愿，属于外部证成，故 C 选项正确，当选。

D 项考查公序良俗原则。公序良俗作为一个弹性条款，配合各种具体的法律规则对民事活动进行调控，在性质上属于授权性规定，目的是在遇到有损害国家利益、社会公共利益和道德秩序的行为而又缺乏相应的禁止性法律规定时，法院可以直接适用公序良俗原则判定该行为无效。但对于直接依据公序良俗原则进行裁判应审慎适用，不宜做不合法律的扩大解释，其具体适用有相应的限制条件。因此公序良俗原则在民法各项原则中并非优先适用，并非处于最高效力位阶，故 D 选项错误，不当选。

[难度系数]　* *

# 第七章　法的演进和法与社会

## 考点一　法的演进

**1** [答案]　AB

[考点]　法律与语言、法律移植

[解析]　A 项考查法的移植。法律移植具有必然性和必要性，不同国家的语言如果可以互相

翻译,就为法律移植提供了充分条件,因此若语言可被翻译,则法律必然可被移植。故 A 选项正确,当选。

B 项考查法律规范。法理需要语言进行描述,正因为语言的描述,法理得以成为规范。故 B 选项正确,当选。

C 项考查法律效力。语言具有开放性,因此语言必会产生歧义,但这并不意味着会导致法律失去效力。法的效力与语言是否有歧义并无必然关系,故 C 选项错误,不当选。

D 项考查法律语言。语言相同,法律不一定相同,比如英国的法律和美国的法律就存在差异。法律的制定与多种因素相关,是以一定客观经济关系为基础的主观意志活动,并且受社会其他因素的影响。故 D 选项错误,不当选。

**[难度系数]** * *

**2** **[答案]** D

**[考点]** 法的现代化、法的演进

**[解析]** 法的现代化,是指法与社会的政治、经济、文化等方面的现代化需要相适应的一个变化过程。依据法的现代化动力来源,可将法的现代化分为两类:

内发型现代化,指由社会内部自发产生的力量促使法进行的现代化,这是一种自发的、缓慢的现代化过程,社会内部的矛盾和斗争比较和缓。西方国家法的现代化大多属于内发型的。

外源型现代化,指由外部环境的影响而引发法的现代化,外来因素是最初的推动力,在此过程中,社会内部的矛盾和斗争比较尖锐。法的外源型现代化有以下特点:(1)具有被动性,即在法的外源型现代化中,现代化最初是迫于某种外来压力而进行的。(2)具有依附性,即在外源型现代化国家中,法的现代化本身往往不具有价值,而是国家图强的一种工具,服务于国家政治、经济的变革。(3)具有反复性,即在法的外源型现代化中,由于外来因素是最初的推动力,与固有的传统习惯之间存在激烈斗争,双方互有进退,因而表现为过程具有反复性。

中国法的现代化进程有如下特点:(1)从被动接受到主动选择;(2)从模仿民法法系到建立中国特色社会主义法律制度;(3)自上而下的立法活动是中国法治现代化的主要形式;(4)法律意识的建立落后于法律制度,思想领域斗争激烈。

A 项,法的现代化不仅需要法律制度的变革,还需要法律观念的更新、法律文化的革新等,因此 A 项说法错误,不当选。值得注意的是,像"仅"和"一定"等这类过于绝对的用词出现在选项中,极大概率都是错误的。

B 项,由上述可知,内发型现代化是一种自发的、缓慢的现代化过程,而外源型现代化具有被动性和反复性,因此自发性和渐进性是内发型现代化的特征,而不是外源型现代化的特征。因此 B 项错误,不当选。

C 项,中国法的现代化在制度层面正式启动,是清政府下诏,派沈家本和伍廷芳主持修律。因此,中国法的现代化启动形式是立法主导型,并非"一直"是司法主导型,因此题目中说"从清末开始,中国法的现代化一直是司法主导型",是错误的。因此 C 项错误,不当选。

D 项,法现代化的标志之一就是法律具有一致性、普遍性、公开性等形式理性,具备形式合理性。法与道德相互分离,经过一定的法定程序具有合法性。因此 D 项正确,当选。

**[难度系数]** * *

**3** **[答案]** B

**[考点]** 法律移植、法律继承

［解析］ 法律移植，是指在鉴别、认同、调适、整合的基础上，引进、吸收、采纳、摄取、同化外国法，使之成为本国法律体系的有机组成部分。法律移植有其必然性和必要性，社会和法的发展的不平衡性决定了法的移植的必然性，落后的国家往往通过移植先进国家的某些法律促进法治和社会的发展，B 项正确，当选。法律移植反映了空间上的内外关系，其对象既包括外国法，也包括国际法律和惯例。我国对美国诉讼法的学习体现出明显的空间性，是对外国法的吸收，属于法律移植。因此 A 项、C 项错误，不当选。

法律继承，是指不同历史时代的法律制度之间的延续和继受，一般表现为旧法对新法的影响和新法对旧法的继受。法律继承反映了时间上的先后关系，不同历史时代的法之间可以继承，不同民族、国家的法会形成某些具有共性的法律形式、术语、概念、典籍、著作，这属于人类共同的文化成果，可以作为文化遗产代代相传，因此法律继承并不局限于本民族的古代法律。D 项错误，不当选。

［难度系数］ * *

**4** ［答案］ A

［考点］ 法的产生

［解析］ 法的产生经历了一个从个别调整到规范性调整、从一般规范性调整到法的调整的发展过程。该过程可分为两个阶段：

第一阶段：从个别调整到规范性调整。在原始社会初期，社会调整的方式往往是就事论事的，即针对具体人、具体事件、具体行为的个别调整。随着社会的发展，某些行为或社会关系经常出现，为了更加高效地调整这些关系，人们从这些社会关系中提炼出行为模式。此时，个别调整便发展为统一的、反复适用的规范性调整。题干中的这段话就是对该阶段的描述，反映了社会调整从个别调整到规范性调整的规律。A 选项正确，当选。应当注意的是，该阶段是法律产生之前的阶段，因此，该段文字不涉及法律与其他社会规范的区别。D 选项错误，不当选。

第二阶段：从一般规范性调整到法的调整。在第一个阶段后，随着社会的进一步发展，社会形成两个利益对立的阶级——统治阶级和被统治阶级。为了迫使社会成员按照统治阶级的意志行事，统治阶级制定出特殊的社会规范，并赋予该规范强制力保证其实施。此时，法的调整从一般的规范性调整中分离出来，并逐渐成为社会关系的主要调整方式。由此可知，法是社会发展到一定的阶段才产生的，在其产生之前，不可能作为社会调整的首要工具。B 选项错误，不当选。

C 项考查促使法产生的经济、政治、社会因素。私有制和商品经济的产生是促使法产生的经济因素；阶级的产生是法产生的政治因素；社会的发展是法产生的社会因素。从题干的表述中，我们只能看出社会发展在法产生过程中的作用，而不涉及经济因素和政治因素的作用。C 项错误，不当选。

［难度系数］ * *

## 考点二 法与社会

**1** ［答案］ C

［考点］ 公权力、法与政治

［解析］ A 项，公权力是指国家机关依照宪法和法律，代表人民的意志和利益行使的权力，是一种具有国家强制力的权力，因此公权力是神圣的。在我国，公权力的行使要在党的领导下，依照宪法和法律的规定进行，不能违背正确的政治方向，不能超越政治，故 A 项错误，不当选。

B 项，公权力的行使侧重公共利益，私权利的行使侧重个人利益，国家公职人员在行使公权力时不能有个人利益,因为公权力的目的是维护公共利益。但在公职之外其可以行使私权利,即可以有个人利益,故B项错误,不当选。

C项,公权力姓公,也必须为公,公权力必须被制约和监督,否则容易被滥用,故C项正确,当选。

D项,公权力的行使要坚持依法治国和以德治国相结合,要实现政治效果、社会效果和法律效果的有机统一,让人民群众感受到公平正义,因此不能仅限于"国法",故D项错误,不当选。

[**难度系数**] * *

**2** [**答案**] B

[**考点**] 法的价值、规范性法律文件、法系、法与科技

[**解析**] A项考查法律与科技的关系。在法律与科技的关系中,科技影响法律的内容,成为法律规定的重要依据,科技发展也拓宽了法律的调整领域,引起法律变化;同时法律会为科技创造良好的社会环境,为组织科技活动提供必要准则,推动科技健康发展。科技发展会产生新兴领域,导致法律无法覆盖,体现出法律的滞后性,但是法律在立法技术上又具有前瞻性。立法技术分为立法预测技术、立法规划技术和立法表达技术。立法预测技术是指对立法的发展状况、趋势和各种情况进行预计、测算的科学方法、手段和规则。因此,法律并不必然滞后于科技发展,两者相辅相成,互相推动发展、完善。故A项错误,不当选。

B项考查规范性法律文件。《生成式人工智能服务管理暂行办法》具有法律效力,并且其调整对象是不特定的当事人,因此属于规范性法律文件,故B项正确,当选。

C项考查法的价值。《办法》规定国家坚持发展和安全并重、促进创新和依法治理相结合的原则,因此发展价值与安全价值是并重的,故C项错误,不当选。

D项考查法系。法系,是指根据法的历史传统和外部特征的不同,对世界各国、各民族的法所作的宏观分类。法系划分的标准,主要包括法的历史渊源、主导性的法学思想方法、法的表现形式及其解释方法、特定的法律制度等。因此,科技的发展不会导致法系之间界限日益模糊,因此D项错误,不当选。

[**难度系数**] * * * *

**3** [**答案**] C

[**考点**] 法与道德

[**解析**] 本题考查法与道德的关系。A项、B项,"坚持依法治国和以德治国相结合,把社会主义核心价值观融入法治建设、融入社会发展、融入日常生活"这句话强调的是法律和道德的结合,A项和B项都未强调法律和道德结合,因此不当选。

C项"既要重视发挥法律的规范作用,又要重视发挥道德的教化作用",强调法律和道德相结合,依法治国和以德治国相结合,当选。

D项,社会主义核心价值观属于道德规范,而道德和法律之间是有界限和区别的,并非全部的道德规范都可以法律化,法律仅仅是最低限度的道德。因此并非社会主义核心价值观的全部内容都可以通过立法使之上升为法律规范,故D项错误,不当选。

[**难度系数**] * * *

**4** [**答案**] ABC

[**考点**] 《民法典》、法与社会

[解析]　A、B、C、D 项考查《民法典》的特色。《民法典》婚姻家庭编总结了此前原《婚姻法》、《收养法》等的立法经验,重新对婚姻家庭规范进行立法,凸显了中国社会治理经验,在“送养”问题上又体现了对中国传统社会习俗的充分尊重,故 A 选项正确,当选。

弘扬社会主义核心价值观是宪法规定的公民思想道德领域的基本要求,作为社会生活百科全书的《民法典》当然应当对其有所反映。故 B 选项正确,当选。

《民法典》第 1034 条规定,自然人的个人信息受法律保护。个人信息是以电子或者其他方式记录的能够单独或者与其他信息结合识别特定自然人的各种信息。这体现了在信息社会发展的趋势下,民事立法对人格权保护的新回应。故 C 选项正确,当选。

D 项考查法的局限性。法律的作用具有局限性,理性的有限性使立法者无法设计出完美的法典,社会的发展也会使应当保持稳定的法律不可避免地具有滞后性,故 D 选项错误,不当选。

[难度系数]　*

**5** [答案]　ABC

[考点]　居住权、法与道德

[解析]　A、B 项考查法的价值。人权是指每个人作为人应该享有的权利,是一种应然权利,具有自然法的属性,也就是属于道德层面上的权利;而居住权作为人权的一种,其产生先于《民法典》的规定。故 A 选项正确,当选。

我国法律体系中,居住权首先出现于最高人民法院《关于适用〈中华人民共和国婚姻法〉若干问题的解释(一)》(已失效),其中第 27 条第 3 款规定:“离婚时,一方以个人财产中的住房对生活困难者进行帮助的形式,可以是房屋的居住权或者房屋的所有权。”此款体现了居住权对离婚后无房可居者的保护。《民法典》承继该精神,扩张了居住权的适用范围。故 B 选项正确,当选。

C 项考查权利。居住权作为人权的一种,首先是一项道德权利。《民法典》第 366 条对居住权作出规定,意味着居住权从道德权利上升为法律权利。故 C 选项正确,当选。

D 项考查法与道德。法律是有局限性的,法律规定的权利只是人权中最普遍享有的权利,或者是最容易受到侵犯的权利,因而有必要通过法律严肃申明。因此,即使是人的基本需求,也无法都由法律作出规定。故 D 选项错误,不当选。

[难度系数]　*

**6** [答案]　CD

[考点]　法与道德

[解析]　A、B 项考查法与道德的区别。任何社会规范都具有强制力,即保证自己不被随意违反的力量,道德规范也不例外,只不过道德规范往往通过内心强制、舆论强制等非正式的强制力量来实现其要求。故 A 选项错误,不当选。道德规范本身的模糊性,在实践中往往会出现因观念纷争而出现行动上的冲突和矛盾,此时我们就可以通过将一定限度的道德要求转化为法律规定,以相对清晰的行为标准来规制人们的行动,进而化解一定范围内的道德难题。故 B 选项错误,不当选。

C、D 项考查法律程序。程序正义和结果正义构成正义的完整内涵,作为实现结果正义的过程和方法的程序选择当然会对最终的结果产生影响,方法不同、程序不同,结果也自然各异。故 C 选项正确,当选。约定方案并严格履行,本就是避免行动纷争的重要方法。故 D 选项正确,当选。

[难度系数]　* * *

**7** ［答案］ A

［考点］ 人权与法律权利

［解析］ 本题围绕人权概念，考查了人权的主体、人权的法律化、人权与法律权利的关系等知识点。

联合国定义人权是所有人与生俱来的权利，它不分种族、性别、国籍、族裔、语言、宗教或任何其他身份地位。人权包括生命和自由的权利、不受奴役和酷刑的权利、发表意见和言论自由的权利、获得工作和教育的权利以及其他更多权利。人人有权不受歧视地享受这些权利。人权具有道德性、历史性，其主体范围较为宽泛。

A 项、D 项考查人权的道德性。人权在根本上是道德权利，而道德对人的行为来说是虚拟的，因此不能总是保证人们在事实上按照道德来行为。作为道德权利的人权不能总是保证其被人们在事实上享有，而且人权被转化为法律权利可以实现人权的实在化，对其实现“他律”的保证。为了尽可能地保证人们在事实上享有与实现人权，人权就必须尽可能地被转化为法律权利。因此，人权也是法治国家法律权利的基础。但并非所有人权都会受到法律确认，也并非所有国家的法律都重视人权，将人权的内容确认为法律权利，历史上也存在与人权的内容背道而驰的法律规定，如德国纳粹制定的法律。因此，人权与法律权利的内容并非时时一致。综上所述，为了更好地保护人权，人权应当被尽可能地法律化，但人权与法律权利在内容上并非完全一致，所以 A 项错误，当选，D 项正确，不当选。

B 项考查人权的历史性。马克思认为，人权在本原上具有历史性。人权是一个历史概念，自近代资产阶级革命后，人权概念越发清晰，其内容在历史上经历了多次变化与扩充。可以说，人权的存在、变化、发展是时代赋予的，人权的内容是随着人类历史的发展、社会的进步而不断丰富和扩展的，因此 B 项表述“人权的存在和发展是社会经济、文化发展的结果”是正确的，不当选。

C 项考查人权的主体。人权来自“人自身”，其主体是自然人，换句话说，只要作为人就应该享有人权，因此人权的主体十分广泛。集体人权与个人人权是依照人权主体的不同而对人权所作的一种分类：个体人权是建立在个人基础上的，每个人与生俱来的权利。集体人权，是指相对于个体人权而言的某一类人所应享有的人权，其权利主体是某一类特殊社会群体，或某一民族、某一国家。公民权是“公民权利”的简称，狭义的公民权主体是指具有本国国籍的公民，且公民权一般是个人权利。可见，人权主体范围比公民权主体范围宽泛，C 项正确，不当选。

［难度系数］ * *

# 宪　　法

## 第一章　宪法的基本理论

### 考点一　宪法的基本原则

**1** [答案]　B

[考点]　监察委员会权力制约原则

[解析]　《监察法》第29条规定:"依法应当留置的被调查人如果在逃,监察机关可以决定在本行政区域内通缉,由公安机关发布通缉令,追捕归案。通缉范围超出本行政区域的,应当报请有权决定的上级监察机关决定。"故A项错误。

《监察法》第4条第2款规定:"监察机关办理职务违法和职务犯罪案件,应当与审判机关、检察机关、执法部门互相配合,互相制约。"故B项正确。

《监察法》第43条第1款规定:"监察机关采取留置措施,应当由监察机关领导人员集体研究决定。设区的市级以下监察机关采取留置措施,应当报上一级监察机关批准。省级监察机关采取留置措施,应当报国家监察委员会备案。"故C项错误。

《监察法》第16条第2款规定:"上级监察机关可以办理下一级监察机关管辖范围内的监察事项,必要时也可以办理所辖各级监察机关管辖范围内的监察事项。"故D项错误。

[难度系数]　*

**2** [答案]　ACD

[考点]　权力制约原则

[解析]　权力制约原则,是指为了保障公民权利而对国家权力进行限制,使国家权力受到公民权利的制约,并让国家权力的各部分之间进行相互监督的原则。权力制约原则在我国宪法中体现在:

(1)公民权利对国家权力的制约。宪法赋予了公民基本权利,包括国家在内的任何主体不得非法剥夺公民的基本权利。此外,宪法还赋予公民监督权,对国家权力进行监督。

(2)宪法规定了不同国家机关之间、国家机关内部的监督形式。我国《宪法》规定,法院、检察院和公安机关办理刑事案件,应当分工负责,互相配合,互相制约。分工负责是指三机关在各自的职责范围内行事,各司其职、各尽其责。A选项正确,当选。互相配合是指三机关在分工负责的基础上相互支持、互相协调,而非以惩罚犯罪分子为目标,通力合作。B选项错误,不当选。互相制约是指三机关按法定职权和程序互相监督、互相约束。C选项正确,当选。综上,公、检、法三机关之间的这种关系,是权力制约原则在我国宪法上的具体体现。D选项正确,当选。

[难度系数]　*

**3** [答案]　ACD

[考点]　人民主权原则

［解析］ 人民主权原则,是指国家的最高权力由人民拥有的宪法基本原则。

A 项考查人民主权原则的内涵。根据法国启蒙思想家卢梭的理论,人民通过社会契约将权力让渡给国家,从而组成国家。因而人民是国家权力的最高来源,政府的一切权力都是人民授予的,国家的治理者只是受人民委托进行治理,主权只能属于人民。因此,国家的一切权力来自并且属于人民。A 选项正确,当选。

人民主权原则在我国宪法中的体现:

(1)《宪法》第 2 条第 1 款规定:"中华人民共和国的一切权力属于人民。"这是我国《宪法》对人民主权原则的确认。

(2)规定人民行使国家权力的机关。人民行使国家权力的机关是人民代表大会。该制度以人民主权原则为前提,将拥有国家权力的人民组织起来,通过民主选举代表,组成全国人民代表大会和地方各级人民代表大会,行使国家立法权和重大决策权,并以人民代表大会为基础,建立全部国家机构,对人民负责,受人民监督,从而实现人民当家作主。因此,人民代表大会制度是以"一切权力属于人民"为前提的,C 选项正确,当选。

(3)规定了保障人民行使国家权力的选举制度。选举分为直接选举和间接选举。直接选举是由选民直接投票选出人大代表的选举活动,而投票表达了各个选民的意志,直接体现了人民权力的行使,从而体现了人民主权原则。间接选举,则是由人大代表投票选举其上一级人大代表的选举活动,此时人民的意志由选出的代表投票表达,也体现人民主权原则。因此,"一切权力属于人民"在直接选举和间接选举制度中都有体现。B 选项错误,不当选。

(4)规定了人民依照法律,通过各种途径和形式,管理国家事务、社会事务,管理经济和文化事业。由此可见,国家生活和社会生活的各领域都可以由人民依照法律参与管理,体现了将"一切权力属于人民"贯穿于我国国家和社会生活的各领域。D 选项正确,当选。

［难度系数］ * *

## 考点二 宪法的渊源

**1** ［答案］ C

［考点］ 宪法惯例

［解析］ 宪法惯例是指在国家长期政治生活实践中形成的、涉及有关国家根本问题,调整相应基本社会关系,并为公民及全体社会普遍承认有约束力的习惯或传统。宪法惯例并非法律,并没有具体的法律形式,因此不借由国家强制力来保障,也不具有司法上的适用性,而主要依靠政治家的自觉和公共舆论来保证实施。

A 项,宪法惯例是一种社会规范,因此具有规范性,但宪法惯例并非法律,其是在国家长期政治生活实践中形成的,为公民及全体社会普遍承认有约束力的习惯或传统。其含义并非由权威机关解释确认。因此 A 项说法错误,不当选。

B 项,宪法惯例并非法律,没有具体的法律形式,因此不借由国家强制力来保障,违反宪法惯例并不构成违宪,也不具有司法上的适用性,不会直接导致一定的法律后果。例如,在我国全国人大和全国政协往往同时举行会议,这就是一种宪法惯例,但如果某一年的"两会"不同时举行,也并不违宪,不会导致任何法律后果。因此 B 项说法错误,不当选。

C 项,宪法惯例没有具体的法律形式,不论是在成文法还是不成文法国家,宪法惯例都不被规定在宪法典或宪法性法律中,而是散见于政党纲领及法院判例中,因此宪法惯例可以形成书面文件。C

项说法正确，当选。

D 项，宪法惯例并非法律，不具有司法上的适用性，主要依靠政治家的自觉和公共舆论来保证实施。因此无论是宪法法院还是专门机关都不能适用。D 项说法错误，不当选。

[难度系数] * *

**2** [答案] C

[考点] 宪法的分类

[解析] 根据是否具有统一的法典形式，宪法可分为成文宪法和不成文宪法。成文宪法指具有统一法典形式的宪法；不成文宪法则不具有统一法典形式。1787 年《美国宪法》全称《美利坚合众国宪法》，1787 年由美国制宪会议制定和通过，1789 年 3 月 4 日生效，这是世界上最早的成文宪法。1791 年《法国宪法》是法国大革命初期通过的君主立宪制宪法，是欧洲大陆近代第一部成文宪法。但是 1215 年《英国自由大宪章》被称为"世界宪法之母"，虽然不具有成文法典形式，但仍是世界第一部宪法。A 项表述错在漏了"成文"二字，不当选。

成文宪法最显著的特征在于在法律文件上明确表述为"宪法"，所以成文宪法国家的宪法典一般就是其宪法；不成文宪法不具有统一法典的形式，散见于多种法律文书、宪法判例和宪法惯例中，所以 C 项表述正确，当选。

根据有无严格的制定、修改机关和程序，宪法还可以被分为刚性宪法和柔性宪法。刚性宪法是指制定、修改的机关不同于一般法律的宪法；柔性宪法是指制定、修改的机关和程序与一般法律相同的宪法，我国是典型的刚性宪法国家，制定和修改宪法的程序严于一般法律。《立法法》第 27 条规定："法律草案修改稿经各代表团审议，由法律委员会根据各代表团的审议意见进行修改，提出法律草案表决稿，由主席团提请大会全体会议表决，由全体代表的过半数通过。"参照我国的立法习惯，"过半数"不包含本数，B 项表述"二分之一以上"包含本数。例如，《民法典》第 1259 条规定：民法所称的"以上""以下""以内""届满"，包括本数；所称的"不满""超过""以外"，不包括本数。因此 B 项不正确，不当选。

根据制定机关的不同，宪法可分为钦定宪法、民定宪法和协定宪法。钦定宪法是指由君主或以君主的名义制定和颁布的宪法；民定宪法是指由民意机关或者由全民公决制定的宪法；协定宪法是指由君主与国民或者国民的代表机关协商制定的宪法。1889 年的《明治宪法》通过当时的日本天皇向首相亲手递交的方式发布，日本由此成为东亚首个拥有近代宪法的君主立宪制国家，该宪法属于钦定宪法；1830 年的《法国宪法》则是在 1830 年革命中，国会同国王共同颁布的，属于协定宪法，不是钦定宪法。因此，D 项不正确，不当选。

[难度系数] * *

**3** [答案] D

[考点] 成文宪法与不成文宪法、宪法渊源

[解析] A、B 两项考查成文宪法与不成文宪法的特点。根据是否具有统一的法典形式，可将宪法分为成文宪法与不成文宪法。不成文宪法是指不具有统一的法典形式的宪法。不成文宪法的宪法规范散见于多种法律文件、宪法判例和宪法惯例中。其中，宪法性法律就是规定了宪法规范的制定法，故内容不见于制定法不是不成文宪法的表现形式。A 选项错误，不当选。成文宪法具有统一的法典形式，其最显著的特征是通常明确表述为"宪法"或"基本法"，并冠以国名，前者如《中华人民共和国宪法》《日本国宪法》，后者如《德国基本法》。因此，宪法典的名称中不一定含有"宪法"字样。B 选项错误，不当选。

C、D 两项考查宪法的渊源。宪法的渊源,又称宪法的表现形式,是指一个国家宪法规范存在的法律形式,包括:(1)宪法典,指由制宪机关根据特定的制宪程序制定的、规定一国最重要、最根本问题、在一国法律体系中具有最高法律效力的成文宪法。(2)宪法性法律,指制定和修改程序、法律效力与其他法律相同,规定国家最重要、最根本问题的宪法文件。(3)宪法判例,指由司法机关在审判实践中逐渐形成的、具有实质性宪法性效力的判例。(4)宪法惯例,指宪法条文无明确规定,但在实际政治生活中已经存在,并为国家机关、政党及公众所普遍遵循的,与宪法具有同等效力的习惯或传统。

C 项,美国是典型的成文宪法国家,但这并不意味着美国没有宪法惯例。美国最为著名的宪法惯例是司法审查权的宪法惯例。司法审查权并未在美国联邦宪法中加以规定,该权力经由马伯里诉麦迪逊一案确立,之后被普遍遵循,属于宪法惯例。C 选项错误,不当选。

D 项,英国作为典型的不成文宪法国家,以宪法性法律为宪法规范的主要表现形式。在英国,宪法性法律是由有立法权的议会制定的,其制定、修改和废除程序以及法律效力都与普通法律相同。因此,在程序上,英国不成文宪法的内容可像普通法律一样被修改或者废除。D 选项正确,当选。

[难度系数] * *

## 考点三 宪法规范

**1** [答案] B

[考点] 宪法的特征

[解析] 宪法是我国的根本大法,具有最高的法律效力。在内容上,宪法规定国家最根本、最重要的问题。在法律效力上,宪法的法律效力最高,具体表现在:(1)宪法是制定普通法律的依据,普通法律是宪法的具体化;(2)任何普通法律、法规都不得与宪法的原则和精神相违背;(3)宪法是一切国家机关、社会团体和全体公民的最高行为准则。在制定和修改程序上,宪法比普通法律严格。我国《宪法》第 64 条第 1 款规定:"宪法的修改,由全国人民代表大会常务委员会或者五分之一以上的全国人民代表大会代表提议,并由全国人民代表大会以全体代表的三分之二以上的多数通过。"我国法律"根据宪法,制定本法"的规定,说明宪法是其他法律的立法依据和立法基础,也即"宪法是制定普通法律的依据,普通法律是宪法的具体化",这体现了宪法"具有最高法律效力"的基本特征。故 B 项正确。

[难度系数] *

**2** [答案] C

[考点] 宪法规范

[解析] A 项考查国家政策。该规定属于宪法规定,《宪法》第 64 条第 1 款规定:"宪法的修改,由全国人民代表大会常务委员会或者五分之一以上的全国人民代表大会代表提议,并由全国人民代表大会以全体代表的三分之二以上的多数通过。"因此国家不可以通过政策对宪法条文加以修正,故 A 选项错误,不当选。

B 项考查宪法解释。宪法规定的计划生育政策调整可以通过直接修改宪法的方式完成,不是必须经过正式的宪法解释,故 B 选项错误,不当选。

C 项考查法与社会。经济和社会发展是国家计划生育政策调整的客观依据,故 C 选项正确,当选。

D 项考查法的作用。该条文的规定只是原则性规定,不能为计划生育政策的具体措施提供明确指引,故 D 选项错误,不当选。

[难度系数] *

# 第二章 宪法的制定、修改、实施

## 考点一 宪法的制定

**1** [答案] ACD

[考点] 中国宪法发展历史、宪法分类

[解析] 《共同纲领》是中华人民共和国第一部宪法性文件,因此 A 项说法正确,当选。《共同纲领》是宪法性文件,在 1954 年《宪法》问世前,起到临时宪法的作用。而 1954 年《宪法》是中华人民共和国第一部社会主义宪法,是在《共同纲领》的基础上制定的。二者是前法和后法的关系,不应横向比较效力位阶,不能说《共同纲领》的效力高于 1954 年《宪法》。B 项说法错误,不当选。

C 项,按照有无严格的制定、修改机关和程序,宪法可以分为刚性宪法和柔性宪法。刚性宪法是制定和修改机关及程序不同于一般法律的宪法,柔性宪法是制定和修改机关及程序与一般法律相同的宪法。成文宪法的国家一般都是刚性宪法,不成文宪法的国家一般都是柔性宪法。

我国《宪法》的制定主体是人民。制宪机关是第一届全国人大第一次会议,法律的制定主体是全国人大及常委会。我国的修宪机关是全国人民代表大会,而法律的修改主体是全国人大及其常委会。修宪由全国人大全体代表的三分之二通过,而法律由全体代表过半数通过。可以看出,1954 年《宪法》的制定和修改机关及程序都不同于一般法律。C 项说法正确,当选。

D 项,《共同纲领》是宪法性文件,1954 年《宪法》是宪法典,二者都是规范性文件,都具有规范性。纲领性是指不仅对现实社会生活有所规定,还明确表达对未来的追求,指明国家和社会发展的目标和宏伟发展思路。1954 年《宪法》是在《共同纲领》的基础上制定的,《共同纲领》和 1954 年《宪法》都明确表达对未来的追求,指明国家和社会发展的目标和宏伟发展思路,都具有纲领性。D 项说法正确。

[难度系数] * *

**2** [答案] B

[考点] 制宪权和修宪权、宪法的制定程序

[解析] A 选项考查制宪权和修宪权。制宪权是指创制宪法的主体按照一定的程序制定宪法的权力。修宪权,是指修改宪法的主体所具有的按照一定的程序修改宪法的权力。对于制宪权和修宪权的关系,应从两方面理解:(1)制宪权和修宪权属于根源性的国家权力。这是指制宪权和修宪权能够创造立法权、行政权、司法权等具体国家权力。(2)制宪权与修宪权是两种不同性质的权力,修宪权受制宪权的约束,不得违背制宪权的基本精神和原则。因此,制宪权和修宪权虽同属于根源性的国家权力,但二者性质是不同的。故 A 选项错误,不当选。

B 选项考查宪法的制定程序。宪法的制定程序是指制宪机关制定宪法时所经过的阶段和步骤。制宪一般包括如下程序:(1)设立制宪机关。制宪机关通常包括宪法起草机关和宪法通过机关。宪法起草机关如我国 1954 年宪法起草委员会,宪法通过机关如美国制宪会议、我国的全国人大。(2)提出宪法草案。为保证宪法草案内容的科学性,我国确立了把领导意见和群众意见有机结合的原则。根据此原则,人民可通过对宪法草案发表意见来参与制宪过程,使宪法草案具有广泛的民主基础。(3)通过宪法草案。大多数国家对宪法草案的通过作了严格的规定,要求由通过机关的

2/3 以上或 3/4 以上多数赞成才有效,有的甚至要求全民公决才可通过。(4)公布宪法。宪法草案通过后,必须由国家元首或代表机关公布。故 B 选项正确,当选。

C 选项考查宪法草案的通过。我国《宪法》并未直接规定宪法草案的通过程序,且 1954 年《宪法》是由第一届全国人民代表大会第一次会议全票通过的,因此"宪法的制定由全国人民代表大会以全体代表的 2/3 以上的多数通过"的表述既无法律依据,又无实践依据。故 C 选项错误,不当选。

D 项考查我国 1954 年《宪法》的制定程序。我国 1954 年《宪法》是在党的领导下由宪法起草委员会起草,由第一届全国人民代表大会第一次会议全票通过,并由第一届全国人民代表大会第一次会议以中华人民共和国全国人民代表大会公告的形式公布,而不是由中华人民共和国主席根据全国人民代表大会的决定公布的。故 D 选项错误,不当选。

[难度系数] * * *

## 考点二 宪法的修改

**1** [答案] A

[考点] 2018 年《宪法修正案》

[解析] 宪法修正,是指有权机关按照一定的程序变更宪法内容的行为。我国《宪法》共经历了三次全面修改和五次部分修改。2018 年《宪法修正案》共 21 条,是对 1982 年《宪法》的部分修改,而非全面修改,所以 A 项错误。此修正案中涉及本题的内容主要包括,"第三十二条 宪法序言第七自然段中'在马克思列宁主义、毛泽东思想、邓小平理论和"三个代表"重要思想指引下'修改为'在马克思列宁主义、毛泽东思想、邓小平理论和"三个代表"重要思想、科学发展观、习近平新时代中国特色社会主义思想指引下'""第一百二十三条 中华人民共和国各级监察委员会是国家的监察机关"。

2018 年《宪法修正案》确立了习近平新时代中国特色社会主义思想的指导地位,确立了监察委员会的宪法地位。《宪法》的上述修改,是顺应时代要求、贴合中国具体国情的,因而体现了宪法与时俱进全面发展。综上,A 项错误,当选。B、C、D 项正确,不当选。

[难度系数] * *

**2** [答案] D

[考点] 《国歌法》

[解析] 2017 年 10 月 1 日《国歌法》正式施行,第 3 条规定:"中华人民共和国国歌是中华人民共和国的象征和标志……"因此 A 项正确,不当选。第 4 条规定:"在下列场合,应当奏唱国歌:……(三)宪法宣誓仪式……"据此,B 项正确,不当选。第 11 条规定:"国歌纳入中小学教育。中小学应当将国歌作为爱国主义教育的重要内容,组织学生学唱国歌,教育学生了解国歌的历史和精神内涵、遵守国歌奏唱礼仪。"因此,C 项正确,不当选。

我国 2004 年《宪法修正案》中明确规定《义勇军进行曲》为我国国歌,此前宪法中并未规定国歌的内容,因此 D 项表述不准确,当选。

[难度系数] * *

**3** [答案] AB

[考点] 宪法实施、宪法修改、宪法作用

[解析] A 项考查宪法实施中的宪法宣誓制度。宪法宣誓,是指经过合法、正当的选举程序

后，当选的国家元首或其他国家公职人员在就职时，公开宣读誓词、承诺遵守宪法的制度。我国2018年《宪法修正案》将宪法宣誓制度写入《宪法》第27条。宪法宣誓制度有利于树立宪法权威，增强公职人员的宪法观念，激励其忠于和维护宪法，提高公民的宪法意识，在全社会树立宪法信仰，从而推动宪法的实施，保障宪法发挥作用。因此A项正确，当选。

B项考查宪法修改的作用。宪法修改能够保障宪法顺应时代的发展潮流，保持科学性和时代性，因此宪法修改确为宪法作用发挥的重要前提。B项正确，当选。

所谓宪法的作用，分为立法、执法、司法、守法等几个方面的作用。C项考查了宪法在立法中的作用。宪法确立了立法的统一基础，规定了解决法律体系内部冲突的基本机制。在法律体系发展过程中遇到不协调或冲突的现象时，宪法能够为法律体系提供一个基本框架，但宪法规定的是国家最根本、最核心的问题，具体如何解决法律体系的内部冲突还有待普通法律的落实，比如，我国《立法法》第103条规定："同一机关制定的法律、行政法规、地方性法规、自治条例和单行条例、规章，特别规定与一般规定不一致的，适用特别规定；新的规定与旧的规定不一致的，适用新的规定。"第105条规定："法律之间对同一事项的新的一般规定与旧的特别规定不一致，不能确定如何适用时，由全国人民代表大会常务委员会裁决。行政法规之间对同一事项的新的一般规定与旧的特别规定不一致，不能确定如何适用时，由国务院裁决。"C项表述"提供了具体机制"不正确，不当选。

D项考查了宪法在司法中的作用。宪法在司法活动中是审判权和检察权的来源，是人民法院和人民检察院活动的基本准则，规定了司法机关进行活动的基本原则，但是宪法为司法活动提供的一般是原则性、间接性的指导，而非D项所说的"为司法活动提供明确而直接的依据"。D项错误，不当选。

**[难度系数]** ＊＊

**4** **[答案]** BC

**[考点]** 宪法的修改

**[解析]** 宪法修改，是指在宪法实施过程中，随着社会现实的变化发展，当宪法的内容与社会现实不相适应的时候，由有权机关依照宪法规定的程序删除、增加或变更宪法内容的行为。

当宪法的内容与社会现实不相适应的时候，宪法规范与社会生活之间会产生冲突。但宪法应保持一定的稳定性，不能随着社会生活的变动频繁修改，否则会有损宪法的权威。对此，可以对宪法进行解释，以协调宪法规范与社会生活之间的冲突，弥补宪法因时代变迁而产生的不足，推动宪法的自我完善。因此，宪法规范与社会生活发生冲突时，可以通过宪法解释解决，而并非必须修改宪法。A选项错误，不当选。

B项考查宪法修改的提案主体。《宪法》第64条第1款规定："宪法的修改，由全国人民代表大会常务委员会或者五分之一以上的全国人民代表大会代表提议，并由全国人民代表大会以全体代表的三分之二以上的多数通过。"因此，我国《宪法》的修改可由五分之一以上的全国人大代表提议，B选项正确，当选。

C、D两项考查我国宪法修改的实践。我国于1988年、1993年、1999年、2004年、2018年五次公布了宪法修正案，对《宪法》进行修改。而这五次宪法修正案都是以全国人民代表大会公告公布施行的，这是我国的宪法惯例。C选项的表述符合我国《宪法》修改的实践，正确，当选。1988年《宪法修正案》删去了不得出租土地的规定，增加"土地的使用权可以依照法律的规定转让"，因此土地使用权只能依照法律的规定转让，不能依照法规的规定转让。D选项错误，不当选。

**[难度系数]** ＊＊

## 考点三 宪法的实施

**1** [答案] D

[考点] 合宪性审查、备案审查

[解析] 备案审查是指由制定主体将规范性文件报有关机关备案,由有关机关审查是否同宪法及上位法相抵触,同位阶的法律规范是否和谐统一的制度。备案审查不只是对规范性文件进行合法性审查,还要进行合宪性审查。A 项说法错误,不当选。

《立法法》第 109 条规定,行政法规、地方性法规、自治条例和单行条例、规章应当在公布后的 30 日内依照有关规定报有关机关备案。《立法法》第 119 条第 2 款规定,最高人民法院、最高人民检察院作出的属于审判、检察工作中具体应用法律的解释,应当自公布之日起 30 日内报全国人民代表大会常务委员会备案。可见,备案审查的对象是行政法规、地方性法规、自治条例和单行条例、规章以及司法解释。所以 B 项说法错误,不当选。

合宪性审查又称宪法监督,是指特定的机关依据一定的程序和方式,对法律、法规和行政命令等规范性文件和特定主体行为是否符合宪法进行审查并做出处理的制度。例如,《宪法》第 62 条规定:“全国人民代表大会行使下列职权……(二)监督宪法的实施……”《宪法》第 67 条规定:“全国人民代表大会常务委员会行使下列职权:(一)解释宪法,监督宪法的实施……(七)撤销国务院制定的同宪法、法律相抵触的行政法规、决定和命令;(八)撤销省、自治区、直辖市国家权力机关制定的同宪法、法律和行政法规相抵触的地方性法规和决议……”我国合宪性审查的主体是全国人民代表大会及其常委会,不是全国人大宪法和法律委员会。因此 C 项说法错误,不当选,D 项说法正确,当选。

[难度系数] * * *

**2** [答案] D

[考点] 宪法的实施

[解析] 最高人民法院印发的《人民法院民事裁判文书制作规范》规定:“裁判文书不得引用宪法……作为裁判依据,但其体现的原则和精神可以在说理部分予以阐述。”该规定可以从两个方面进行理解:

(1)宪法不得作为裁判依据。这是指在司法过程中,不能将宪法作为法律裁判的大前提,法院不得直接适用宪法对案件作出判决。D 选项正确,当选。

(2)宪法体现的原则和精神可以作为裁判说理的依据。这是指宪法虽然不能作为裁判的依据,但可以在裁判文书的说理部分运用宪法的原则和精神进行说理。因此,裁判文书中可以出现宪法条文,只不过该条文只能作为说理的依据出现,而不能作为裁判的依据出现。A 选项错误,不当选。

宪法规定了公民享有的基本权利,是基本权利的法律依据,当事人可以援引宪法作为主张的依据。B 选项错误,不当选。

宪法是根本大法,具有最高的法律效力,法律的规定不得与宪法相抵触,故根据法律作出的裁判文书也不得与宪法相抵触。因此,宪法对裁判文书具有约束力。C 选项错误,不当选。

[难度系数] * *

**3** [答案] D

[考点] 宪法效力、宪法实施

[解析] 宪法效力是指宪法作为法律规范所发挥的约束力与强制力。宪法是国家的根本大

法,其效力具有两个特点:

(1)最高性。这是指宪法具有最高的法律效力,体现在:

第一,宪法在整个法律体系中效力最高,一切法律都不得与宪法相抵触。题目中该条文即是《立法法》对宪法在法律体系中地位的明确规定。该规定中,"宪法具有最高的法律效力"中的"法律",泛指《立法法》规定的有立法权的主体制定的各种规范性文件,包括法律、行政法规、地方性法规、自治条例和单行条例、规章等;而后一个"法律"仅指全国人大及其常委会制定的法律。因此,该条文中两处"法律"的含义不同,只有后者指全国人大及其常委会制定的法律。A 选项错误,不当选。

第二,宪法是最高的行为准则。《宪法》第 5 条第 4、5 款规定:"一切国家机关和武装力量、各政党和各社会团体、各企业事业组织都必须遵守宪法和法律。一切违反宪法和法律的行为,必须予以追究。任何组织或者个人都不得有超越宪法和法律的特权。"因此,对于各级立法机关、行政机关、司法机关、各政党、各社会团体、个人等,宪法作为最高的行为准则,具有最高的法律效力,而并非只对最高立法机关的立法活动有最高的法律效力。故 C 选项错误,不当选。

(2)直接性。这是指宪法对立法行为以及其他依据宪法进行的各种行为产生直接的约束力,若这些行为违反宪法,行使宪法监督权的机关可以直接依据宪法追究违宪责任。因此,宪法可以直接发挥约束力,而不是只能通过法律和行政法规等下位法才能发挥。B 选项错误,不当选。

宪法监督,是特定的机关以一定的方式进行合宪性审查,追究违宪责任,从而保证宪法实施的一种制度。宪法监督的对象包括两方面:其一,规范的合宪性审查和监督,即审查法律、法规、规章等规范性文件的合宪性,使它们与宪法不抵触;其二,行为的合宪性审查和监督,即对国家机关及其工作人员、各政党、武装力量、社会团体、企业事业组织和全体公民等的违宪行为进行审查,追究违宪责任。完善对以上两类对象的宪法审查和监督机制,可以更有效地实施宪法监督,从而确保宪法在立法活动以及其他机关的各种活动中的最高法律效力。故维护宪法的最高法律效力需要完善相应的宪法审查或者监督制度,D 选项正确,当选。

**[难度系数]** * *

# 第三章　我国的民主制度

## 考点一　政治协商制度

**1** **[答案]** ACD

**[考点]** 《共同纲领》

**[解析]** 本题考查《共同纲领》的性质和内容。

A 项,《共同纲领》第 4 条规定,中华人民共和国人民依法有选举权和被选举权。第 5 条规定,中华人民共和国人民有思想、言论、出版、集会、结社、通讯、人身、居住、迁徙、宗教信仰及示威游行的自由权。故 A 选项正确,当选。

B 项,新中国的建立标志着新民主主义革命的成功,在新中国成立后我国通过社会主义改造的方式走上社会主义道路,而完成社会主义改造的时间是在 1956 年前后,因此 1949 年的《共同纲领》在性质上只能属于新民主主义性质。故 B 选项错误,不当选。

C 项，由于我国第一届全国人大直到 1954 年才召开第一次会议，在普选的全国人大开会之前，一直由中国人民政治协商会议全体会议代行全国人大职权。故 C 选项正确，当选。

D 项，新民主主义革命的成功，意味着三座大山的推翻，也意味着人民掌握国家政权，翻身做主人。故 D 选项正确，当选。

[难度系数] * *

**2** [答案] C

[考点] 政治协商制度

[解析] 政治协商制度，是指在中国共产党领导下，各政党、各人民团体、各少数民族和社会各界的代表，以中国人民政治协商会议为组织形式，就国家的大政方针进行民主协商的一种制度。中国人民政治协商会议是中国共产党领导的多党合作和政治协商制度的重要机构。C 选项正确，当选。

《中国人民政治协商会议章程》第 22 条第 1 款规定："中国人民政治协商会议全国委员会由中国共产党、各民主党派、无党派人士、人民团体、各少数民族和各界的代表，香港特别行政区同胞、澳门特别行政区同胞、台湾同胞和归国侨胞的代表以及特别邀请的人士组成，设若干界别。"根据该规定，中国人民政治协商会议由党派团体和界别代表组成，A 选项前半句正确。但根据人民政治协商会议的实践，政协委员不同于人大代表，不是选举产生的，而是以协商推荐的方式产生的。A 选项后半句错误，不当选。

每年全国人民代表大会和中国人民政治协商会议（"两会"）共同召开，这是我国的一项宪法惯例。根据惯例，政协委员通常列席全国人大的全体会议，而不是各种会议。B 选项错误，不当选。

我国的国家权力机关是人民代表大会，而非政治协商会议。D 选项错误，不当选。

[难度系数] * *

## 考点二 选举制度

**1** [答案] C

[考点] 选举权的平等性原则

[解析] 选举权的平等性原则是"公民在法律面前一律平等"原则在选举制度中的具体体现。主要表现在：(1)除法律规定选举权的条件外，公民平等享有选举权和被选举权；(2)在一次选举中选民平等地拥有相同的投票权；(3)代表具有平等的法律地位，反映了选民的平等地位；(4)《选举法》规定了一系列对特定主体选举权进行保护的措施。

《选举法》第 40 条规定，全国和地方各级人民代表大会代表的选举，一律采用无记名投票的方法。①体现的是秘密投票原则，未体现选举权的平等性原则。

《选举法》第 3 条规定，全国人民代表大会的代表，省、自治区、直辖市、设区的市、自治州的人民代表大会的代表，由下一级人民代表大会选举。不设区的市、市辖区、县、自治县、乡、民族乡、镇的人民代表大会的代表，由选民直接选举。②体现的是直接选举和间接选举并用原则中的直接选举，未体现选举权的平等性原则。

《选举法》第 19 条规定，有少数民族聚居的地方，每一聚居的少数民族都应有代表参加当地的人民代表大会……人口特少的其他聚居民族，至少应有代表一人。③体现的是选举权的平等性原则中的民族平等原则。

《选举法》第 15 条规定，地方各级人民代表大会代表名额，由本级人民代表大会常务委员会或者本级选举委员会根据本行政区域所辖的下一级各行政区域或者各选区的人口数，按照每一代表所代表的城乡人口数相同的原则,以及保证各地区、各民族、各方面都有适当数量代表的要求进行分配。④体现的是选举权的平等性原则中的城乡平等原则。

综上,C 项正确。

[难度系数] *

**2** [答案] C

[考点] 直接选举

[解析] A 项,《选举法》第 9 条第 2 款规定:“不设区的市、市辖区、县、自治县、乡、民族乡、镇设立选举委员会,主持本级人民代表大会代表的选举……”可见,县乡人大代表的选举,由本级选举委员会主持,而非省人大常委会主持。因此 A 项错误,不当选。

B 项,我国采取直接选举和间接选举并用的选举制度,直接选举是指由选民按选区直接投票选举产生国家权力机关组成人员的选举。间接选举是在选民按选区选出本级人大代表的基础上,再由这些代表依法投票选举产生本级国家机关组成人员和上一级人大代表的选举。《选举法》第 3 条规定:“全国人民代表大会的代表,省、自治区、直辖市、设区的市、自治州的人民代表大会的代表,由下一级人民代表大会选举。不设区的市、市辖区、县、自治县、乡、民族乡、镇的人民代表大会的代表,由选民直接选举。”可见,县人大代表由选民直接选举,而非通过乡人大代表间接选举选出。B 项错误,不当选。

C 项,《宪法》第 101 条第 1 款规定:“地方各级人民代表大会分别选举并且有权罢免本级人民政府的省长和副省长、市长和副市长、县长和副县长、区长和副区长、乡长和副乡长、镇长和副镇长。”因此 C 项说法正确,当选。

D 项,《宪法》第 34 条规定:“中华人民共和国年满十八周岁的公民,不分民族、种族、性别、职业、家庭出身、宗教信仰、教育程度、财产状况、居住期限,都有选举权和被选举权,但是依照法律被剥夺政治权利的人除外。”而《选举法》中也并未规定,上一级人大代表的候选人,必须是下级人大代表。可见,只要是没有被剥夺政治权利的年满 18 岁公民,都有被选举权,因此县人大代表的候选人并不限于乡人大代表。D 项说法错误,不当选。

[难度系数] * *

**3** [答案] B

[考点] 县级人大代表选举

[解析] A 项考查选举主持。根据《选举法》第 9 条第 2 款的规定,县人大代表的选举由选举委员主持,而不是由县人大主席团主持。A 项说法错误,不当选。

根据《选举法》第 30 条的规定,选民或者代表,10 人以上联名,也可以推荐代表候选人。B 项说法正确,当选。

根据《选举法》第 31 条第 2 款的规定:由选民直接选举人民代表大会代表的,代表候选人的人数应多于应选代表名额 1/3 至 1 倍;由县级以上的地方各级人民代表大会选举上一级人民代表大会代表的,代表候选人的人数应多于应选代表名额 1/5 至 1/2。前者指直接选举,后者指间接选举。县级人大代表的选举是直接选举,因此候选人的人数应多于应选代表名额 1/3 至 1 倍。C 项说法错误,不当选。

根据《选举法》第 53 条第 1 款的规定,罢免县级和乡级的人民代表大会代表,须经原选区过半数的选民通过。因此 D 项关于罢免的说法正确。根据《选举法》第 45 条第 1 款的规定,在选民直接选举人民代表大会代表时,选区全体选民的过半数参加投票,选举有效。代表候选人获得参加投票的选民过半数的选票时,始得当选。可见并非“全体选民”过半同意,而是“参加投票的选民”过半同意。因此 D 项关于选举的说法错误,不当选。

[**难度系数**] * *

**4** [**答案**] AC

[**考点**] 选举法

[**解析**] 本题考查《选举法》。

A 项,直接选举产生的代表的罢免需要经过原选区全体选民的过半数通过。故 A 选项正确,当选。

B 项,只有在罢免间接选举产生的代表时,才需要将该决议报送上一级人大常委会备案。故 B 选项错误,不当选。

C 项,罢免间接选举产生的代表需要经过原选举单位或者人大常委会的过半数通过。故 C 选项正确,当选。

D 项,在人大闭会期间,常委会组成人员过半数即可通过对该级人大选举的上一级人大代表的罢免。故 D 选项错误,不当选。

[**难度系数**] *

**5** [**答案**] ACD

[**考点**] 选举制度

[**解析**] A 项考查人大代表的罢免。《选举法》第 49 条规定:“全国和地方各级人民代表大会的代表,受选民和原选举单位的监督。选民或者选举单位都有权罢免自己选出的代表。”本题中,乙县选民有权罢免他们选出的代表。故 A 选项正确,当选。

B 项考查人大代表的辞职。《选举法》第 55 条对各级人大代表提出辞职作了如下规定:(1)全国人民代表大会代表,省、自治区、直辖市人民代表大会代表,以及设区的市、自治州人民代表大会代表,可以向选举他的人民代表大会的常务委员会书面提出辞职;(2)县级人民代表大会代表可以向本级人民代表大会常务委员会书面提出辞职;(3)乡级人民代表大会代表可以向本级人民代表大会书面提出辞职。本题中,乙县受贿的人大代表属于县级人大的代表,根据该规定,应当向乙县人大常委会书面提出辞职,而不能向其所在选区的选民提出辞职。故 B 选项错误,不当选。

C 项考查破坏选举的行为。《选举法》第 58 条第 1 款规定的破坏选举的行为包括:(1)以金钱或者其他财物贿赂选民或者代表,妨害选民和代表自由行使选举权和被选举权的行为;(2)以暴力、威胁、欺骗或者其他非法手段妨害选民和代表自由行使选举权和被选举权的行为;(3)伪造选举文件、虚报选举票数或者有其他违法行为;(4)对于控告、检举选举中违法行为的人,或者对于提出要求罢免代表的人进行压制、报复的行为。国家工作人员有上述所列行为的,还应当由监察机关给予政务处分或由所在机关、单位给予处分。该条文还规定了破坏选举行为的法律责任:破坏选举,违反治安管理规定的,依法给予治安管理处罚;构成犯罪的,依法追究刑事责任。本题中,甲市人大代表候选人的行贿行为属于破坏选举的行为,应承担法律责任。故 C 选项正确,当选。

D 项,《选举法》第 59 条规定:“主持选举的机构发现有破坏选举的行为或者收到对破坏选举行为的举报,应当及时依法调查处理;需要追究法律责任的,及时移送有关机关予以处理。”该法第 39 条规定:“县级以上的地方各级人民代表大会在选举上一级人民代表大会代表时,由各该级人民代表大会主席团主持。”本题中乙县人民代表大会选举该县的市人大代表,属于选举其上一级人大的代表,根据此规定,该选举应由该县人民代表大会主席团主持,因此,如该县人大主席团发现有贿选行为,应及时依法调查处理。故 D 选项正确,当选。

[陷阱点拨] 对于代表的罢免、辞职和补选的相关规定,需要准确把握以下几点:其一,由谁提出;其二,向谁提出;其三,由谁通过。

(1)各级人民代表大会代表的罢免。

<table>
<tr><th>人民代表大会代表</th><th colspan="2">由谁提出</th><th>向谁提出</th><th>由谁通过</th></tr>
<tr><td>乡级人大代表</td><td colspan="2">原选区选民30人以上联名</td><td rowspan="2">县级人大常委会</td><td rowspan="2">原选区过半数的选民通过</td></tr>
<tr><td>县级人大代表</td><td colspan="2">原选区选民50人以上联名</td></tr>
<tr><td rowspan="2">全国人大代表,省、自治区、直辖市、设区的市、自治州的人大代表</td><td>开会期间</td><td>选举他的人大的主席团或1/10以上代表联名</td><td>选举他的人大会议</td><td>选举他的人大过半数的代表通过</td></tr>
<tr><td>闭会期间</td><td>选举他的人大常委会主任会议或者常委会1/5以上组成人员联名</td><td>选举他的人大常委会</td><td>选举他的人大常委会组成人员的过半数通过</td></tr>
</table>

需要注意的是:①乡级和县级人大代表由直接选举产生,即通过选民投票的方式直接选举,因此由选区选民提出罢免,对于县级来说向本级人大常委会提出,对于乡级来说向上一级人大常委会提出。②全国人大代表,省、自治区、直辖市、设区的市、自治州的人大代表由间接选举产生,也即由下一级人民代表大会通过间接方式选举产生,因此罢免的提出与通过都是选举他的该级(下一级)人大或人大常委会。③罢免需要书面提出,并且应写明理由。④全国人大代表,省、自治区、直辖市、设区的市、自治州的人大代表的罢免的决议,须报罢免通过的该级人大或人大常委会的上一级人大常委会备案、公告。

(2)各级人民代表大会代表的辞职。

| 人民代表大会代表 | 向谁提出 | 由谁通过 |
|---|---|---|
| 乡级 | 本级人大 | 本级人大过半数的代表通过 |
| 县级 | 本级人大常委会 | 本级人大常委会组成人员过半数通过 |
| 全国人大代表,省、自治区、直辖市、设区的市、自治州的人大代表 | 选举他的人大常委会 | 选举他的人大常委会组成人员过半数通过 |

需要注意的是:①辞职均须书面提出。②乡级以及县级人大代表的辞职被通过的,应当予以公告;但全国人大代表,省、自治区、直辖市、设区的市、自治州的人大代表辞职被通过的,须报上一级人大常委会备案、公告。

(3)人大代表的补选:①由原选区或原选举单位补选;②县级以上地方各级人大闭会期间,可由本级人大常委会补选上一级人大代表;③补选时,代表候选人名额可以多于或等于应选代表名额;④补选的具体办法,由省、自治区、直辖市的人大常委会规定;⑤补选的人大代表需依法进行代表资格审查。

[难度系数] * *

# 第四章 我国的基本经济、文化、社会制度

## 考点一 基本经济制度

**1** [答案] D

[考点] 我国的土地制度

[解析] 我国《宪法》第 10 条规定:“城市的土地属于国家所有。农村和城市郊区的土地,除由法律规定属于国家所有的以外,属于集体所有;宅基地和自留地、自留山,也属于集体所有。国家为了公共利益的需要,可以依照法律规定对土地实行征收或者征用并给予补偿。任何组织或者个人不得侵占、买卖或者以其他形式非法转让土地。土地的使用权可以依照法律的规定转让。一切使用土地的组织和个人必须合理地利用土地。”A、B、C 项表述均正确,不当选。我国土地的使用权可以转让,所有权属于国家或集体,不可转让,所以 D 项错误,当选。

[难度系数] *

**2** [答案] B

[考点] 国有经济、土地所有制

[解析] 基本经济制度,是指一国通过宪法和法律调整的、以生产资料所有制形式为核心的各种基本经济关系的规则、原则和政策的总称。社会主义公有制是我国经济制度的基础。社会主义公有制包括全民所有制和劳动群众集体所有制。

全民所有制经济,即国有经济,是指由代表人民利益的国家占有生产资料的一种所有制形式。在 1993 年以前,全民所有制经济一般被称为国营经济。1982 年《宪法》也使用国营经济的提法。1993 年 3 月 29 日,第八届全国人民代表大会第一次会议通过的《宪法修正案》将“国营经济”修改为“国有经济”。这是因为随着市场经济的发展,经济体制改革不断深入,许多大中型全民所有制企业的经营体制发生了变化,不再由国家统一经营管理。此时,将国营经济等同于全民所有制经济已与客观情况不符,并在一定程度上限制了全民所有制经济经营体制的进一步改革和转轨。因此,“国营经济”的提法已经过时,D 选项的表述已经不符合《宪法》的规定和实践,正确的表述为“国有经济是社会主义全民所有制经济,是国民经济中的主导力量”。D 选项错误,不当选。

我国的国有经济主要由两部分组成:一方面,通过没收官僚资本、改造民族资本以及国家投资,兴建起各种国有企业;另一方面,基于土地等自然资源对国有经济的重要地位,《宪法》规定它们属于国家所有或集体所有。此外,国家机关、事业单位、部队等全民单位的财产也是国有财产的重要组成部分。因此,国家财产主要由国有企业和国有自然资源两部分组成。A 选项错误,不当选。

B、C 两项考查我国的土地所有制。《宪法》第 10 条第 1 款明确规定,城市的土地属于国家所有。故 B 选项正确,当选。该条第 2 款规定,农村和城市郊区的土地,除由法律规定属于国家所有的以外,属于集体所有。因此,农村和城市郊区的土地并非都属于集体所有。C 项表述错误,不当选。

[难度系数] * *

## 考点二 基本文化制度

**1** [答案] B

[考点] 文化制度的内容

[解析] 文化制度是指一国通过宪法和法律调整以社会意识形态为核心的各种基本关系的规则、原则和政策的综合。主要包括教育事业、科技事业、文学艺术事业、广播电影电视事业、新闻出版事业、文物事业、图书馆事业以及社会意识形态等方面的制度。

《宪法》第 19 条第 4 款规定,国家鼓励集体经济组织、国家企业事业组织和其他社会力量依照法律规定举办各种教育事业。①属于文化制度中的教育事业,当选。

《宪法》第 20 条规定,国家发展自然科学和社会科学事业,普及科学和技术知识,奖励科学研究成果和技术发明创造。②属于文化制度中的科技事业,当选。

《宪法》第 25 条规定,国家推行计划生育,使人口的增长同经济和社会发展计划相适应。③属于社会制度,与文化制度无关,不当选。

《宪法》第 9 条第 2 款规定,国家保障自然资源的合理利用,保护珍贵的动物和植物。禁止任何组织或者个人用任何手段侵占或者破坏自然资源。④属于经济制度,与文化制度无关,不当选。

故 B 项正确。

[难度系数] *

**2** [答案] BD

[考点] 文化制度的内容

[解析] 我国《宪法》规定的基本文化制度的内容包括:

(1)国家发展教育事业。《宪法》第 19 条从不同层次对发展教育事业进行了规定:一是规定了国家发展社会主义的教育事业,提高全国人民的科学文化水平的总体性任务;二是规定了国家举办各种学校,普及初等义务教育,发展中等教育、职业教育、高等教育和学前教育;三是规定了国家发展各种教育设施,扫除文盲,对工人、农民、国家工作人员和其他劳动者进行政治、文化、科学、技术、业务的教育,鼓励自学成才;四是规定了国家鼓励集体经济组织、国家企业事业组织和其他社会力量依照法律规定举办各种教育事业。根据该规定,B 选项正确,当选。

(2)国家发展科学事业。《宪法》第 20 条规定,国家发展自然科学和社会科学事业,普及科学和技术知识,奖励科学研究成果和技术发明创造。

(3)国家发展文学艺术及其他文化事业。《宪法》第 22 条规定,国家发展为人民服务、为社会主义服务的文学艺术事业、新闻广播电视事业、出版发行事业、图书馆博物馆文化馆和其他文化事业,开展群众性的文化活动。国家保护名胜古迹、珍贵文物和其他重要历史文化遗产。

(4)国家开展公民道德教育。《宪法》第 24 条第 1 款规定,国家通过普及理想教育、道德教育、文化教育、纪律和法制教育,通过在城乡不同范围的群众中制定和执行各种守则、公约,加强社会主义精神文明的建设。宪法的这一规定的目的在于培养有理想、有道德、有文化、有纪律的社会主义公民。故 D 选项正确,当选。

A 项考查爱国统一战线。我国的爱国统一战线是由中国共产党领导的,有各民主党派和各人民团体参加的,包括全体社会主义劳动者、社会主义事业的建设者、拥护社会主义的爱国者、拥护祖国统一和致力于中华民族伟大复兴的爱国者的广泛的政治联盟。爱国统一战线体现了我国人民民主专政的特色,属于人民民主专政制度的内容,而非文化制度的内容。故 A 选项错误,不当选。

C 项考查马克思主义宪法学分类的依据。马克思主义宪法学把宪法分为社会主义宪法和资本主义宪法,这是以国家的类型和宪法的阶级本质为标准所作的分类。而此分类依据才是社会主义宪法区别于资本主义宪法的标志。社会主义宪法和资本主义宪法都可能对各自的文化制度进行系统的规定,因此是否较为系统地规定文化制度不是社会主义宪法区别于资本主义宪法的标志。故 C 选项错误,不当选。

[难度系数] * *

## 考点三 基本社会制度

[答案] BCD

[考点] 基本社会制度

［解析］ 基本社会制度，是指一国通过宪法和法律调整的、以基本社会生活保障及社会秩序维护为核心的各种基本关系的规则、原则和政策的综合。我国《宪法》规定的基本社会制度包括：社会保障制度、医疗卫生事业、劳动保障制度、社会人才培养制度、计划生育制度以及社会秩序和安全维护制度。

B 项考查社会保障制度。社会保障制度是指国家通过立法而制定的社会保险、救助、补贴等一系列制度的总称，其作用在于保障全社会成员基本生存与生活需求，特别是保障公民在年老、疾病、伤残、失业、生育、死亡、遭遇灾害、面临生活困难时的特殊需要。社会保障制度由社会福利、社会保险、社会救助、社会优抚和安置等具体制度构成，其能够促进社会资源的合理分配，促进社会公平，是基本社会制度的核心内容。故 B 选项正确，当选。

C 项考查劳动保障制度。劳动保障制度，是指国家通过立法制定的对公民的劳动权益进行保障的制度，包括对劳动者获得报酬的权利的保障、对劳动安全的保障、对休息休假权的保障。职工的工作时间和休假制度属于对于劳动者休息权和休假权的保障，是基本社会制度中劳动保障制度的重要内容。故 C 选项表述正确，当选。

D 项考查社会法。社会法，是指调整社会关系的法，如社会保障法。它介于私法和公法之间，保护的既非私人利益又非国家利益，而是社会利益。加强社会法的实施，就是加强社会保障法律制度的实施，有助于保障社会成员的基本权益，维护社会公平，是发展与完善我国基本社会制度的重要途径。D 选项正确，当选。

A 项考查我国的根本制度。一国的制度具有多个层次，可分为根本制度、基本制度和具体制度。《宪法》第 1 条第 2 款规定，社会主义制度是中华人民共和国的根本制度。社会主义制度是相对于资本主义制度而言的政治经济制度，其基本要素是实行公有制经济、实现人民当家作主。因此，社会主义制度才是我国的根本制度。A 选项错误，不当选。

［难度系数］ * *

# 第五章　民族区域自治制度

**1** ［答案］ C

［考点］ 民族关系

［解析］ 《宪法》序言中指出，中华人民共和国是全国各族人民共同缔造的统一的多民族国家。平等团结互助和谐的社会主义民族关系已经确立，并将继续加强。在维护民族团结的斗争中，要反对大民族主义，主要是大汉族主义，也要反对地方民族主义。国家尽一切努力，促进全国各民族的共同繁荣。因此，空格中应填写“互助和谐”，故 C 项正确。

［难度系数］ *

**2** ［答案］ AC

［考点］ 民族自治地方、自治权

［解析］ 《宪法》第 116 条规定：“民族自治地方的人民代表大会有权依照当地民族的政治、经济和文化的特点，制定自治条例和单行条例。自治区的自治条例和单行条例，报全国人民代表大会常务委员会批准后生效。自治州、自治县的自治条例和单行条例，报省或者自治区的人民代表大会常务委员会批准后生效，并报全国人民代表大会常务委员会备案。”故 A 项正确、B 项错误、D 项

错误。

《宪法》第 4 条第 3 款规定："各少数民族聚居的地方实行区域自治，设立自治机关，行使自治权。各民族自治地方都是中华人民共和国不可分离的部分。"《民族区域自治法》第 12 条规定："少数民族聚居的地方，根据当地民族关系、经济发展等条件，并参酌历史情况，可以建立以一个或者几个少数民族聚居区为基础的自治地方。民族自治地方内其他少数民族聚居的地方，建立相应的自治地方或者民族乡。民族自治地方依据本地方的实际情况，可以包括一部分汉族或者其他民族的居民区和城镇。"故 C 项正确。

［难度系数］ *

**3** ［答案］ B

［考点］ 民族区域自治

［解析］ 民族区域自治制度，是指在国家统一领导下，各少数民族聚居的地方实行区域自治，设立自治机关，行使自治权的制度。民族区域自治是以少数民族聚居的地区为基础，但不是单纯的民族或区域自治，而是民族自治与区域自治的结合。因此 A 项说法正确，不当选。

民族自治地方的自治机关是自治区、自治州、自治县的人民代表大会和人民政府。而民族自治地方的国家机关还包括各级人民法院、检察院等。因此并非所有民族自治地方的国家机关都是自治机关。B 项说法错误，当选。

《民族区域自治法》第 20 条规定："上级国家机关的决议、决定、命令和指示，如有不适合民族自治地方实际情况的，自治机关可以报经该上级国家机关批准，变通执行或者停止执行；该上级国家机关应当在收到报告之日起六十日内给予答复。"因此 C 项说法正确，不当选。

民族自治地方的自治权包括制定自治条例和单行条例、变通或停止执行命令和政策、自主管理地方财政、经济建设、科教文卫体事业权等。自治机关自主管理本地方的教育、科学、文化、卫生、体育事业，保护和整理本民族的文化遗产，发展和繁荣民族文化。D 项说法正确，不当选。

［难度系数］ * *

**4** ［答案］ D

［考点］ 民族区域自治制度

［解析］ 民族区域自治制度，是指在国家的统一领导下，在少数民族聚居区建立自治地方，设立自治机关，由行使区域自治的民族的人民自主地管理本民族地方性事务的制度。对于该制度，需要把握以下几个方面：

第一，民族自治地方。民族自治地方是实行民族区域自治的行政区域，包括自治区、自治州、自治县。民族乡不属于民族自治地方。

第二，自治机关。自治机关是各自治地方的人民代表大会和人民政府。为了让行使区域自治的民族的人民自主管理本民族地方性事务，《宪法》和《民族区域自治法》规定了由行使区域自治的民族的人民在自治机关中担任一定的职位，包括：(1) 自治区主席、自治州州长、自治县县长由实行区域自治的民族的公民担任(《民族区域自治法》第 17 条第 1 款)。(2) 自治区、自治州、自治县的人民代表大会常务委员会中应当有实行区域自治的民族的公民担任主任或者副主任(《宪法》第 113 条第 2 款、《民族区域自治法》第 16 条第 3 款)。由此可知，自治县作为一级民族自治地方，其人大常委会中应有实行区域自治的民族的公民担任主任或者副主任。C 选项正确，不当选。

第三，自治权的内容。根据《宪法》和《民族区域自治法》的规定，自治权主要包括：(1) 制定自治条例和单行条例；(2) 根据当地民族的实际情况，贯彻执行国家的法律和政策；(3) 自主管理地方财政;(4)自主管理地方经济建设;(5)自主管理教育、科学、文化、卫生、体育事业;(6)组织维护社会治安的公安部队;(7)使用本民族的语言文字,保持或者改革自己的风俗习惯。

A、B、D项三项考查自治权的内容。

《民族区域自治法》第10条规定,民族自治地方的自治机关保障本地方各民族都有使用和发展自己的语言文字的自由,都有保持或者改革自己的风俗习惯的自由。A选项正确,不当选。

《民族区域自治法》第31条规定,民族自治地方依照国家规定,可以开展对外经济贸易活动,经国务院批准,可以开辟对外贸易口岸。B选项正确,不当选。

《民族区域自治法》第20条规定,上级国家机关的决议、决定、命令和指示,如有不适合民族自治地方实际情况的,自治机关可以报经该上级国家机关批准,变通执行或者停止执行。据此,若要变通或者停止执行上级国家机关的决议、决定、命令和指示,县人大应当报上级国家机关批准后实施,而不能自行实施。D选项错误,当选。

[**难度系数**] *

# 第六章 特别行政区制度

**1** [**答案**] C

[**考点**] 《香港特别行政区维护国家安全法》

[**解析**] 《香港特别行政区维护国家安全法》第1条规定:"……根据中华人民共和国宪法、中华人民共和国香港特别行政区基本法和全国人民代表大会关于建立健全香港特别行政区维护国家安全的法律制度和执行机制的决定,制定本法。"故A项错误。

《香港特别行政区维护国家安全法》第16条第2款规定:"警务处维护国家安全部门负责人由行政长官任命,行政长官任命前须书面征求本法第四十八条规定的机构的意见。"故B项错误。

《香港特别行政区维护国家安全法》第14条第2款规定:"香港特别行政区维护国家安全委员会的工作不受香港特别行政区任何其他机构、组织和个人的干涉,工作信息不予公开。香港特别行政区维护国家安全委员会作出的决定不受司法复核。"故C项正确。

《香港特别行政区维护国家安全法》第13条第2款规定:"香港特别行政区维护国家安全委员会下设秘书处,由秘书长领导。秘书长由行政长官提名,报中央人民政府任命。"故D项错误。

[**难度系数**] * * * *

**2** [**答案**] AC

[**考点**] 香港特别行政区制度

[**解析**] 《香港特别行政区维护国家安全法》第1条规定:"……根据中华人民共和国宪法、中华人民共和国香港特别行政区基本法和全国人民代表大会关于建立健全香港特别行政区维护国家安全的法律制度和执行机制的决定,制定本法。"因此A项说法正确,当选。

B项,《决定》第5条规定:"香港特别行政区行政长官应当就香港特别行政区履行维护国家安全职责、开展国家安全教育、依法禁止危害国家安全的行为和活动等情况,定期向中央人民政府提交报告。"因此,这里报告的对象应当是中央人民政府而非全国人大,B项错误,不当选。

C项,《决定》开篇指出:"近年来,香港特别行政区国家安全风险凸显,'港独'、分裂国家、暴力恐怖活动等各类违法活动严重危害国家主权、统一和领土完整,一些外国和境外势力公然干预香港事务，利用香港从事危害我国国家安全的活动。为了维护国家主权、安全、发展利益，坚持和完善'一国两制'制度体系，维护香港长期繁荣稳定，保障香港居民合法权益，根据《中华人民共和国宪法》第三十一条和第六十二条第二项、第十四项、第十六项的规定，以及《中华人民共和国香港特别行政区基本法》的有关规定，全国人民代表大会作出如下决定……"因此 C 项正确，当选。

D 项，规定于《香港特别行政区基本法》附件三的主要是涉及国家象征、领土主权、国防外交的法律。根据《决定》，第十三届全国人民代表大会常务委员会第二十次会议已作出决定，在《香港特别行政区基本法》附件三中增加全国性法律《香港特别行政区维护国家安全法》。但《决定》本身不能被纳入附件三，因此 D 项说法错误，不当选。

**[难度系数]** * * *

**3** **[答案]** ABCD

**[考点]** 特别行政区宪制责任

**[解析]** 2020 年 5 月 28 日第十三届全国人民代表大会第三次会议通过了全国人民代表大会《关于建立健全香港特别行政区维护国家安全的法律制度和执行机制的决定》（以下本题中简称《决定》）。《决定》第 3 条规定："维护国家主权、统一和领土完整是香港特别行政区的宪制责任。香港特别行政区应当尽早完成香港特别行政区基本法规定的维护国家安全立法。香港特别行政区行政机关、立法机关、司法机关应当依据有关法律规定有效防范、制止和惩治危害国家安全的行为和活动。"因此 A、B 项说法正确，当选。

C 项，《决定》第 6 条规定："授权全国人民代表大会常务委员会就建立健全香港特别行政区维护国家安全的法律制度和执行机制制定相关法律，切实防范、制止和惩治任何分裂国家、颠覆国家政权、组织实施恐怖活动等严重危害国家安全的行为和活动以及外国和境外势力干预香港特别行政区事务的活动。全国人民代表大会常务委员会决定将上述相关法律列入《中华人民共和国香港特别行政区基本法》附件三，由香港特别行政区在当地公布实施。"故全国人大常委会有权力、有责任维护香港宪制秩序，C 项说法正确，当选。

D 项，《决定》第 1 条规定："国家坚定不移并全面准确贯彻'一国两制'、'港人治港'、高度自治的方针，坚持依法治港，维护宪法和香港特别行政区基本法确定的香港特别行政区宪制秩序，采取必要措施建立健全香港特别行政区维护国家安全的法律制度和执行机制，依法防范、制止和惩治危害国家安全的行为和活动。"D 项说法正确，当选。

**[难度系数]** * *

**4** **[答案]** BC

**[考点]** 特别行政区法律制度

**[解析]** 《香港特别行政区基本法》第 8 条规定："香港原有法律，即普通法、衡平法、条例、附属立法和习惯法，除同本法相抵触或经香港特别行政区的立法机关作出修改者外，予以保留。"因此原有法律和基本法相抵触的，也不应予以保留。A 项说法错误，不当选。

《香港特别行政区基本法》第 18 条第 2 款规定："全国性法律除列于本法附件三者外，不在香港特别行政区实施。……"《澳门特别行政区基本法》第 18 条第 2 款规定："全国性法律除列于本法附件三者外，不在澳门特别行政区实施。……"附件三中的法律包括《国籍法》。因此《国籍法》适用于香港和澳门特别行政区。B 项说法正确，当选。

《香港特别行政区基本法》由全国人民代表大会根据《宪法》制定通过，地位仅次于宪法。香港特别行政区的制度和政策，包括社会、经济制度，有关保障居民基本权利和自由的制度，行政管理、立法和司法方面的制度,以及有关政策,均以《香港特别行政区基本法》的规定为依据。《香港特别行政区基本法》在特别行政区的法律体系中,处于最高法律地位。C 项说法正确,当选。

《香港特别行政区基本法》第 17 条规定:“香港特别行政区享有立法权。香港特别行政区的立法机关制定的法律须报全国人民代表大会常务委员会备案。备案不影响该法律的生效。全国人民代表大会常务委员会在征询其所属的香港特别行政区基本法委员会后,如认为香港特别行政区立法机关制定的任何法律不符合本法关于中央管理的事务及中央和香港特别行政区的关系的条款,可将有关法律发回,但不作修改。经全国人民代表大会常务委员会发回的法律立即失效。该法律的失效,除香港特别行政区的法律另有规定外,无溯及力。”由此可知,特别行政区立法机关制定的法律,即使符合基本法和法定程序,如果被全国人大常委会发回,就会立即失效,因此 D 项说法错误,不当选。

[难度系数] * * *

# 第七章 基层群众自治制度

**1** [答案] CD

[考点] 基层群众自治、村民会议、村民代表会议

[解析] 基层群众自治制度,是依照宪法和法律,由居民(村民)选举的成员组成居民(村民)委员会,实行自我管理、自我教育、自我服务、自我监督的制度。《村民委员会组织法》第 24 条规定:“涉及村民利益的下列事项,经村民会议讨论决定方可办理:……(七)征地补偿费的使用、分配方案……村民会议可以授权村民代表会议讨论决定前款规定的事项。……”因此,某村征地补偿费的使用和分配方案,应由村民会议讨论决定,或经村民会议授权,由村民代表会议讨论决定。C、D 项说法正确,当选。

村民会议在本村内享有重大事项的决定权。《村民委员会组织法》第 27 条第 2、3 款规定:“村民自治章程、村规民约以及村民会议或者村民代表会议的决定不得与宪法、法律、法规和国家的政策相抵触,不得有侵犯村民的人身权利、民主权利和合法财产权利的内容。村民自治章程、村规民约以及村民会议或者村民代表会议的决定违反前款规定的,由乡、民族乡、镇的人民政府责令改正。”可见,如果村民会议或者村民代表会议的决定与宪法、法律、法规和国家的政策相抵触,或侵犯村民的人身权利、民主权利和合法财产权利,由乡、民族乡、镇的人民政府责令改正,而不是由反对者申请乡镇政府或法院撤销。A、B 项说法错误,不当选。

[难度系数] * *

**2** [答案] ACD

[考点] 村民自治制度

[解析] 《村民委员会组织法》第 25 条规定:“人数较多或者居住分散的村,可以设立村民代表会议,讨论决定村民会议授权的事项。村民代表会议由村民委员会成员和村民代表组成,村民代表应当占村民代表会议组成人员的五分之四以上,妇女村民代表应当占村民代表会议组成人员的三分之一以上。村民代表由村民按每五户至十五户推选一人,或者由各村民小组推选若干人。村民代表的任期与村民委员会的任期相同。村民代表可以连选连任。村民代表应当向其推选户或者村民小组负责,接受村民监督。”A 项正确,当选。

《村民委员会组织法》第 32 条规定:“村应当建立村务监督委员会或者其他形式的村务监督机构,负责村民民主理财,监督村务公开等制度的落实,其成员由村民会议或者村民代表会议在村民中推选产生,其中应有具备财会、管理知识的人员。村民委员会成员及其近亲属不得担任村务监督机构成员。村务监督机构成员向村民会议和村民代表会议负责,可以列席村民委员会会议。”村民监督机构成员应当向村民会议和村民代表会议负责,而非向村民委员会负责。B 项错误,不当选。

《村民委员会组织法》第 20 条规定:“村民委员会应当自新一届村民委员会产生之日起十日内完成工作移交。工作移交由村民选举委员会主持,由乡、民族乡、镇的人民政府监督。”C 项正确,当选。

《村民委员会组织法》第 23 条第 1 款规定:“村民会议审议村民委员会的年度工作报告,评议村民委员会成员的工作;有权撤销或者变更村民委员会不适当的决定;有权撤销或者变更村民代表会议不适当的决定。”D 项正确,当选。

[难度系数] * *

**3** [答案] D

[考点] 村委会的选举

[解析] 《村民委员会组织法》第 13 条是关于村委会换届选举的规定。本题即对该规定的考查。

该条第 2 款规定,村民委员会选举前,应当对下列人员进行登记,列入参加选举的村民名单:(1)户籍在本村并且在本村居住的村民;(2)户籍在本村,不在本村居住,本人表示参加选举的村民;(3)户籍不在本村,在本村居住一年以上,本人申请参加选举,并且经村民会议或者村民代表会议同意参加选举的公民。本题中杨某将户籍迁入了甲村,虽长期在外务工而不在甲村居住,但杨某要求参加选举,符合上述第二种情形,应当被列入参加选举的村民名单。因此,A 选项错误,不当选;D 选项正确,当选。根据上述第三种情形,户籍不在本村,在本村居住 1 年以上,本人申请参加选举,才需村民会议或者村民代表会议同意参加选举。杨某户籍在本村,不属于该情形。C 选项错误,不当选。

B 项考查入户协议的效力。《村民委员会组织法》第 13 条第 1 款规定,年满 18 周岁的村民,不分民族、种族、性别、职业、家庭出身、宗教信仰、教育程度、财产状况、居住期限,都有选举权和被选举权;但是,依照法律被剥夺政治权利的人除外。该规定是强制性规定,不得由当事人协商变更。因此,在选举权方面,杨某与甲村村委会签订的“不享受本村村民待遇”的“入户协议”无效,杨某仍然享有村委会选举的被选举权。B 选项错误,不当选。

[难度系数] * *

**4** [答案] B

[考点] 村民委员会

[解析] A、B 两项考查村民会议的职权。村民会议是村民实现直接民主的基本形式,由本村年满 18 周岁的村民组成。《村民委员会组织法》第 23、24、27 条规定,村民会议行使以下职权:(1)审议村民委员会的年度工作报告,评议村民委员会成员的工作。据此,村委会的年度工作报告应当由村民会议审议,而不由乡政府审议。A 选项错误,不当选。(2)有权撤销或者变更村民委员会以及村民代表会议不适当的决定。(3)讨论决定涉及村民利益的有关事项。(4)制定和修改村民自治章程、村规民约,并报乡、民族乡、镇的人民政府备案。故 B 选项表述正确,当选。

C 项考查村民委员会的选举。村民委员会由主任、副主任和委员共 3 至 7 人组成,由村民直接选举产生,其选举由村民选举委员会主持。根据《村民委员会组织法》第13、14条的规定,村民委员会选举前应对参加选举的村民进行登记,并在选举日的20日前,由村民选举委员会公布登记参加选举的村民名单,对该名单有异议的,应自名单公布之日起5日内向村民选举委员会申诉,村民选举委员会应当自收到申诉之日起3日内作出处理决定,并公布处理结果。因此,对登记参加选举的村民名单有异议并提出申诉的,应由村民选举委员会作出处理并公布处理结果,而非由乡政府作出处理。C选项错误,不当选。

D项考查村民委员会的补选。《村民委员会组织法》第18条规定:“村民委员会成员丧失行为能力或者被判处刑罚的,其职务自行终止。”第19条规定:“村民委员会成员出缺,可以由村民会议或者村民代表会议进行补选……补选的村民委员会成员的任期到本届村民委员会任期届满时止。”因此,村委会组成人员违法犯罪不能继续任职的,应由补选产生的新成员任职到本届村民委员会任期届满,而不能由乡政府任命新的成员暂时代理至本届村委会任期届满。D选项错误,不当选。

[难度系数] * *

# 第八章 公民的基本权利和义务

**1** [答案] ABCD

[考点] 公民基本权利

[解析] 本题考查公民的基本权利的概念和特征。公民的基本权利也称宪法权利或者基本人权,是指由宪法规定的公民享有的主要的、必不可少的权利。基本权利具有自身的法律特性:第一,基本权利确立了公民在国家生活中的宪法地位;第二,基本权利是公民在社会生活中最主要、最基本而又不可缺少的权利;第三,基本权利具有母体性,派生出具体的法律权利;第四,基本权利具有稳定性和排他性,与人的公民资格关系密切。我国《宪法》第二章规定了公民的基本权利,故A选项正确,当选。宪法权利之所以被称为基本权利,是因为宪法权利涉及公民与国家之间的关系,基本权利是国家公权力不能侵犯的边界。故B选项正确,当选。基本权利是基本人权,是公民最重要的权利,是近现代宪法的目标和价值所在。故C选项正确,当选。宪法权利对公民来说不可或缺,因此宪法权利被称为基本权利。故D选项正确,当选。

[难度系数] *

**2** [答案] ACD

[考点] 人身自由

[解析] 人身自由包括狭义和广义两方面,广义的人身自由包括生命权、人格尊严不受侵犯、住宅不受侵犯、通信自由和通信秘密受法律保护等,狭义的人身自由主要指公民的身体不受非法侵犯。

A项考查人格尊严不受侵犯。《宪法》第38条规定:“中华人民共和国公民的人格尊严不受侵犯。禁止用任何方法对公民进行侮辱、诽谤和诬告陷害。”A项正确,当选。

B项考查通信秘密受法律保护。《宪法》第40条规定:“中华人民共和国公民的通信自由和通信秘密受法律的保护。除因国家安全或者追查刑事犯罪的需要,由公安机关或者检察机关依照法律规定的程序对通信进行检查外,任何组织或者个人不得以任何理由侵犯公民的通信自由和通信秘密。”可见，只有公安机关或检察机关有权依法检查通信，法院不具有检查通信的权力，其监听公民的电话内容属于侵犯公民的通信秘密。B 项不正确，不当选。

C 项考查狭义的人身自由。《宪法》第 37 条规定：“中华人民共和国公民的人身自由不受侵犯。任何公民，非经人民检察院批准或者决定或者人民法院决定，并由公安机关执行，不受逮捕。禁止非法拘禁和以其他方法非法剥夺或者限制公民的人身自由，禁止非法搜查公民的身体。”C 项正确，当选。

D 项考查住宅权。《宪法》第 39 条规定：“中华人民共和国公民的住宅不受侵犯。禁止非法搜查或者非法侵入公民的住宅。”D 项正确，当选。

**[难度系数]** *

**3** **[答案]** ABCD

**[考点]** 财产权

**[解析]** 财产权，是指公民对其合法财产享有的不受非法侵犯的权利，它是宪法赋予公民的一项重要的经济权利，是公民行使其他权利的物质基础。《宪法》第 13 条即是对该权利的规定，对该规定应从以下几个方面理解：

第一，公民的合法的私有财产，是指公民通过合法劳动或其他方式获得并占有一定财产的权利。

第二，公民的合法的私有财产不受侵犯，这是指：(1)国家不得侵犯公民的合法私有财产。这要求国家尊重公民的财产权，无法定事由、未经法定程序不得剥夺公民的合法私有财产，因公共利益的需要对公民的合法财产进行征收或征用的，应当依法进行，并给予补偿。A 选项正确，当选。(2)国家应当保护公民的合法的私有财产不受他人侵犯。这要求国家应当采取积极的措施，通过法律手段，保护公民的财产权免受他人的不法侵害。B 选项正确，当选。

第三，国家依照法律规定保护公民的私有财产权和继承权。根据《立法法》第 11 条第 8 项的规定，民事基本制度只能制定法律。公民私有财产权和继承权属于民事基本制度的内容，因此，对公民私有财产权和继承权的保护和限制只能制定法律，属于法律保留的事项。C 选项正确，当选。

D 项，在我国，非公有制经济是社会主义市场经济的重要组成部分。非公有制经济的存在以私有财产权为必要前提，因而国家保护公民的合法私有财产就是在维护非公有制经济存在的必要条件。因此，国家保护公民的合法的私有财产，是我国基本经济制度的重要内容之一。D 选项正确，当选。

**[难度系数]** * *

**4** **[答案]** BCD

**[考点]** 公民的基本权利

**[解析]** A 项考查住宅不受侵犯权的内涵。《宪法》第 39 条规定：“中华人民共和国公民的住宅不受侵犯。禁止非法搜查或者非法侵入公民的住宅。”本题中县政府胁迫张某签署了拆迁协议，该胁迫行为不属于对住宅的侵入、搜查、查封、侵占或损毁，因而并未侵害张某的住宅不受侵犯权。故 A 选项错误，不当选。

B 项考查财产权。财产权属于社会经济权利，是指公民对通过其合法劳动或其他方式取得并占有的财产依法享有的不受非法侵犯的权利。《宪法》第 13 条第 3 款规定，国家为了公共利益的需要，可以依法对公民的私有财产进行征收或者征用，并给予补偿。本题中县政府的征收行为没有依法进行，属于对财产权的侵害。故 B 选项正确，当选。

C 项考查劳动权。劳动权,是指有劳动能力的公民享有的从事劳动并取得相应报酬的权利。《宪法》第 42 条第 1 款规定:“中华人民共和国公民有劳动的权利和义务。”本题中县政府通知财政局解除张某的女婿李某与该局的劳动合同,该行为侵犯了李某的劳动权。故 C 选项正确,当选。

D 项考查受教育权。受教育权,是指公民享有的在国家和社会提供的各类学校和机构中学习文化科学知识的权利。本题中县政府责令张某儿子所在中学不为其办理新学期注册手续,使他不能继续在该中学学习,侵犯了张某儿子的受教育权。故 D 选项正确,当选。

[难度系数]　* *

# 第九章　人民代表大会制度

**1** [答案]　ABCD

[考点]　人民代表大会及其常委会的宪法监督

[解析]　A 项考查宪法监督的方式。《宪法》第 67 条规定:“全国人民代表大会常务委员会行使下列职权:……(七)撤销国务院制定的同宪法、法律相抵触的行政法规、决定和命令;(八)撤销省、自治区、直辖市国家权力机关制定的同宪法、法律和行政法规相抵触的地方性法规和决议;……”全国人大常委会有权撤销违反宪法法律的规范性文件,这是一种事后审查的模式,故 A 项正确。

B 项考查宪法监督权的行使。《宪法》第 69 条规定,全国人民代表大会常务委员会对全国人民代表大会负责并报告工作。因此,全国人大常委会行使监督宪法实施情况,应当向全国人大报告,故 B 项正确。

C 项考查宪法解释。《宪法》第 67 条规定:“全国人民代表大会常务委员会行使下列职权:(一)解释宪法,监督宪法的实施;……”解释宪法是全国人大常委会的重要职能,是全国人大常委会根据宪法的原则和精神对宪法的条文、语句和文字的含义进行的解释,故 C 项正确。

D 项考查宪法监督权的归属。《宪法》第 62 条规定:“全国人民代表大会行使下列职权:……(二)监督宪法的实施;……”《宪法》第 67 条规定:“全国人民代表大会常务委员会行使下列职权:(一)解释宪法,监督宪法的实施;……”因此,宪法的监督权由全国人民代表大会和全国人民代表大会常务委员会行使,故 D 项正确。

[难度系数]　* *

**2** [答案]　B

[考点]　人大的职权

[解析]　人民检察院分院是指我国地方各级人民检察院组织系统中介于省人民检察院和县级人民检察院之间的一级组织,包括省、自治区、直辖市人民检察院分院以及自治州和省辖市人民检察院。根据《检察官法》第 18 条第 5 款的规定,省、自治区、直辖市人民检察院分院检察长、副检察长、检察委员会委员和检察员,由省、自治区、直辖市人民检察院检察长提请本级人民代表大会常务委员会任免。根据《检察官法》第 18 条第 6 款的规定,省级人民检察院和设区的市级人民检察院依法设立作为派出机构的人民检察院的检察长、副检察长、检察委员会委员和检察员,由派出的人民检察院检察长提请本级人民代表大会常务委员会任免。故 B 项当选。

[难度系数]　*

**3** ［答案］ BCD

［考点］ 人大代表的言论免责权

［解析］ 根据《代表法》第 31 条规定："代表在人民代表大会各种会议上的发言和表决，不受法律追究。"这意味着各级人大代表在人民代表大会各种会议上均享有言论免责权，而并非仅限县级以上人大代表，故 A 项错误，B 项、C 项、D 项表述正确。

［难度系数］ *

**4** ［答案］ D

［考点］ 人大代表资格的终止

［解析］ 根据《代表法》第 50 条第 1 款的规定："县级以上的各级人民代表大会代表资格的终止，由代表资格审查委员会报本级人民代表大会常务委员会，由本级人民代表大会常务委员会予以公告。"故 A 项错误。根据《代表法》第 49 条的规定："代表有下列情形之一的，其代表资格终止：（一）地方各级人民代表大会代表迁出或者调离本行政区域的；（二）辞职被接受的；（三）未经批准两次不出席本级人民代表大会会议的；（四）被罢免的；（五）丧失中华人民共和国国籍的；（六）依照法律被剥夺政治权利的；（七）丧失行为能力的。"故 B 项错误，C 项错误，D 项正确。

［难度系数］ *

**5** ［答案］ ACD

［考点］ 合法性审查

［解析］ 合法性审查是备案审查制度的一部分，是指由特定国家机关依据特定的程序和方式对法律、行政法规、地方性法规、自治条例和单行条例、规章是否合法进行审查并作出处理的制度。

《立法法》第 107 条规定："法律、行政法规、地方性法规、自治条例和单行条例、规章有下列情形之一的，由有关机关依照本法第一百零八条规定的权限予以改变或者撤销：（一）超越权限的；（二）下位法违反上位法规定的；（三）规章之间对同一事项的规定不一致，经裁决应当改变或者撤销一方的规定的；（四）规章的规定被认为不适当，应当予以改变或者撤销的；（五）违背法定程序的。"可见。如果规章存在和上位法相抵触的情形，应由有关机关依照《立法法》第 108 条规定的权限予以改变或者撤销。

而《立法法》第 108 条规定："改变或者撤销法律、行政法规、地方性法规、自治条例和单行条例、规章的权限是：……（五）地方人民代表大会常务委员会有权撤销本级人民政府制定的不适当的规章；（六）省、自治区的人民政府有权改变或者撤销下一级人民政府制定的不适当的规章……"

根据上述规定，该市人大常委会有权撤销该市制定的规章，因此 B 项正确，不当选。除此之外，该省人民政府有权改变或撤销该市制定的规章。结合材料，可见，省人大常委会或其法工委无权直接对该规章进行改变或撤销。因此 CD 项错误，当选。市政府也无权直接处理该规章，A 项错误，当选。

［难度系数］ * *

**6** ［答案］ C

［考点］ 议案、质询案的提出

［解析］ 《全国人民代表大会组织法》第 17 条规定，一个代表团或者 30 名以上的全国人大代表联名，可以向全国人大提出议案；第 30 条规定，常务委员会组成人员 10 人以上联名，可以向全国人大常委会书面提出对国务院和国务院各部、各委员会的质询案。综上，可以向全国人大常委会提出质询案的是常委会组成人员 10 人以上联名，而非一个代表团或者 30 名以上的全国人大代表联

名。因此 A 项错误,不当选。

根据《全国人民代表大会组织法》第 16 条以及《地方组织法》的相关规定,只有最高人民法院和最高人民检察院可以向全国人大及其常务委员会提出议案,并非各级法院、检察院都可以向本级人大及其常务委员会提出议案。B 项错误,不当选。

《地方组织法》第 22 条第 1 款规定:“地方各级人民代表大会举行会议的时候,主席团、常务委员会、各专门委员会、本级人民政府,可以向本级人民代表大会提出属于本级人民代表大会职权范围内的议案,由主席团决定提交人民代表大会会议审议,或者并交有关的专门委员会审议、提出报告,再由主席团审议决定提交大会表决。”C 项正确,当选。

《地方组织法》第 22 条第 2 款规定:“县级以上的地方各级人民代表大会代表十人以上联名,乡、民族乡、镇的人民代表大会代表五人以上联名,可以向本级人民代表大会提出属于本级人民代表大会职权范围内的议案,由主席团决定是否列入大会议程,或者先交有关的专门委员会审议,提出是否列入大会议程的意见,再由主席团决定是否列入大会议程。”第 24 条第 1 款规定:“地方各级人民代表大会举行会议的时候,代表十人以上联名可以书面提出对本级人民政府和它所属各工作部门以及监察委员会、人民法院、人民检察院的质询案。质询案必须写明质询对象、质询的问题和内容。”故乡级人民代表大会 5 人以上联名可以向本级人大提出议案,但需要 10 人以上联名方能对本级人民政府和它所属各工作部门以及监察委员会、人民法院、人民检察院提出质询案。D 项不正确,不当选。

**[难度系数]** * * *

**7** **[答案]** A

**[考点]** 《地方组织法》

**[解析]** 《地方组织法》第 32 条第 1 款规定了县级以上地方各级人大常委会组成人员、人民政府领导人员、人民法院院长以及人民检察院检察长等的辞职程序:在人大会议期间,向本级人大提出辞职,由人大决定是否接受辞职;人大闭会期间,可以向本级人大常委会提出辞职,由常委会决定是否接受辞职。常委会决定接受辞职后,报本级人大备案。人民检察院检察长的辞职,须报经上一级人民检察院检察长提请该级人大常委会批准。

A 项,在县人大闭会期间,赵某要辞去县法院院长的职务,其辞职请求应向县人大常委会提出,由县人大常委会决定接受辞职。A 选项正确,当选。

B 项,钱某要辞去检察长的职务,辞职请求应向县级人大常委会提出,但还须报经上一级人民检察院检察长提请该级人民代表大会常务委员会批准。由此可知,提出与批准是两个不同的程序,钱某的辞职请求仍应向县级人大常委会提出。B 选项错误,不当选。

根据《地方组织法》第 50 条第 13 项的规定,本级人大闭会期间,县级以上的地方各级人大常委会在人民法院院长、人民检察院检察长因故不能担任职务的时候,根据主任会议的提名从本级人民法院、人民检察院副职领导人员中决定代理的人选;决定代理检察长,须报上一级人民检察院和人民代表大会常务委员会备案。C 项,孙某出任代理院长由县人大常委会决定,不需报县人大批准。C 选项错误,不当选。D 项,李某出任代理检察长由县人大常委会决定,须报上一级检察院和人大常委会备案,而非批准。D 选项错误,不当选。

**[难度系数]** * *

# 第十章　国务院和地方各级政府

**1** ［答案］　D

［考点］　国务院行政机构

［解析］　本题考查国家机构的设立和权限。A 项，《国务院行政机构设置和编制管理条例》第 8 条规定："国务院直属机构、国务院办事机构和国务院组成部门管理的国家行政机构的设立、撤销或者合并由国务院机构编制管理机关提出方案，报国务院决定。"国家数据局是国务院部委管理的国家局，其设立由国务院机构编制管理机关提出方案，报国务院决定。故 A 项错误，不当选。

B 项，《国务院行政机构设置和编制管理条例》第 6 条第 3 款规定："国务院组成部门依法分别履行国务院基本的行政管理职能。国务院组成部门包括各部、各委员会、中国人民银行和审计署。"第 4 款规定："国务院直属机构主管国务院的某项专门业务，具有独立的行政管理职能。"国家发展和改革委员会是国务院组成部门，履行国务院基本的行政管理职能，而不是只主管某项专门业务。第 4 款表述的是海关总署、税务总局这种国务院直属机构。故 B 项错误，不当选。

C 项，《立法法》第 91 条规定："国务院各部、委员会、中国人民银行、审计署和具有行政管理职能的直属机构以及法律规定的机构，可以根据法律和国务院的行政法规、决定、命令，在本部门的权限范围内，制定规章。部门规章规定的事项应当属于执行法律或者国务院的行政法规、决定、命令的事项。"据此，国务院部委管理的国家数据局无权制定和公布部门规章。故 C 项错误，不当选。

D 项，《国务院行政机构设置和编制管理条例》第 13 条规定："国务院办公厅、国务院组成部门、国务院直属机构、国务院办事机构在职能分解的基础上设立司、处两级内设机构；国务院组成部门管理的国家行政机构根据工作需要可以设立司、处两级内设机构，也可以只设立处级内设机构。"部委管理的国家数据局根据工作需要可以设立司、处两级内设机构，也可以只设立处级内政机构。故 D 项说法正确，当选。

［难度系数］　＊＊＊＊

**2** ［答案］　C

［考点］　法律的暂停实施

［解析］　《立法法》第 16 条规定，全国人民代表大会及其常务委员会可以根据改革发展的需要，决定就特定事项授权在规定期限和范围内暂时调整或者暂时停止适用法律的部分规定。暂时调整或者暂时停止适用法律的部分规定的事项，实践证明可行的，由全国人民代表大会及其常务委员会及时修改有关法律；修改法律的条件尚不成熟的，可以延长授权的期限，或者恢复施行有关法律规定。

根据 2013 年全国人大常委会《关于授权国务院在中国（上海）自由贸易试验区暂时调整有关法律规定的行政审批的决定》，人大常委会授权国务院在上海自贸区暂时调整有关法律规定。

最后，根据《国务院关于在中国（上海）自由贸易试验区内暂时调整实施有关行政法规和经国务院批准的部门规章规定的准入特别管理措施的决定》可知，对于《国际海运条例》第 29 条，由国务院决定暂时停止实施相关内容。因此 C 项正确，当选。

［难度系数］　＊＊

**3** **[答案]** D

**[考点]** 行政区划变更

**[解析]** 行政区划,又称行政区域划分,是指根据宪法和法律的规定,结合政治、经济、民族状况以及历史地理条件,将国家的领土划分为不同的区域,以便进行管理的制度。行政区划的变更包括行政区的设立、调整、撤销和更名。根据《宪法》第62、89、107条,以及《行政区划管理条例》第6~9条相关规定,行政区划变更的程序包括:

(1)省、自治区、直辖市的设立、撤销、更名,报全国人民代表大会批准。

(2)省、自治区、直辖市行政区域界线的变更,自治州、县、自治县、市、市辖区的设立、撤销、更名和隶属关系的变更,自治州、自治县的行政区域界线的变更,县、市、市辖区的行政区域界线的重大变更,须经国务院审批。因此,省行政区域界线的变更,应由国务院批准,而无须全国人大审议决定。故B选项错误,不当选。A项,甲县欲更名,须经国务院审批,而不能由该县所属的省级政府审批。故A项错误,不当选。

(3)县、市、市辖区的部分行政区域界线的变更,由国务院授权省、自治区、直辖市人民政府审批。因此,丁市的部分行政区域界线的变更,由国务院授权该市所属的省级政府审批。故D选项正确,当选。

(4)乡、民族乡、镇的设立、撤销、更名或者变更行政区域的界线,由省、自治区、直辖市人民政府审批。C项,丙镇与邻近的一个镇合并,属于镇的设立、撤销,应由省、自治区、直辖市人民政府审批,而不能由两镇所属的县级政府审批。故C选项错误,不当选。

**[陷阱点拨]** 行政区划变更的程序总结如下:

<table>
<tr><th>比较项目</th><th>设立、撤销、更名</th><th>隶属关系</th><th>界线变更</th></tr>
<tr><td>省级(包括省、自治区、直辖市)</td><td>全国人大</td><td>—</td><td>国务院</td></tr>
<tr><td>特别行政区</td><td>全国人大</td><td>—</td><td>—</td></tr>
<tr><td>地级(包括自治州、市)</td><td>国务院</td><td>国务院</td><td rowspan="2">(1)自治州、自治县的界线变更由国务院审批;<br>(2)县、市的重大界线变更由国务院审批;<br>(3)县、市、市辖区部分行政区域界线变更由国务院授权省、自治区、直辖市人民政府审批</td></tr>
<tr><td>县级(包括自治县、县、市辖区)</td><td>国务院</td><td>国务院</td></tr>
<tr><td>乡镇(包括乡、民族乡、镇)</td><td>省、自治区、直辖市人民政府</td><td>—</td><td>省、自治区、直辖市人民政府</td></tr>
</table>

**[难度系数]** * *

# 中国法律史

## 第一章　西周至秦汉、魏晋南北朝时期的法律制度

### 考点一　西周的法律制度

**1** [答案]　D

[考点]　先秦法律制度

[解析]　A 项考查西周的治国思想。"德主刑辅"是汉代形成的法律观,而西周统治者主张道德教化和刑罚处罚相结合,"以德配天,明德慎罚"才是西周的治国理念。A 项错误。

B 项考查西周的婚姻法律制度。"七出"亦称"七去",其具体情形包括:不顺父母、无子、淫、妒、有恶疾、口多言、窃盗。若具法定七种理由之一,夫家就可休弃妻子。"七出"是夫家单方解除婚姻的法定理由,而离婚是双方法律行为,B 项表述"'七出'是男女离婚的法定理由"错误。

C 项考查西周的契约制度。西周的买卖契约被称为"质剂",买卖奴隶、牛马等时使用的较长契约称为"质",买卖兵器、珍异之物使用的较短契约称为"剂"。"质""剂"有别,题干中张三、李四买卖黄牛所使用的契约应为长契约,即"质",而非"质剂"。所以 C 项错误。

D 项考查《法经》的具体内容。《法经》的制定者是战国改革家李悝,《法经》是中国历史上第一部比较系统的封建成文法典,并非我国历史上第一部成文法典。其内容分为《盗法》《贼法》《网(囚)法》《捕法》《杂法》《具法》等六大部分,《具法》是根据犯罪情节和年龄情况,对定罪量刑加重或减轻的规定,相当于现代刑法的总则部分。所以,D 项正确。

[难度系数]　* *

**2** [答案]　D

[考点]　西周礼刑关系

[解析]　西周时期,统治者将道德教化与刑罚相结合,形成了"礼""刑"结合的法律特色。

A 项考查五礼。礼是我国古代社会长期存在的、维护血缘宗法关系和宗法等级制度的一系列精神原则和行为规范的总称。礼包含两个层次的含义:第一,在抽象精神原则上,可归纳为"亲亲"与"尊尊"。"亲亲"要求全体亲族成员都应以父家长为中心,在家族范围内按身份行事,不能以下凌上、以疏压亲。"尊尊"要求一切臣民以君主为中心,在社会范围内,尊敬一切应当尊敬的人,君臣、上下、贵贱都应恪守名分。第二,在具体礼仪形式上,西周时期分为五礼,分别为吉礼(祭祀之礼)、凶礼(丧葬之礼)、军礼(行兵仗之礼)、宾礼(迎宾待客之礼)、嘉礼(冠婚之礼)。因此,周礼分为五礼,并以"亲亲""尊尊"为核心。但是,周礼并未规定政治关系的等级。A 选项错误,不当选。

B 项考查五刑。先秦时期的五刑是五种肉刑,包括墨(在额头上刻字涂墨)、劓(割鼻)、剕(也称刖,砍脚)、宫(毁坏生殖器)、大辟(死刑)。B 选项前半句表述正确。五刑的适用要遵循"刑不上大夫"的原则,该原则赋予了官僚贵族在适用刑罚上的特权。但这并不意味着五刑不适用于贵族。《周礼》中有"八辟"的记载,指对亲、故、贤、能、功、贵、勤、宾这八类具有贵族身份的人犯罪

可减轻刑罚。因此,五刑既适用于庶民,也适用于贵族,只不过对贵族减轻刑罚。B 选项错误,不当选。

C、D 两项考查礼与刑的关系。西周时期,“礼”与“刑”之间是“出礼入刑”的关系。“礼”具体规定了人们的言行,是正面、积极的行为规范;“刑”规定了对一切违背“礼”的行为的处罚,是负面、消极的责任规定。“礼”与“刑”一同构成西周法律的完整体系,违礼即违法,二者都是维护统治的手段。D 选项表述正确,当选。礼是由统治者制定的、反映统治阶级意志的、具有普遍效力的行为规范,其强制力由“刑”保障实施,因而礼具备法的性质。C 选项错误,不当选。

[**陷阱点拨**] 本题 C、D 两项存在很大争议。很多考生认为“刑”即是刑法,是法律,而“礼”不是法律。这种观点是错误的。西周的法由“礼”与“刑”共同构成。考生可以这样理解:“礼”是具体的行为规范,属于法律规范的假定条件和行为模式的部分;“刑”规定了违反“礼”的否定后果,属于法律规范的法律后果部分。离开了“礼”,法就不能提供行为指引;失去了“刑”,法就缺乏国家强制力。因此,“礼”与“刑”结合起来才是完整的法,二者缺一不可。

[**难度系数**] * *

**3** [**答案**] A

[**考点**] 西周的契约制度

[**解析**] 西周的契约分为买卖契约和借贷契约两种。

(1)买卖契约。西周的买卖契约被称为“质剂”,是指写在简牍上,一分为二,双方各执一份的契约形式。“大市谓人民、牛马之属,用长券”,是指买卖奴隶、牛马这类物品时,使用较长的契约,即“质”;“小市为兵器、珍异之物,用短券”,是指买卖兵器、珍异之物,使用较短的契约,即“剂”。因此,长券为“质”,短券为“剂”,A 选项表述正确,当选。“质剂”是重要的契约文书,为了维护市场的交易秩序,由“质人”代表官府管理市场,为买卖双方立契约券书并收取一定的费用。因此,“质”和“剂”均由官府制作,而不得由买卖双方自制,B 项错误,不当选。“质”“剂”由“质人”专门管理,其管理的方法是为双方立契约券书,而不保管券书。契约达成后,由交易双方保管,而非交“质人”专门管理。C 选项表述错误,不当选。

(2)借贷契约。西周的借贷契约被称为“傅别”。“傅”就是把债的标的和双方的权利义务等写在契券上;“别”,是在简札的中间写字,然后一分为二,双方各执一半,札上的字为半文。“傅别”是借贷契约的形式,买卖契约不能采用。D 选项错误,不当选。

[**难度系数**] * *

## 考点二 春秋战国时期的法律制度

[**答案**] C

[**考点**] 铸刑书与铸刑鼎

[**解析**] 春秋时期,随着社会关系的变更,传统的法律体制暴露出了不合理性。不公开、不成文的法律体制与新兴地主阶级的利益相冲突。形式上保守、内容上陈旧的法律已无法满足社会关系的发展要求。因此,在春秋中期后,打破旧的传统、公布成文法的活动在一些诸侯国出现。“铸刑书”就是郑国执政子产将郑国的法律条文铸在象征诸侯权位的金属鼎上,向全社会公布。这是中国历史上第一次公布成文法的活动。“铸刑鼎”比“铸刑书”晚,是晋国赵鞅把前任执政范宣子所编刑书正式铸于鼎上,公之于众,是中国历史上第二次公布成文法的活动。A 选项错误,不当选。

晋国“铸刑鼎”遭到了孔子的反对。孔子倡导以礼治国、以德治国,他认为晋国“铸刑鼎”抛弃了礼制,会导致贵贱不分,破坏社会的等级秩序,威胁奴隶主贵族阶级的政权,故而反对赵鞅“铸刑鼎”的举措。D 选项错误,不当选。

成文法的公布在中国立法史上实现了法律由秘密到公开的转化,打破了当时“刑不可知,则威不可测”的壁垒。C 选项正确,当选。

成文法的公布对旧贵族操纵和使用法律的特权构成严重的打击,不利于其统治,故奴隶主贵族对公布法律持反对立场,B 选项错误,不当选。

[难度系数] * *

## 考点三 秦汉的法律制度

**1** [答案] BC

[考点] 中国古代的法律思想

[解析] “以德配天”是西周时期的神权政治学说,是指君主的权力是上天授予的,并且是会改变的,天命总是归于有德者并且通过民意表达出来,君主失德就会失去上天庇佑,新的有德者会取而代之。因此,作为君主要恭行天命、爱护百姓,做有德之君。该项指出君主德行要符合天命,体现了“天人感应”,故 A 项不当选。

“德主刑辅”是董仲舒总结秦朝专任刑罚的经验基础上提出的立法指导思想,将儒家的德礼教化和法家的刑罚惩治相结合,并以教育德化为先,以刑罚为次,只有在教化无效时,不得已才用刑罚来惩治。道德教化是国家治理之需,刑罚只是辅助和消极的制裁手段。该选项只强调了国家治理方面道德与刑罚的关系,并未直接体现“天人感应”。故 B 项当选。

“春秋决狱”即以《春秋》之意考察犯罪者的主观动机,再对案件做出裁决。其原则按照董仲舒的论述应该是“本事原志”,即春秋决狱应兼顾事实和动机。但是由于儒家经典教义不具有法的规范性和确定性,官吏又不谙晓儒术,于是在司法实践中任意比附造成司法专断和腐败的局面。“春秋决狱”是特定历史条件下的特殊审判方式,未体现“天人感应”。故 C 项当选。

“秋冬行刑”是从汉代开始的死刑执行制度,除谋反、大逆等“决不待时”者外,一般死刑犯需在秋天霜降以后、冬至以前执行。该理论源于西周,它把司法镇压与阴阳运行、四季变换联系起来,借助天的权威和实际生活感受加强司法的严肃性。董仲舒的“天人感应”学说认为春夏以阳为主,万物生长,不宜刑杀;秋冬以阴为主,万物凋零,宜施刑罚,清理狱讼。汉朝将秋冬行刑制度化,客观上有利于农业生产与社会秩序稳定,为后世法律继承。秋冬行刑将刑罚执行与四季变换联系,体现了“天人感应”,故 D 项不当选。

[难度系数] * *

**2** [答案] BD

[考点] 秦朝法制

[解析] A 项考查赀刑。秦律中对轻微罪适用的强制缴纳一定财物的刑罚主要是“赀”,“赀”是用经济制裁来惩治官吏的一般失职和普通百姓的一般违法行为的独立刑种,它包括三种:(1)纯属罚金性质的“赀甲”“赀盾”;(2)“赀戍”,即发往边地作戍卒;(3)“赀徭”,即罚服劳役。赀是独立刑种,赀徭即罚服劳役。故 A 选项错误。

B 项考查秦朝的告奸法。秦汉时期的告奸法主要表现为以连坐法为基础的什伍告奸法、亲属告奸法、官吏告奸法等主要类型,规定当同什伍、亲属、官吏之间有人犯一定的罪行时,其他有连带责任者必须告发,反之则负连带责任,一并处罚。故 B 选项正确。

C 项考查秦朝的渎职罪。秦朝的渎职罪包括:(1)官吏失职造成经济损失的犯罪;(2)军职罪;(3)有关司法官吏渎职的犯罪,主要有:"见知不举"罪(看见违法犯罪行为而故意不论罪)、"不直"罪(应重而故意轻判,应轻而故意重判)、"纵囚"罪(应论罪而故意不论罪,或设法减轻案情,判犯人无罪)和"失刑"罪(因过失而量刑不当)。"不直"是故意量刑不当,致使轻罪重判或重罪轻判,因此如果对盗采桑叶的行为是地方官员黄某失察,则黄某并不构成"不直"。故 C 选项错误。

D 项考查秦朝的法律思想。秦朝以法家思想作为治国的指导思想,法家思想主要包括"一断于法""刑无等级""轻罪重刑""法布于众"。本案对盗采桑叶行为施加重刑,体现了法家"明法重刑"的思想,故 D 选项正确。

[难度系数] * * *

**3** [答案] C

[考点] 秦代的刑罚适用原则

[解析] 秦代司法实践中形成了比较系统的刑罚适用原则,具体包括:

(1)明确刑事责任能力的判断标准。秦律规定,未成年人犯罪不负刑事责任或减轻刑事处罚。判断成年的标准为身高,大约以六尺五寸为成年身高标准,低于六尺五寸为未成年人。A 选项所表述的身高标准为六尺二寸,该表述错误,不当选。

(2)区分故意与过失。根据《睡虎地秦墓竹简·法律答问》的记载,秦律中故意称为"端"或"端为",过失称"不端"。故意犯罪处刑从重,过失犯罪处刑从轻,而非不追究刑事责任。B 选项错误,不当选。

(3)对盗窃按赃值定罪。一般赃值少的定罪轻,赃值多的定罪重。

(4)对共犯、集团犯罪、累犯加重处罚。

(5)教唆未成年人犯罪者加重处罚。由此可知,未成年人犯罪才对教唆人加重处罚,教唆成年人犯罪的不加重处罚。D 选项错误,不当选。

(6)自首减轻处罚;犯罪后主动消除犯罪后果的,可以减免处罚。

由上可知,秦律对共犯、累犯等加重处罚,对自首、犯后主动消除犯罪后果等减轻处罚。C 选项正确,当选。

[难度系数] * *

# 第二章 唐宋、明清时期的法律制度

## 考点一 唐代的法律制度

**1** [答案] D

[考点] 十恶

[解析] 《北齐律》首次规定"重罪十条",是对危害统治阶级根本利益的十种重罪的总称,置于律首,作为严厉打击对象。隋朝《开皇律》在此基础之上发展为"十恶"制度,唐袭隋制,将"十恶"列入名例律之中。按唐律注释,十恶的内容是:(1)谋反,"谓谋危社稷",即图谋推翻封建王朝的统治。(2)谋大逆,"谓谋毁宗庙、山陵及宫阙",即图谋毁坏皇帝的家庙、祖墓及宫殿。(3)谋叛,"谓谋背国从伪",即图谋背叛国家。(4)恶逆,"谓殴及谋杀祖父母、父母,杀伯叔父母、姑、兄、姊、外祖

父母、夫、夫之祖父母、父母者。”(5)不道,指灭绝人道,如杀死一家三口,而被杀者都不应被判死刑的;或用肢解的手段杀人;或用蛊毒的方法,企图使人中毒致死。(6)大不敬,指对帝王不尊敬的言行,如盗取帝王祭祀用的物品或帝王日常穿戴的物品,盗取或伪造皇帝的玺印,为帝王配制药物有错误,为帝王做饭菜误犯食禁,为帝王建造的车船不牢固,咒骂帝王,无礼对待帝王派遣的使者。(7)不孝,指对直系尊亲属有忤逆言行,如控告或咒骂祖父母、父母;祖父母、父母在世时别籍异财(分居),不予供养;居父母丧时嫁娶作乐,脱去丧服,改着吉服;闻祖父母、父母丧,匿不举哀;诈称祖父母、父母死亡。(8)不睦,指谋杀或出卖缌麻以上亲属,殴打或控告丈夫、大功以上尊长和小功尊亲属。(9)不义,“谓杀本属府主、刺史、县令、见受业师,吏卒杀本部五品以上官长;及闻夫丧,匿不举哀,若作乐,释服从吉,及改嫁。”(10)内乱,“谓奸小功以上亲,父、祖妾,及与和者。”

A 项中,去皇家陵园砍伐树木,并偷走了香炉,成立“谋大逆”,即图谋毁坏皇帝的家庙、祖墓及宫殿,不属于“谋反”,故 A 项错误。

B 项中,报复杀人,杀了下人和主人,不构成“十恶”犯罪中的“不道”,故 B 项错误。

C 项中,殴打老师的行为不构成“不义”,如果杀老师则构成“不义”,故 C 项错误。

D 项中,未经父母同意分家属于“不孝”,故 D 项正确。

**[难度系数]** * *

**2** **[答案]** D

**[考点]** 六杀

**[解析]** 清代的“谋杀”是有预谋的故意杀人;“故杀”是没有预谋、突然起意的故意杀人。有无事先预谋是区分谋杀和故杀的根本标准。故意杀人的主体为二人以上是谋杀。因为二人以上的主体本身符合事先预谋的特征,所以二人以上故意杀人毋庸置疑为谋杀。故 A 项错误。

“故杀”一词出现于北魏时期,渊源最早可以追溯到西晋。秦朝尚未出现故杀罪名,故 B 项错误。

唐代的六杀制度中,“故杀”指“非因斗争,无事而杀”,即双方并非因为斗争,一方突然起意杀人;“斗杀”指“元无杀心,因相斗殴而杀人”。二人在斗殴中临时起意杀人,属于唐律中的“斗杀”而非“故杀”,故 C 项错误。

西晋张斐对“故”的解释是“知而犯之”,即故意杀人,因此谋杀和贼杀都属于故杀,故 D 项正确。

**[难度系数]** * * *

**3** **[答案]** B

**[考点]** 唐朝婚姻制度

**[解析]** “义绝”是唐律首次规定的一种强制离婚制度,指夫妻间或夫妻双方亲属间或夫妻一方对他方亲属凡有殴、骂、杀、伤、奸等行为,依律视为夫妻恩断义绝,由官府审断强制离异。本题中夏某为照顾失明的父亲提出分开,不适用“义绝”。因此 A 项错误,不当选。

“和离”始见于唐代,《唐律·户婚》规定:“若夫妻不相安谐而和离者不坐。”和离需由丈夫签“放妻书”,是一种双方自愿离婚的制度。因此,本题中夏某因为照顾失明的父亲,提出分开,刘某同意,符合和离的要求。B 项正确,当选。

“七出”出自《仪礼·丧服》,贾公彦疏:“七出者:无子,一也;淫佚,二也;不事舅姑,三也;口舌,四也;盗窃,五也;妒忌,六也;恶疾,七也。”唐律规定,妻无七出及义绝之状而出之者,处徒一年半。因此,本题中刘某不得以“七出”休妻。C 项错误,不当选。

正如上述所说，政府强制双方离异的制度被称为“义绝”，而夏某为照顾失明的父亲，提出分开，不适用“义绝”的规定。因此 D 项错误，不当选。

［难度系数］ * *

**4** ［答案］ D

［考点］ 妻妾制度、婚姻制度

［解析］ A 项，自西周建立宗法制，确立了嫡长子继承制，只有嫡长子才能成为宗子，享有主祭祀权。《礼记》记载：“庶子不祭祖者，明其宗也数。”但这一制度在后世逐渐被改变。至唐代，《唐律·户婚》规定：“无嫡子及有罪疾，立嫡孙；无嫡孙，以次立嫡子同母弟；无母弟，立庶子；无庶子，立嫡孙同母弟；无母弟，立庶孙。”可见庶子具有成为宗子的资格，享有主祭祀权。因此 A 项说法错误。

B 项，自西周以来，三书六礼是婚姻的主要仪式、程序，“三书”指在结婚过程中所用的文书，包括聘书、礼书和迎书。“六礼”是指由求婚至完婚的整个结婚过程，指纳采、问名、纳吉、纳征、请期和亲迎。这一制度针对的是娶妻，对于妾并不适用，《唐律疏议》规定：“妾通买卖。”可见“纳妾”并不需要经过三书六礼这么复杂的程序。因此 B 项说法错误。

C 项，《大戴礼记·本命》记载：“妇有七去：不顺父母去，无子去，淫去，妒去，有恶疾去，多言去，窃盗去。”这是封建社会休弃妻子的七种理由，对于妾室并不适用，《唐律疏议》规定：“妾通买卖。”妾可以如货物一样买卖，因此休弃妾不需要满足“七出”，更没有“三不去”的限制。C 项说法错误。

D 项，《中华民国民法》的亲属编规定，妾制亟待废除，虽然事实上还有妾，但不能得到法律承认，没有必要在法典和专门法律中规定其地位。可见《中华民国民法》在立法上废除了妻妾制度。D 项说法正确。

［难度系数］ * * *

**5** ［答案］ D

［考点］ 隋唐的法制

［解析］ A 项，中国古代刑罚制度有奴隶制五刑和封建制五刑之分，前者包括：墨、劓、剕、宫、大辟五种肉刑。封建制五刑为笞、杖、徒、流、死。封建制五刑最早在隋朝的《开皇律》中确立。故 A 选项正确，不当选。

B 项，十恶中的“不道”指灭绝人道，包括：杀人全家（且被害人罪不当死）；用肢解分尸的手段杀人；用蛊毒等方法，企图致人死亡。因此，张某杀人碎尸应属“不道”。故 B 选项正确，不当选。

C 项，唐律规定“缘公事致罪，而无私曲者”是为“公罪”，指官员在执行公务时不慎出现差错而犯罪的情形，即犯罪发生在履行公务过程中，属于“公罪”，且并非为求私利而犯罪。故 C 选项正确，不当选。

D 项，唐代行使中央审判权的机关为大理寺，刑部主管复核。故 D 选项错误，当选。

［难度系数］ * * *

**6** ［答案］ D

［考点］ 唐律的刑罚原则

［解析］ 唐律区分公、私罪，公罪从轻而私罪从重。公罪即“缘公事致罪而无私曲者”，在执行公务中，由于公务上的关系造成某些失误或差错。私罪包括两种：“不缘公事私自犯者”和“虽缘公事，意涉阿曲”。综上所述：D 正确，A 项错在“缘公事致罪”也有可能是私罪，只有“无私曲”方为公罪；B、C 项错在颠倒公私罪的量刑轻重。

［难度系数］ * *

**7** [答案]　ACD

[考点]　《唐律》的思想渊源和影响

[解析]　本题考查《唐律》的法律思想及相关知识,借此考查其由来和发展以及对后世的影响,同时加入了先秦法律思想的知识点考查,浓缩考点,综合性较强。

西周的法律思想是"以德配天,明德慎罚",汉代在此基础上发展出"德主刑辅,礼刑并用"的法律思想。《唐律》则把封建伦理道德的精神力量与政权的法律统治力量紧密糅合,承袭、发展了以往礼法并用的统治方法,体现了"礼律合一"的法律思想。《永徽律疏》又称《唐律疏议》,作为《唐律》的一部分,承前启后,对主要的法律原则和制度作了精确的解释和说明,代表了中国古代立法的最高水平,成为中华法系的代表性法典,对后世及周边国家产生了极为深远的影响。B 项说法正确,不当选。A 项、C 项均错在将不同时期的法律思想"张冠李戴":A 项将汉代法律思想当作西周法律思想,当选;C 项将西周法律思想当作汉中期儒家的法律思想,当选。

春秋战国时期法家思想大力贯彻重刑原则,法家代表人物商鞅更是主张改法为律,运用法律手段达到建立强大封建政权的目的,而不是礼法并重。这与西周以及唐代强调礼刑合一的法律思想显然不同,所以 D 项错误,当选。

[难度系数]　* *

**8** [答案]　B

[考点]　唐律的据证定罪原则

[解析]　据证定罪,即根据证据定罪,与之相对应的是据供词定罪。据供词定罪是中国古代的首要证据规则,它要求必须取得被告人的供词才能定罪。据证定罪是作为据供词定罪的补充而存在的,是指对于某些性质的犯罪,如果获得的"赃""状"等物证确凿,足以证明犯罪事实成立,即使没有犯罪者的口供,也可以定罪结案。

A 项,"必先以情,审察辞理,反复参验,犹未能决,事须拷问者,立案同判,然后拷讯,违者杖六十"所表达的意思是:审判时应当先观察嫌疑人的心理活动,判断其口供的真伪,反复查验证据;证据确凿而不认罪的,经过主审官与参审官共同决定,才可以使用刑讯;未经法定程序拷讯的,承审官要承担杖六十的刑事责任。该句描述的是刑讯的条件以及违反该条件进行刑讯的法律后果,而非据证定罪原则。A 选项错误,不当选。

B 项,"若赃状露验,理不可疑,虽不成引,即据状断之",是指如果赃物、罪证得以查明,案件事实没有疑问,即使没有口供,也可以根据证据定案。此句表达的即是据证定罪。B 选项正确,当选。

C 项,唐律规定,对应议、请、减和老幼残疾之人"不合拷讯",是指对两类人不得进行刑讯:一是具有特权身份的人,包括应议(属于八议范围)、请(要奏请皇帝进行裁决)、减(应减免刑罚)之人;二是老幼残疾之人,即老年人、儿童和残疾人。这是对刑讯的限制规定,与据证定罪无关。C 选项错误,不当选。

D 选项,"(断狱)皆须具引律、令、格、式正文,违者笞三十",是指司法官员断案时,必须将所适用的律、令、格、式中的条文规定明确列出,否则就要处以笞三十的处罚。此句规定的是司法官员的责任,不涉及据证定罪。D 选项错误,不当选。

[难度系数]　* * *

## 考点二　宋代的法律制度

**1** [答案]　D

[考点]　宋朝继承制度

[解析] A 项,《宋刑统·户婚》规定,“准《丧葬令》:诸身丧户绝者,所有部曲、客女、奴婢、店宅、资财,并令近亲转易货物,将营葬事及量营功德之外,余财并与女。无女,均入以次近亲;无亲戚者,官为检校。若亡人在日,自有遗嘱处分,证验分明者,不用此令”。这说明,在“户绝”家庭,遗嘱继承优先于法定继承适用。“户绝”是指家无男性继承人。对于家有男性继承人的,法律只规定了“诸应分田宅及财物者,兄弟均分”,未明文规定遗嘱优先。故 A 项错误。

B、C 项,《宋刑统·户婚》规定:“诸应分田宅及财物者,兄弟均分。妻家所得之财,不在分限。兄弟亡者,子承父分。其未娶妻者,别与聘财。姑姊妹在室者,减男聘财之半。”这说明,在室女(未出嫁的女儿)在有兄弟时,只可以获得“聘财”。但在户绝之家,继子与户绝之女均享有财产继承权:只有在室女的,在室女享有 3/4 的财产继承权,继子享有 1/4 的财产继承权;只有出嫁女(已婚女)的,出嫁女享有 1/3 的财产继承权,继子享有 1/3 的财产继承权,另外的 1/3 财产收为官府所有。故,在户绝之家,在室女、出嫁女都有财产继承权。B、C 项错误。

D 项,由于在非户绝之家,遗产依法只能分给男性继承人(在室女可能获得一点聘财,即嫁资),出嫁女是无权获得父母的遗产的。法律也未明文规定在这种情况下,遗嘱继承优先。所以,考虑到姐姐养大了弟弟,县令即将 7/10 的遗产改判给了弟弟,给姐姐保留了 3/10 的遗产。这一判决兼顾了法律与人情。所以说,这个判决表明中国古代司法追求天理、国法、人情相结合,故 D 项正确。

[陷阱点拨] 有人说,县令的判决是完全遵从法律的。这个说法是错误的。如果认为法律在此种情况下完全排除遗嘱继承,只能适用法定继承的话,那么姐姐是无权获得遗产的;如果认为遗嘱继承优先于法定继承,应当按照遗嘱来继承的话,那么县令是无权改判的。所以,无论根据哪种规定,县令都没有依照法律来执行。县令的这个判决,恰恰显示了对法理、人情的兼顾。

可能有考生会说,保留姐姐的 7/10 份额才符合人情。大家要明白,案件发生在宋代,不是现在。在那时候,家里有男性继承人的,出嫁女通常是不可能获得遗产的。

[难度系数] * * *

**2** [答案] B

[考点] 宋朝土地买卖制度

[解析] 宋朝的土地买卖分为“活卖”和“绝卖”,活卖也称典卖,绝卖也称出卖。出卖是指所有权转移后永不回赎,典卖是指在一定期限内按照约定赎回土地。宋朝土地买卖属于要式法律行为,买卖双方必须订立书面契约,写明买卖双方、田地信息,买卖性质(典卖还是出卖)等。订立契约后,未加盖官府印章的契约被称为白契,到官府交过契税,加盖官府印章的契约被称为赤契。赤契不仅是土地合法买卖的凭证,也是诉讼和公证的根据。

A 项,宋朝法律规定,对于典卖契约中没有回赎期限约定的,最长赎回期为 30 年。因此,A 项说法错误。

B 项,宋朝对优先购买权有明文规定:“凡典卖物业地产,先问房亲,房亲不买,次问四邻,四邻不要,他人才得交易。”也就是说,亲邻有优先购买权,本题中徐蒙是阿章丈夫的从弟,因此徐蒙对阿章田宅有优先购买权。B 项说法正确。

C 项,“赤契”不仅是纳税标志,也是证明田宅所有权的凭证。C 项说法错误。

D 项,本题中徐蒙上诉到临安府,“缴徐荣厚买”阿章“赤契三道”,分明记载“出卖”二字。徐荣与阿章所订立的赤契上面写明“出卖”,因此是出卖而非典卖。D 项说法错误。

[难度系数] * * *

**3** ［答案］ D

［考点］ 宋代法律制度

［解析］ A 项考查《宋刑统》有关知识。《宋刑统》全称为《宋建隆重详定刑统》，由宋太祖诏令颁行，是历史上第一部刊印颁行的法典。A 项正确，不当选。

B 项考查宋代的借贷契约制度。宋代法律沿袭唐制，区分“借”与“贷”。“借”指使用借贷，“贷”指消费借贷。当时把不付息的使用借贷称为“负债”，把付息的消费借贷称为“出举”，因出举需要付息，故又称“出息”，此乃民间“没出息”俗语之源。B 项张三借李四纹银十两，李四需要还本付息共计十两五钱，此为“出举”。B 项正确，不当选。

C 项考查《洗冤录》有关知识。两宋注重证据和现场勘验，地方司法机构制有专门的“检验格目”。在这样的背景下，宋朝法官宋慈著《洗冤录》，又名《洗冤集录》，这是世界上第一部系统的法医学著作。C 项正确，不当选。

D 项考查宋代的继承制度。宋代法律在继承的规定上较为灵活，遗产兄弟均分，在室女也可享受部分财产继承权。至南宋，一些地域又有了户绝财产继承制的规定，即家无男子承继的，继子与户绝之女均享有继承权，但只有在室女（未嫁女）的，在室女享有 3/4 的财产继承权，继子享有 1/4 的财产继承权；只有出嫁女的，出嫁女享有 1/3 的财产继承权，继子享有 1/3，另外的 1/3 收归官府所有。D 项混淆了只有在室女和只有出嫁女的户绝继承制度，D 项错误，当选。

［难度系数］ * * *

**4** ［答案］ B

［考点］ 宋代的契约制度

［解析］ 宋代商品经济的繁荣促使契约制度蓬勃发展，产生了买卖、借贷、租赁、抵押、典卖、雇佣等各种契约形式。

A 项考查宋代的契约自由原则。《宋刑统》规定，买卖双方应达成“合意”，不得违背当事人的意愿强行签约，否则就要“重蜫典宪”。A 选项正确，不当选。

B 项考查买卖契约。该契约分为三类：(1)绝卖，即一般买卖；(2)活卖，即附条件的买卖，所附条件完成，买卖才最终成立；(3)赊卖，指采取类似于商业信用或预付方式，而后收取出卖物价金。这些交易的合法性都必须以订立书面契约、取得官府承认为前提。“先以信用取得出卖物，之后再支付价金”所描述的是赊卖，而非活卖。故 B 选项错误，当选。

C 项考查借贷契约。宋代区分消费借贷和使用借贷，不付息的使用借贷被称为负债，付息的消费借贷被称为出举。为了限制高利贷，宋代法律规定“（出举者）不得迴利为本”，禁止超过规定实行高利贷盘剥。C 选项表述正确，不当选。

D 项考查租佃契约。租佃契约，即地主与佃户签订的租佃土地的契约。按收租方式可分为分成租和定额租。分成租指契约中规定按收成比例收租，定额租即按事先确定的数额收租。若佃农逾期不交地租，地主可向官府投诉，由官府代为索取。D 选项表述正确，不当选。

［难度系数］ * *

## 考点三 明清时期的法律制度

［答案］ ABD

［考点］ 明朝立法思想

［解析］ A 项，明太祖朱元璋夺得天下后，吸取了元朝纲纪废弛、政治腐败的教训，认为元朝法

律过于宽松,很不利于统治。因此他采取了“刑乱国用重典”的立法原则,推行重典治国。终明一朝均采用此立法原则,故A项正确。

B项,“刑罚世轻世重”出自《尚书·吕刑》,其明确:“轻重诸罚有权,刑罚世轻世重,惟齐非齐,有伦有要。”意思是说,根据不同时期的社会情势,制定出不同宽严的刑事政策,使其符合同犯罪作斗争的实际需要。该思想自春秋战国形成以后,即受到历代统治者和思想家的普遍重视。明初“刑乱国用重典”的立法原则,也是这一思想的体现。因此B项说法正确,当选。

C项,“德主刑辅”这一思想,最早由董仲舒明确提出,是指治国应以德政为主,刑杀为辅,着眼点是“大德小刑”和“先教后刑”。明刑弼教,是指用刑法晓喻人民,使人们都知法、畏法而守法,以达到教化所不能收到的效果。宋代以前提起“明刑弼教”,多是附在“德主刑辅”后面,和“德主刑辅”没有显著区别。在明朝时,朱熹对“明刑弼教”作了新的阐释,强调刑与教的实施可以“或先或后”“或急或缓”,德与刑不再是主次关系。该主张实则是借“弼教”之名义,推行“重典治国”的政策。因此在明初,“明刑弼教”“德主刑辅”这两个立法思想是不一样的。C项说法错误,不当选。

D项,朱元璋认为,宋元法律比较繁杂,既不利于普通百姓知法、守法,也容易导致司法官员徇私枉法。因此,他主张“法贵简当,使人易晓”,要求立法简单明了,便于实施,反对法律“条绪繁多,或一事两端,可轻可重”。1367年律令颁布后,朱元璋担心百姓难以知晓,影响其实施效果,就曾命臣下编《律令直解》,印发全国各地,要求百姓了解其内容。因此D项说法正确,当选。

[难度系数] **

## 考点四 清末变法修律

**1** [答案] C

[考点] 清末监察制度、清末司法改革

[解析] A项,都察院有纠察、弹劾的职权。清初设立都察院时,皇太极下谕:“凡有政事背谬,及贝勒大臣有骄肆侵上,贪酷不法,无礼妄行者,许都察院直言无隐。即所奏涉虚,亦不坐罪;倘知情蒙蔽,以误国论。”可见,即使不能证实都察院弹劾的内容,也不会以诬告论处。因此,即使蒋御史据传闻弹劾不实,也不能被看作诬告。A项说法错误。

B项,中国古代监察制度以官吏为治理对象,以察官治官为主要目标,在古代国家治理中一直具有重要地位。即使晚清时期皇权高度集中,机能有所减弱,但直到清末,也仍发挥着监察百官、整饬纲纪的作用。这个案件中清廷以蒋弹劾不实、污蔑亲贵,罢去其御史之职,是对监察制度的破坏,但不能以偏概全,仅以此说明清政府对监察制度“已经丧失生命力,无法发挥作用”。因此,B项说法错误。

C项,司法主权,是一个国家对其管辖区域内的司法活动所拥有的至高无上的、排他性的政治权力。司法活动包括侦查、公诉、审判、执行等一系列行为。调查取证是侦察活动重要的一部分,题干的案件中清政府调查官员贪腐,银行应有协助司法机关调查取证的义务。但汇丰作为洋商银行,不愿出示账目,清政府也无法约束或制裁,无法行使排他性的司法权,是丧失司法主权的表现。C项说法正确。

D项,清末司法改革中,清政府制定《都察院整顿变通章程》,对都察院的机构设置进行调整,并没有裁撤都察院。因此D项说法错误。

[难度系数] **

**2** [答案] D

[考点] 中国近代的立宪活动

[解析] A项考查《钦定宪法大纲》。《钦定宪法大纲》是清王朝于1908年颁布的宪法性文件。它由宪政编查馆编订,是清政府“预备立宪”的一个步骤,也是中国历史上的第一个宪法性文件。《钦定宪法大纲》共23条,分为正文“君上大权”和附录“臣民权利义务”两部分,基本上以1889年《大日本帝国宪法》的前两章为蓝本。《钦定宪法大纲》无论在结构形式上还是条文内容上,都体现了“大权统于朝廷”的精神。其最突出的特点就是皇帝专权,人民无权。其实质在于给君主专制制度披上“宪法”的外衣。但《钦定宪法大纲》对于皇权的“法定”和关于臣民权利与义务的第一次明确规定,对于启发民智,培养近代法律意识具有一定的意义。故A选项正确,不当选。

B项考查《临时约法》。《临时约法》是在辛亥革命后南北议和的过程中制定的。1912年1月下旬,各省都督府代表会议先后召开两次约法起草会议,议定关于中央政体均采用总统制。至2月上旬,南北议和即将告成,孙中山依前议要辞去临时大总统职位,由袁世凯接任。为了以法律手段防止袁世凯擅权,临时参议院在2月9日审议约法草案时,决定将原来的总统制改为责任内阁制。2月15日,参议院选举袁世凯为临时大总统,革命政权落入了军阀之手,革命党人更希望制定一部约法来制约袁世凯,因而在孙中山主持下加快了制定约法的步伐。3月8日,《临时约法》在参议院三读通过,并于袁世凯在北京就任临时大总统的次日(3月11日)由孙中山正式公布,共7章,56条。《临时约法》具有中华民国临时宪法的性质,在正式宪法实施以前,具有与宪法相等的效力。作为中国第一部资产阶级民主共和国性质的宪法性文件,《临时约法》具有资产阶级革命性和民主性。故B选项正确,不当选。

C项考查“天坛宪草”。《中华民国宪法草案》是北洋政府时期的第一部宪法草案,于1913年10月31日由国会宪法起草委员会三读通过。由于该委员会主要是在北京天坛祈年殿进行起草活动,故称这部宪法草案为“天坛宪草”。“天坛宪草”共11章113条,采用资产阶级三权分立的宪法原则,确认了民主共和制度,体现了国民党等在野派势力通过制宪限制袁世凯权力的意图。故C选项正确,不当选。

D项考查《中华民国宪法》(1947年)。北洋政府于1923年10月1日公布的《中华民国宪法》,系曹锟为掩盖“贿选总统”丑名而授意炮制,故又被称作“贿选宪法”,是中国近代宪政史上公布的第一部正式宪法。1946年11月,蒋介石撕毁“双十协定”和政协决议,召开国民大会,于12月25日通过《中华民国宪法》,定于1947年1月1日公布,12月25日施行。1947年《中华民国宪法》,是中国近代立宪史上内容较为系统、完整的一部宪法,也是中国法制近代化的主要成果之一。故D选项错误,当选。

[难度系数] * *

**3** [答案] C

[考点] 清末修律

[解析] D项考查清末修律的成果。1840年鸦片战争后,清朝统治者在内外各种压力之下,开始了大规模的修律活动,其成果主要包括:刑事立法,如《大清现行刑律》和《大清新刑律》;民商事立法,如《大清民律草案》与《大清商律草案》等;诉讼法律,如《大清刑事诉讼律草案》和《大清民事诉讼律草案》等。据此,D选项中,《大清新刑律》《大清民律草案》《大清商律草案》属于清末修律成果。《大清律例》是在乾隆时期开始修订的,并非清末修律的成果。故D选项表述错误,不当选。

A、B、C 三项考查清末商事立法。清末商事立法分为以下两个阶段:

第一阶段从 1903 年至 1907 年。1903 年,清廷发布上谕命令载振、袁世凯、伍廷芳制定商律。奉此上谕,随即成立商部,负责制定商律。此阶段的成果包括:(1)修订《商人通例》和《公司律》,于 1904 年 1 月奏请颁行,定名为《钦定大清商律》,为清朝第一部商律。(2)陆续颁行了有关商务和奖励实业的法规、章程,如《公司注册试办章程》《破产律》等。据此,《钦定大清商律》由《商人通例》和《公司律》构成,而《破产律》是在《钦定大清商律》之后颁行的法律,不属于《钦定大清商律》的组成部分。故 A 选项错误,不当选。

第二阶段从 1908 年至 1911 年。此阶段的成果包括:(1)起草了《大清商律草案》《改订大清商律草案》,还草拟了《交易行律草案》《破产律草案》等,但均未正式颁行;(2)公布了《银行则例》《银行注册章程》等单行商事法规。在此阶段,主要商事法典改由修订法律馆主持起草。因此,商事立法第一阶段由新设立的商部负责,第二阶段主要商事法典改由修订法律馆主持起草。C 选项表述正确,当选。

重农抑商的基本主张是重视农业、以农为本,限制工商业的发展,这是中国历代封建王朝最基本的经济指导思想,是古代统治者惯行的基本国策。直到清末,随着西方列强的不断入侵,“重商主义”思想传入我国,清政府才开始制定商律,鼓励工商业的发展,摒弃“重农抑商”的思想。但农业一直是我国几千年所依赖的经济基础,是政府重要的财政来源,清政府不可能对农业进行抑制,清廷制定商律并不意味着从“重农抑商”转为“重商抑农”。B 选项错误,不当选。

[难度系数] * *

## 考点五 中国法律史综合

**1** [答案] B

[考点] 中国法律史综合考查

[解析] 解答本题,考生需要先理解材料中这一典故。从材料中看,“令既具,未布,恐民之不信”,是在说,商鞅变法的法令已经制定出来,但是唯恐民众不信服不遵守,因此没有颁布;而后商鞅通过让百姓迁徙木头,给予奖赏的方式,“以明不欺”,也就是让百姓相信,自己颁布的命令一定会严格执行,于是他“卒下令”,把起草的新法令颁布了出去。这个典故是在强调法律制定出来之后,能够顺利实施的重要性。

A 项,这句话出自东汉荀悦《申鉴 · 政体》。意思是:善于用禁令治理社会的人,必然首先按禁令要求自己,然后才去要求别人。不善于用禁令治理社会的人,首先要求别人按照禁令去做,然后才去要求自己。总结起来就是为官者要带头用纪律和法律来约束自己,做遵纪守法的表率。显然与材料中典故要表达的思想不符。故而排除 A 项。

B 项,这句话出自明代张居正的《请稽查章奏随事考成以修实政疏》,意思是“天下大事,困难之处不在于立法,而在于有法必行”,这句话并不难理解,其是在说明,法律的实施比立法要更加困难。这与材料中的典故想要表达的思想相符合。故而 B 项正确。

C 项,这句话出自《尚书》,意思是:罪行轻重有可疑时,宁可从轻处置;功劳大小有疑处,宁可从重奖赏;与其错杀无辜的人,宁可犯执法失误的过失。这句话与现代的“疑罪从无”思想有很明显的共通之处,与材料中强调的重点也不相符合。故而排除 C 项。

D 项,这句话出自《韩非子 · 有度》,意思是,法律不偏袒有权有势的人,墨线不向弯曲的地方倾斜。指法律应公平公正,一视同仁。其是在强调法律面前应当人人平等,与材料中的典故表达的重点也不符合。故而排除 D 项。

[难度系数] ＊

**2** [答案] CD

[考点] 中国法律史综合考查

[解析] 本题考查各个朝代的法律制度,考查范围较广,考生需要全面掌握。

A 项,隋唐的主要法律形式为“律、令、格、式”四种。律是规定犯罪与刑罚的刑事法律,是定罪量刑的主要依据。令是国家规章制度的汇编。格是皇帝发布的各种敕令的汇编。式是国家机关的办事细则和公文程式。科是规定犯罪与刑罚的一种单行禁条,也称“事条”或“科条”。如武帝时的《重首匿之科》,是汉朝的主要法律形式之一,不是隋唐的主要法律形式。A 项说法错误。

B 项,就地正法,指在犯罪发生的当地、当时执行死刑。西汉时董仲舒继承儒家“天人合一”的思想,总结出“天人感应”的学说。其认为,“天有四时,王有四政,庆、赏、罚、刑与春、夏、秋、冬以类相应”。所以应当春夏行赏,秋冬行刑。从此,“秋冬行刑”遂被载入律令而制度化。宋律规定:从立春到秋分,除犯恶逆以上及部曲、奴婢杀主之外,其他罪均不得春决死刑。清代规定,经朝审应处决的犯人,也需在秋季处决。可以看出,我国自西汉以来的主要行刑制度是“秋冬处决”,而并非“就地正法”。就地正法并非宋代以来死刑的主要行刑制度,B 项说法错误。

C 项,《北齐律》所规定的重罪十条为:“一曰反逆,二曰大逆,三曰叛,四曰降,五曰恶逆,六曰不道,七曰不敬,八曰不孝,九曰不义,十曰内乱。其犯此十者,不在八议论赎之限。”“大逆”和“不道”是《北齐律》重罪十条的两个罪名,因此 C 项说法正确。

D 项,西周的典籍《仪礼》载:“昏有六礼,纳采、问名、纳吉、纳征、请期、亲迎。”这被称为“婚姻六礼”,自西周一直延用这一婚姻程序。对于纳采,《仪礼・士昏礼》载:“昏礼,下达纳采。用雁。”郑玄注:“将欲与彼合婚姻,必先使媒氏,下通其言,女氏许之,乃后使人纳其采择之。”这里的“必先使媒氏,下通其言可见”就是指媒妁之言。因此媒妁之言是西周以来婚姻关系成立的条件之一,D 项说法正确。

[难度系数] ＊＊＊

**3** [答案] BC

[考点] 死刑复奏制度

[解析] 死刑复奏制度,是指奏请皇帝批准执行死刑判决的制度。北魏太武帝时正式确立这一制度,为唐代的死刑三复奏制度奠定了基础。B 项正确,当选。

汉代对死刑的执行,实行“秋冬行刑”制度,汉统治者根据“天人感应”理论,规定春、夏不得执行死刑。除谋反、大逆等“决不待时”者外,一般死刑须在秋天霜降以后、冬至以前执行,因为此时“天地始肃”,杀气已至,便可“申严百刑”,以示“顺天行诛”。这并非死刑复奏制度,A 项错误,不当选。

C、D 项考查明清死刑会审制度。明代形成了九卿会审(“圆审”)、朝审、大审等会审制度;清代在明代会审制度的基础上进一步完善,形成了秋审、朝审、热审等比较规范的会审体制。明代的朝审是指每年霜降之后,三法司会同公侯、伯爵,在吏部尚书或户部尚书主持下会审重案囚犯的制度;清代的朝审是对刑部判决的重案及京师附近斩、绞监候案件进行的复审;清代的秋审是最重要的死刑复审制度,因在每年秋天举行而得名,其审理对象是全国上报的斩、绞监候案件。C 项正确,当选。D 项错把清代的朝审当作秋审,不当选。

[难度系数] ＊＊＊

# 司法制度和法律职业道德

## 第一章　中国特色社会主义司法制度概述

### 考点一　中国特色社会主义司法制度

**1** [答案]　AC

[考点]　中国特色社会主义司法制度

[解析]　本题考查中国特色社会主义司法制度。A项,"法度者,正之至也"出自《黄帝四经·经法·君正》,是指法令、制度是至公至正的存在。法治监督体系是由党内监督、人大监督、民主监督、行政监督、司法监督、审计监督、社会监督、舆论监督等构成的权力制约和监督体系。因此,中国特色社会主义司法制度是严密的法治监督体系的重要组成部分,故A项正确。

B项考查司法公正和司法效率的关系。在司法过程中,在司法公正与司法效率的关系上,应当坚持"公正优先,兼顾效率"的原则。因此,应从制度环境等方面,优先解决影响司法公正的深层次问题,故B项错误。

C项考查党的领导。应坚持符合国情和遵循司法规律相结合,坚持和加强党对司法工作的绝对领导,故C项正确。

D项考查国家机关的关系。《宪法》第127条第2款规定:"监察机关办理职务违法和职务犯罪案件,应当与审判机关、检察机关、执法部门互相配合,互相制约。"在建设公正高效权威的中国特色社会主义司法制度中,应当健全公安机关、检察机关、审判机关、司法行政机关各司其职,侦查权、检察权、审判权、执行权相互配合、相互制约的体制机制。故D项错误。

[难度系数]　* * *

**2** [答案]　BC

[考点]　司法体系

[解析]　人民法院、人民检察院和公安机关进行刑事诉讼,应当分工负责,互相配合,互相制约,以保证准确有效地执行法律。A项中律师并不属于公检法体系,不当选。B项体现了相互配合,说法正确。C项体现了检察院对法院的监督作用,说法正确。D项表述虽然正确,但并未体现相互配合,相互制约,相互监督,不当选。

[难度系数]　* *

**3** [答案]　D

[考点]　中国特色社会主义司法制度

[解析]　A项考查我国司法制度构成。司法制度,是指司法机关及其他的司法性组织,在性质、任务、组织体系、组织与活动的原则以及工作制度等方面规范的总称。我国司法制度主要由司法规范体系、司法组织体系、司法制度体系、司法人员管理体系四个方面的体系构成。A项认为司法文化体系也是我国司法制度体系之一,是错误的。

B 项考查司法组织体系。司法组织体系主要指审判组织体系和检察组织体系。B 项说法错误。

C、D 项考查司法制度体系。各项司法制度既是司法机关职责分工、履行职能的依据和标准，也是监督和规范司法行为的基本规则。我国司法制度体系包括侦查制度、检察制度、审判制度、监狱制度、律师制度、公证制度等六大制度。人民调解制度、死刑复核制度、司法解释制度以及案例指导制度都是独具中国特色的司法制度。C 项说法错误，D 项正确。

［难度系数］ ＊＊

## 考点二 司法的功能与特征

［答案］ B

［考点］ 司法的人权保障功能

［解析］ 人权的司法保障，主要指的是在司法活动中，司法机关根据法定职权和法定程序，依法保障案件当事人（包括犯罪嫌疑人、被告人）应有的权利，维护其合法权益不受侵犯。《中共中央关于全面推进依法治国若干重大问题的决定》提出：强化诉讼过程中当事人和其他诉讼参与人的知情权、陈述权、辩护辩论权、申请权、申诉权的制度保障。健全落实罪刑法定、疑罪从无、非法证据排除等法律原则的法律制度。完善对限制人身自由司法措施和侦查手段的司法监督，加强对刑讯逼供和非法取证的源头预防，健全冤假错案有效防范、及时纠正机制。

最高人民法院、最高人民检察院、公安部、司法部《关于刑事诉讼法律援助工作的规定》第 5 条第 1 款规定：“公安机关、人民检察院在第一次讯问犯罪嫌疑人或者采取强制措施的时候，应当告知犯罪嫌疑人有权委托辩护人，并告知其如果符合本规定第二条规定，本人及其近亲属可以向法律援助机构申请法律援助。”某公安机关未同时告知犯罪嫌疑人如有经济困难可申请法律援助，未保障犯罪嫌疑人知情权，A 项做法错误。

最高人民法院《关于全面深化人民法院改革的意见——人民法院第四个五年改革纲要（2014—2018）》第 11 条“强化人权司法保障机制”中明确规定“完善律师执业权利保障机制，强化控辩对等诉讼理念，禁止对律师进行歧视性安检，为律师依法履职提供便利”。某省法院修订进入法庭的安检流程，明确“禁止对律师进行歧视性安检”，保障了律师合法权益，B 项做法正确。

最高人民法院《关于全面深化人民法院改革的意见——人民法院第四个五年改革纲要（2014—2018）》在第 34 条“推动裁判文书说理改革”中规定，“重视律师辩护代理意见，对于律师依法提出的辩护代理意见未予采纳的，应当在裁判文书中说明理由”。某法官在一伤害案判决书中，对被告人及律师“构成正当防卫”的证据和意见不采信，应作回应和说明，C 项做法错误。

最高人民法院、最高人民检察院、公安部、国家安全部、司法部《关于办理刑事案件严格排除非法证据若干问题的规定》第 29 条规定：“被告人及其辩护人在开庭审理前未申请排除非法证据，在法庭审理过程中提出申请的，应当说明理由。对前述情形，法庭经审查，对证据收集的合法性有疑问的，应当进行调查；没有疑问的，应当驳回申请……”某法庭对辩护律师在辩论阶段即将结束时提出的“被告人庭前供述系非法取得”的意见及线索，未予调查的做法是错误的。故 D 项错误。

［难度系数］ ＊＊

## 考点三 司法公正

［答案］ A

［考点］ 司法公开

[解析] 《中共中央关于全面推进依法治国若干重大问题的决定》对司法公开提出了明确的要求:“构建开放、动态、透明、便民的阳光司法机制,推进审判公开、检务公开、警务公开、狱务公开,依法及时公开执法司法依据、程序、流程、结果和生效法律文书,杜绝暗箱操作。”

A 项考查审判公开。根据最高人民法院《关于人民法院在互联网公布裁判文书的规定》的规定,人民法院在互联网公布裁判文书,应当依法、全面、及时、规范。中国裁判文书网是全国法院公布裁判文书的统一平台。人民法院作出的判决、裁定、支付令等裁判文书应当在互联网公布,但人民法院作出的裁判文书有涉及国家秘密,未成年人犯罪,离婚诉讼或者涉及未成年子女抚养、监护等人民法院认为不宜在互联网公布的情形,不在互联网公布。A 项正确。

B 项考查检务公开。根据《人民检察院案件信息公开工作规定》第 3 条第 1 款的规定,人民检察院应当通过互联网、电话、邮件、检察服务窗口等方式,向相关人员提供案件信息查询服务,向社会主动发布案件信息、公开法律文书,以及办理其他案件信息公开工作。注意:案件信息查询服务是面向相关人员公开,而不是向社会公开。B 项错误。

C 项考查狱务公开。司法部《关于进一步深化狱务公开的意见》要求严格依照有关法律法规和规章规定的内容和程序,向社会公众、罪犯及其近亲属公开相关执法信息。监狱狱务也属于司法公开的范围,C 项错误。

D 项律师制作的代理词、辩护词等法律文书未在上述要求的司法公开之列,D 项错误。

[难度系数] * *

## 考点四 审判独立、检察独立与司法效率

[答案] ACD

[考点] 审判独立与检察独立

[解析] A、B、C 项考查领导干部、司法机关内部人员过问案件记录和责任追究制度。《司法机关内部人员过问案件的记录和责任追究规定》第3 条规定:“司法机关办案人员应当恪守法律,公正司法,不徇私情。对于司法机关内部人员的干预、说情或者打探案情,应当予以拒绝;对于不依正当程序转递涉案材料或者提出其他要求的,应当告知其依照程序办理。”某案承办检察官告知其同事可按规定为案件当事人转递涉案材料,A 项做法正确。

《司法机关内部人员过问案件的记录和责任追究规定》第 2 条规定:“司法机关内部人员应当依法履行职责,严格遵守纪律,不得违反规定过问和干预其他人员正在办理的案件,不得违反规定为案件当事人转递涉案材料或者打探案情,不得以任何方式为案件当事人说情打招呼。”某法官提醒承办法官充分考虑某案被告家庭现状,属于违反规定干预他人案件,B 项做法错误。

《司法机关内部人员过问案件的记录和责任追究规定》第 4 条规定:“司法机关领导干部和上级司法机关工作人员因履行领导、监督职责,需要对正在办理的案件提出指导性意见的,应当依照程序以书面形式提出,口头提出的,由办案人员记录在案。”某检察院副检察长依职权可以对其他检察官的在办案件提出书面指导性意见,C 项做法正确。

D 项考查司法人员与当事人、律师、特殊关系人、中介组织接触交往行为。最高人民法院、最高人民检察院、公安部、国家安全部、司法部《关于进一步规范司法人员与当事人、律师、特殊关系人、中介组织接触交往行为的若干规定》第 7 条规定:“司法人员在案件办理过程中因不明情况或者其他原因在非工作时间或非工作场所接触当事人、律师、特殊关系人、中介组织的,应当在三日内向本单位纪检监察部门报告有关情况。”某法官在参加研讨会中偶遇在办案件当事人的律师,属于在非

工作场所接触律师，应当拒绝其研讨案件的要求并向法院纪检部门报告，D 项做法正确。

［难度系数］ * *

### 考点五 全面依法治国的具体司法政策

［答案］ B

［考点］ 立案登记制

［解析］ 立案登记制，是指法院接到当事人提交的诉状后，对符合法定条件的起诉，应当登记立案。深化司法改革要求改革人民法院案件受理制度，变立案审查制为立案登记制，对依法应该受理的案件，做到有案必立、有诉必理，保障当事人诉权。立案登记制是践行司法为民的重要举措，有利于充分保障当事人诉权的行使，间接提高了司法效率。司法的应然功能，是指人们对司法的应然期待和理想要求，如"定分止争""止恶扬善""实现公平正义"等。司法实然功能是指司法实际上能够发挥的功能，立案登记制实施后，更多的民事案件会进入司法救济渠道，这在客观上强化了司法的实然功能，而不是强化了应然功能。A 项错误。

最高人民法院《关于人民法院登记立案若干问题的规定》第 2 条第 3 款规定："对不符合法律规定的起诉、自诉，人民法院应当予以释明。"第 7 条第 1 款规定："当事人提交的诉状和材料不符合要求的，人民法院应当一次性书面告知在指定期限内补正。"《行政诉讼法》第 51 条第 3 款规定，对当事人提交的起诉状存在的欠缺或其他错误，法院应主动给予指导和释明，并一次性告知需要补正的内容。B 项正确。

最高人民法院《关于人民法院登记立案若干问题的规定》第 8 条规定："对当事人提出的起诉、自诉，人民法院当场不能判定是否符合法律规定的，应当作出以下处理：（一）对民事、行政起诉，应当在收到起诉状之日起七日内决定是否立案；（二）对刑事自诉，应当在收到自诉状次日起十五日内决定是否立案；（三）对第三人撤销之诉，应当在收到起诉状之日起三十日内决定是否立案；（四）对执行异议之诉，应当在收到起诉状之日起十五日内决定是否立案。人民法院在法定期间内不能判定起诉、自诉是否符合法律规定的，应当先行立案。"如不能当场判定起诉是否符合规定，法院应接收起诉状，并在 7 日内决定是否立案。C 项说法错误。

最高人民法院《关于人民法院登记立案若干问题的规定》第 13 条第 1 款规定："对立案工作中存在的不接收诉状、接收诉状后不出具书面凭证，不一次性告知当事人补正诉状内容，以及有案不立、拖延立案、干扰立案、既不立案又不作出裁定或者决定等违法违纪情形，当事人可以向受诉人民法院或者上级人民法院投诉。"《行政诉讼法》第 52 条规定："人民法院既不立案，又不作出不予立案裁定的，当事人可以向上一级人民法院起诉。上一级人民法院认为符合起诉条件的，应当立案、审理，也可以指定其他下级人民法院立案、审理。"因此，对法院既不立案也不作出不予立案裁定的，当事人可以向上级人民法院投诉，也可以向上一级人民法院起诉。D 项说法错误。

［难度系数］ * *

# 第二章 法律职业道德综述

### 考点一 法律职业道德特征与基本原则

［答案］ ABD

［考点］ 法律职业道德的特征与基本原则

［解析］ A、B、C 项考查法律职业道德的特征。法律职业的特殊性，使法律职业道德具有不同于一般职业道德的特征。一般认为，法律职业道德具有职业性、实践性、正式性和更高标准的特征。

A 项考查法律职业道德的职业性特征。该特征是指法律职业道德规范法律职业从业人员的职业行为，在特定的职业范围内发挥作用。法律职业人员专业水平的发挥与职业道德水平的高低具有密切联系。A 项说法正确。

B 项考查法律职业道德的实践性特征。该特征是指法律职业行为过程即实践过程，只有在法律实践过程中，才能体现出法律职业道德的水准。法律职业道德基本原则和规范的形成，与法律职业实践活动紧密相连。B 项说法正确。

C 项考查法律职业道德的正式性特征。该特征是指法律职业道德通过法律、法规、规范性文件等形式表现出来。但这一形式并不意味着法律职业道德的形成与"实证法"密切相关，相反，法律职业道德是社会伦理体系的重要组成部分，是社会道德在法律职业领域中的具体体现和升华，更多地体现了"自然法"的属性。C 项说法错误。

D 项考查法律职业道德的基本原则。法律职业道德的基本原则是指作为法律职业道德规范基础或本源的根本准则。职业道德原则的贯彻，可以赋予每个具体的道德行为以不同的社会属性，其不仅是从业人员进行职业活动的根本指导思想，而且也是对每个从业人员的职业行为进行职业道德评价的最高标准。D 项说法正确。

［难度系数］ * *

## 考点二 法律人员职业道德综合考查

**1** ［答案］ C

［考点］ 仲裁员行为规范

［解析］ 《仲裁法》第 7 条规定，仲裁应当根据事实，符合法律规定，公平合理地解决纠纷。第 8 条规定，仲裁依法独立进行，不受行政机关、社会团体和个人的干涉。故 A 项正确。

《仲裁法》第 58 条规定："当事人提出证据证明裁决有下列情形之一的，可以向仲裁委员会所在地的中级人民法院申请撤销裁决：……（六）仲裁员在仲裁该案时有索贿受贿，徇私舞弊，枉法裁决行为的。"本题中，仲裁某案件时有徇私舞弊行为，则该仲裁裁决可能被法院撤销。故 B 项正确。

《中国国际经济贸易仲裁委员会、中国海事仲裁委员会仲裁员守则》第 15 条规定，仲裁员需要以仲裁委员会名义对外参加有关仲裁的会议、活动，或者发表文章或演讲时，应当事先得到仲裁委员会同意。故 C 项错误。

《中国国际经济贸易仲裁委员会、中国海事仲裁委员会仲裁员守则》第 13 条规定，仲裁员应当严格保守仲裁秘密，不得向外界透露有关案件实体和程序上的情况，包括案情、审理过程、仲裁庭合议等情况；亦不得向当事人透露尤其是本人的看法和仲裁庭合议的情况。故 D 项正确。

［难度系数］ * *

**2** ［答案］ AD

［考点］ 法律职业道德与司法制度综合考查

［解析］ A 项考查法官职业道德。我国《法官职业道德基本准则》第 7 条规定："维护国家利益，遵守政治纪律，保守国家秘密和审判工作秘密，不从事或参与有损国家利益和司法权威的活动，不发表有损国家利益和司法权威的言论。"本题中，未审结案件的内部讨论意见属于审判工作秘密，赵法官参加学术研讨时无意透露出来，违反了法官职业道德。

B 项考查检察官职业道德。我国《检察官职业道德基本准则》第 5 条规定："坚持廉洁操守，自觉接受监督。"本题中，钱检察官免费出任当地旅游局对外宣传的"形象大使"，没有为自己谋取不正当利益，不违反检察官职业道德。

C 项考查律师职业道德。《律师法》第 38 条规定："律师应当保守在执业活动中知悉的国家秘密、商业秘密，不得泄露当事人的隐私。律师对在执业活动中知悉的委托人和其他人不愿泄露的有关情况和信息，应当予以保密。但是，委托人或者其他人准备或者正在实施危害国家安全、公共安全以及严重危害他人人身安全的犯罪事实和信息除外。"本题中，偷税行为不属于危害国家安全、公共安全以及严重危害他人人身安全的犯罪事实，孙律师未举报的做法不违反律师职业道德。

D 项考查公证员职业道德。《公证程序规则》第 11 条规定："当事人可以委托他人代理申办公证，但申办遗嘱、遗赠扶养协议、赠与、认领亲子、收养关系、解除收养关系、生存状况、委托、声明、保证及其他与自然人人身有密切关系的公证事项，应当由其本人亲自申办。公证员、公证机构的其他工作人员不得代理当事人在本公证机构申办公证。"学历公证与自然人人身有密切关系，且公证员不得代理当事人在本公证机构申办公证，因此，李公证员代其同学在自己工作的公证处申办学历公证违反了上述规定，做法错误。

综上，AD 项的做法违反了职业道德，应入选。

[难度系数] * *

**3** [答案] AD

[考点] 法律职业道德与司法制度综合考查

[解析] 说法①考查法官和检察官的任职禁止条件。《法官法》第 13 条规定了法官的任职禁止条件："下列人员不得担任法官：(一)因犯罪受过刑事处罚的；(二)被开除公职的；(三)被吊销律师、公证员执业证书或者被仲裁委员会除名的；(四)有法律规定的其他情形的。"《检察官法》第 13 条规定了检察官的任职禁止条件："下列人员不得担任检察官：(一)因犯罪受过刑事处罚的；(二)被开除公职的；(三)被吊销律师、公证员执业证书或者被仲裁委员会除名的；(四)有法律规定的其他情形的。"因此，法官和检察官的任职禁止条件完全相同。说法①正确。

说法②考查律师与公证员的任职禁止条件。我国《律师法》第 7 条规定了律师的任职禁止条件："申请人有下列情形之一的，不予颁发律师执业证书：(一)无民事行为能力或者限制民事行为能力的；(二)受过刑事处罚的，但过失犯罪的除外；(三)被开除公职或者被吊销律师、公证员执业证书的。"我国《公证法》第 20 条规定了公证员的任职禁止条件："有下列情形之一的，不得担任公证员：(一)无民事行为能力或者限制民事行为能力的；(二)因故意犯罪或者职务过失犯罪受过刑事处罚的；(三)被开除公职的；(四)被吊销公证员、律师执业证书的。"但依据我国《法官法》《检察官法》的相关规定，司法人员被辞退的原因主要有：(1)在年度考核中，连续 2 年被确定为不称职的；(2)不胜任现职工作，又不接受另行安排的；(3)因机构调整或者缩减编制员额需要调整工作，本人拒绝合理安排的；(4)旷工或者无正当理由逾假不归连续超过 15 天，或者 1 年内累计超过 30 天的；(5)不履行义务，经教育仍不改正的。由此可见，辞退不等于开除公职。说法②错误。

说法③考查法官的任职回避。我国《法官法》第 23 条规定："法官之间有夫妻关系、直系血亲关系、三代以内旁系血亲以及近姻亲关系的，不得同时担任下列职务：(一)同一人民法院的院长、副院长、审判委员会委员、庭长、副庭长；(二)同一人民法院的院长、副院长和审判员；(三)同一审判庭的庭长、副庭长、审判员；(四)上下相邻两级人民法院的院长、副院长。"本题中，王某是甲市中级人民法院的副院长，其子是甲市乙县法院的审判员，不是下级相邻法院的院长或副院长，不属于任职回避的情形。说法③错误。

说法④考查法官的惩戒。《法官法》第 46 条规定："法官有下列行为之一的,应当给予处分;构成犯罪的,依法追究刑事责任……(九)违反有关规定从事或者参与营利性活动,在企业或者其他营利性组织中兼任职务的……"李法官利用业余时间提供有偿网络法律咨询,属从事营利性活动,应受到惩戒。说法④正确。

说法⑤考查检察官的奖励。《检察官法》第46 条规定："检察官有下列表现之一的,应当给予奖励:(一)公正司法,成绩显著的;(二)总结检察实践经验成果突出,对检察工作有指导作用的;(三)在办理重大案件、处理突发事件和承担专项重要工作中,做出显著成绩和贡献的;(四)对检察工作提出改革建议被采纳,效果显著的;(五)提出检察建议被采纳或者开展法治宣传、解决各类纠纷,效果显著的;(六)有其他功绩的。检察官的奖励按照有关规定办理。"本题中,刘检察官提出检察建议被采纳,效果显著,应受到奖励。说法⑤正确。

说法⑥考查律师事务所设立的条件。《律师事务所管理办法》第 8 条规定："设立律师事务所应当具备下列基本条件:(一)有自己的名称、住所和章程;(二)有符合《律师法》和本办法规定的律师;(三)设立人应当是具有一定的执业经历并能够专职执业的律师,且在申请设立前三年内未受过停止执业处罚;(四)有符合本办法规定数额的资产。"张律师 2 年前因私自收费被罚款,但该处罚不是停止执业的处罚,所以其可以成为律所的设立人。说法⑥错误。

综上,①④⑤正确,②③⑥错误,AD 项入选。

[难度系数] * *

# 第三章 审判制度与法官职业道德

## 考点一 审判制度

**1** [答案] BC

[考点] 审判组织和检察组织

[解析] A 项考查指导性案例的审查机关。《人民法院组织法》第 37 条第 2 款规定："最高人民法院对属于审判工作中具体应用法律的问题进行解释,应当由审判委员会全体会议讨论通过;发布指导性案例,可以由审判委员会专业委员会会议讨论通过。"《人民检察院组织法》第 31 条第 2 款规定："最高人民检察院对属于检察工作中具体应用法律的问题进行解释、发布指导性案例,应当由检察委员会讨论通过。"由此可见,最高人民法院发布指导性案例,可以由审判委员会讨论通过,而最高人民检察院发布指导性案例,应当由检察委员会讨论通过,二者有一定差别,A 项说法错误。

B 项考查法官、检察官的学历要求。《法官法》第 12 条第 2 款规定："适用前款第五项规定的学历条件确有困难的地方,经最高人民法院审核确定,在一定期限内,可以将担任法官的学历条件放宽为高等学校本科毕业。"《检察官法》第 12 条第 2 款规定："适用前款第五项规定的学历条件确有困难的地方,经最高人民检察院审核确定,在一定期限内,可以将担任检察官的学历条件放宽为高等学校本科毕业。"因此,B 项说法正确。

C 项考查员额制管理。《法官法》第 25 条第 1 款规定："法官实行员额制管理。法官员额根据案件数量、经济社会发展情况、人口数量和人民法院审级等因素确定,在省、自治区、直辖市内实行总量控制、动态管理,优先考虑基层人民法院和案件数量多的人民法院办案需要。"《检察官法》第26条第1款规定:"检察官实行员额制管理。检察官员额根据案件数量、经济社会发展情况、人口数量和人民检察院层级等因素确定,在省、自治区、直辖市内实行总量控制、动态管理,优先考虑基层人民检察院和案件数量多的人民检察院办案需要。"因此,C项说法正确。

D项考查法院院长和检察院检察长的资格要求。法院院长和检察长由同级人民代表大会选举产生。《人民法院组织法》第47条第2款规定:"院长应当具有法学专业知识和法律职业经历。副院长、审判委员会委员应当从法官、检察官或者其他具备法官、检察官条件的人员中产生。"《人民检察院组织法》第42条第2款规定:"检察长应当具有法学专业知识和法律职业经历。副检察长、检察委员会委员应当从检察官、法官或者其他具备检察官、法官条件的人员中产生。"因此,D项说法错误。

**[难度系数]** * *

**2** **[答案]** ABC

**[考点]** 审判制度基本原则

**[解析]** 审判制度的基本原则主要有审判独立原则、不告不理原则、直接言词原则、及时审判原则等。

A项和B项考查了及时审判原则。人民法院应及时审理案件,保证审判效率。

法官因病住院,若影响审限,法院可以主动更换法官并及时通知当事人,A项做法符合及时审判原则。

《法官法》第46条第1款第6项规定,法官拖延办案贻误工作的,应给予处分。无正当理由超期结案应当受到法院处分,B项做法符合及时审判原则。

C项考查了审判独立原则。人民法院依法独立行使审批权,不受行政机关、社会团体和个人的干涉。即使对于社会高度关注案件,法院在审理时也不应受媒体影响,C项做法符合审判独立原则。

D项考查了不告不理原则。未经控诉方控诉,法院不得主动对案件进行裁判,对超过当事人诉讼主张的部分不得主动审理。因人身损害纠纷,原告要求被告赔付医疗费,但未要求精神损害赔偿金,故丁法院只能就医疗费作出裁判,D项做法违反了不告不理原则。

**[难度系数]** * *

## 考点二 法官职业道德

**1** **[答案]** C

**[考点]** 法官行为规范

**[解析]** 《法官法》第15条规定,人民法院可以根据审判工作需要,从律师或者法学教学、研究人员等从事法律职业的人员中公开选拔法官。除应当具备法官任职条件外,参加公开选拔的律师应当实际执业不少于5年,执业经验丰富,从业声誉良好,参加公开选拔的法学教学、研究人员应当具有中级以上职称,从事教学、研究工作5年以上,有突出研究能力和相应研究成果。本题中,法学副教授工作不满5年,因此不符合相关规定,故A项错误。

《法官法》第22条规定,法官不得兼任人民代表大会常务委员会的组成人员,不得兼任行政机关、监察机关、检察机关的职务,不得兼任企业或者其他营利性组织、事业单位的职务,不得兼任律师、仲裁员和公证员。故B项错误。

《律师法》第6条规定，申请兼职律师执业的，还应当提交所在单位同意申请人兼职从事律师职业的证明。本题中，教授兼职律师得到了学校批准。故C项正确。

《法官法》第14条规定，初任法官采用考试、考核的办法，按照德才兼备的标准，从具备法官条件的人员中择优提出人选。本题中，丁并非初任法官，无须进行统一考核。故D项错误。

[难度系数] * *

**2** [答案] CD

[考点] 法官职业道德

[解析] A项，《关于建立健全禁止法官、检察官与律师不正当接触交往制度机制的意见》第3条规定，严禁法官、检察官与律师有下列接触交往行为：(1)在案件办理过程中，非因办案需要且未经批准在非工作场所、非工作时间与辩护、代理律师接触。……(5)非因工作需要且未经批准，擅自参加律师事务所或者律师举办的讲座、座谈、研讨、培训、论坛、学术交流、开业庆典等活动；以提供法律咨询、法律服务等名义接受律师事务所或者律师输送的相关利益……本题中，参加的培训系工作原因，培训后一起聚餐研讨并不违反规定。故A项正确。

B项，《关于建立健全禁止法官、检察官与律师不正当接触交往制度机制的意见》第3条规定，严禁法官、检察官与律师有下列接触交往行为：……(3)为律师介绍案件；为当事人推荐、介绍律师作为诉讼代理人、辩护人；要求、建议或者暗示当事人更换符合代理条件的律师；索取或者收受案件代理费用或者其他利益……本题中，李检察官办理未成年人犯罪案件，告知其监护人聘请熟悉未成年人心智的辩护律师，属于正常履职行为，不属于为当事人推荐辩护人的行为，因此不违反有关规定。故B项正确。

C项，《关于建立健全禁止法官、检察官与律师不正当接触交往制度机制的意见》第3条规定，严禁法官、检察官与律师有下列接触交往行为：……(2)接受律师或者律师事务所请托，过问、干预或者插手其他法官、检察官正在办理的案件，为律师或者律师事务所请托说情、打探案情、通风报信；为案件承办法官、检察官私下会见案件辩护、代理律师牵线搭桥；非因工作需要，为律师或者律师事务所转递涉案材料；向律师泄露案情、办案工作秘密或者其他依法依规不得泄露的情况；违规为律师或律师事务所出具与案件有关的各类专家意见……本题中，法官将同事吴法官的家庭住址、电话号码等个人信息告知郑律师，属于变相为吴法官和郑律师的不正当接触创造条件，故C项错误。

D项，《关于建立健全禁止法官、检察官与律师不正当接触交往制度机制的意见》第3条规定，……(5)非因工作需要且未经批准，擅自参加律师事务所或者律师举办的讲座、座谈、研讨、培训、论坛、学术交流、开业庆典等活动；以提供法律咨询、法律服务等名义接受律师事务所或者律师输送的相关利益……本题中，冯法官收取王律师1万元咨询费属于违规行为，故D项错误。

[难度系数] * *

**3** [答案] B

[考点] 法官职业道德

[解析] 根据我国《法官职业道德基本准则》的规定，法官职业道德分为忠诚司法事业、保证司法公正、确保司法廉洁、坚持司法为民、维护司法形象等几大方面的要求。

A项应当严格遵守法定办案时限，提高审判执行效率，及时化解纠纷，注重节约司法资源，杜绝玩忽职守、拖延办案等行为是该法第11条的原文，体现了保证司法公正的要求，而不是司法为民的要求。A项说法错误。

B 项认真贯彻司法公开原则，尊重人民群众的知情权，自觉接受法律监督和社会监督，同时避免司法审判受到外界的不当影响是该法第 12 条的原文，体现了保证司法公正的要求，B 项说法正确。

C 项加强自身修养，培育高尚道德操守和健康生活情趣，杜绝与法官职业形象不相称、与法官职业道德相违背的不良嗜好和行为，遵守社会公德和家庭美德，维护良好的个人声誉是该法第 25 条的原文，体现了维护司法形象的要求，不是司法忠诚的要求，C 项说法错误。

D 项不从事或者参与营利性的经营活动，不在企业及其他营利性组织中兼任法律顾问等职务，不就未决案件或者再审案件给当事人及其他诉讼参与人提供咨询意见是该法第 17 条原文，体现了确保司法廉洁的要求，不是司法中立的要求，D 项说法错误。

［难度系数］ * *

**4** ［答案］ D

［考点］ 法官职业道德基本准则

［解析］ 《法官职业道德基本准则》中对法官职业道德的要求有忠诚司法事业、保证司法公正、确保司法廉洁、坚持司法为民、维护司法形象等几大方面。在保证司法公正中，又有维护审判独立、确保裁判公正、坚持实体公正与程序公正并重、提高司法效率、贯彻司法公开、保持中立地位、尊重其他法官依法行使审判职权等具体的要求。《法官职业道德基本准则》第 13 条规定：“自觉遵守司法回避制度，审理案件保持中立公正的立场，平等对待当事人和其他诉讼参与人，不偏袒或歧视任何一方当事人，不私自单独会见当事人及其代理人、辩护人。”张法官申请回避未获批准，在审理案件中未受相关因素影响，保持了中立立场，审判过程和结果受到一致肯定，体现了保持中立地位的具体要求，D 项正确。

严格遵守审限是提高司法效率方面的要求，坚持司法便民是坚持司法为民的要求，约束业外活动是维护司法形象的要求，均不符合题意。

［难度系数］ * *

# 第四章　检察制度与检察官职业道德

## 考点一　检察制度

**1** ［答案］ AB

［考点］ 检察组织

［解析］ 《人民检察院刑事诉讼规则》第 6 条第 2 款规定：“业务机构负责人对本部门的办案活动进行监督管理。需要报请检察长决定的事项和需要向检察长报告的案件，应当先由业务机构负责人审核。业务机构负责人可以主持召开检察官联席会议进行讨论，也可以直接报请检察长决定或者向检察长报告。”A 项说法正确。

在上下级检察机关和检察官之间存在上命下从的领导关系，这是检察一体化原则的体现之一。《人民检察院刑事诉讼规则》第 9 条规定：“最高人民检察院领导地方各级人民检察院和专门人民检察院的工作，上级人民检察院领导下级人民检察院的工作。检察长统一领导人民检察院的工作。上级人民检察院可以依法统一调用辖区的检察人员办理案件，调用的决定应当以书面形式作出。被调用的检察官可以代表办理案件的人民检察院履行出庭支持公诉等各项检察职责。”B 项说法正确。

检察一体化原则与检察官独立原则是对立统一的,检察官在法庭审理中提交证明被告人构成坦白的证据,体现了检察官独立原则,C 项说法错误。

《人民检察院组织法》第 29 条规定:“检察官在检察长领导下开展工作,重大办案事项由检察长决定。检察长可以将部分职权委托检察官行使,可以授权检察官签发法律文书。”因此,只有重大办案事项是由检察长决定的,D 项说法错误。

[难度系数] * *

**2** [答案] C

[考点] 检察一体原则

[解析] 检察一体原则又称检察权统一行使原则,该原则主要体现在:(1)上命下从的领导权;(2)跨区域的检察活动协助义务;(3)职务继承与转移权。

A 项考查领导权。领导权,是指下级检察官在执行任务时须接受上级检察官的领导,下级检察机关须服从上级检察机关的命令。《人民检察院组织法》第 29 条、第 30 条和第 32 条规定:检察官在检察长领导下开展工作,重大办案事项由检察长决定。各级人民检察院设检察委员会。检察委员会会议由检察长或者检察长委托的副检察长主持。检察委员会实行民主集中制。地方各级人民检察院的检察长不同意本院检察委员会多数人的意见,属于办理案件的,可以报请上一级人民检察院决定;属于重大事项的,可以报请上一级人民检察院或者本级人民代表大会常务委员会决定。由此可见,各级检察院实行检察长负责制与检察委员会集体领导相结合的领导体制,检察委员会并不领导检察长的工作,A 项错误。

B 项也考查领导权。《人民检察院组织法》第 24 条规定,上级人民检察院对下级人民检察院行使下列职权:(1)认为下级人民检察院的决定错误的,指令下级人民检察院纠正,或者依法撤销、变更;(2)可以对下级人民检察院管辖的案件指定管辖;(3)可以办理下级人民检察院管辖的案件;(4)可以统一调用辖区的检察人员办理案件。上级人民检察院的决定,应当以书面形式作出。人民检察院的领导体制是上级检察院领导下级检察院的工作,如果发现确有错误的,应当予以撤销、变更或者指令下级人民检察院纠正。因此,B 项错误。

C 项考查检察活动的协助。检察官执行职务时,如有必要也可请求有司法管辖权的检察官代为进行检察活动。在执行检察职能时,相关检察院有协助办案检察院的义务,C 项正确。

D 项考查检察事务的继承与转移权。上级检察官有权亲自处理下属检察官承办的案件和事项,同时,上级检察官有权将下属检察官承办的案件和事项转交其他下属检察官承办。检察官之间在职务关系上可相互承继,也可相互移转和代理,D 项错误。

[难度系数] * *

## 考点二 检察官职业道德

**1** [答案] AB

[考点] 法官职业道德、检察官职业道德

[解析] 《法官法》第 24 条规定:“法官的配偶、父母、子女有下列情形之一的,法官应当实行任职回避:(一)担任该法官所任职人民法院辖区内律师事务所的合伙人或者设立人的;(二)在该法官所任职人民法院辖区内以律师身份担任诉讼代理人、辩护人,或者为诉讼案件当事人提供其他有偿法律服务的。”本题中,甲法官的女儿在读书期间到法律援助中心担任志愿者,其女儿不是律所

的合伙人或设立人，也并非以律师身份代理案件。志愿者也不提供有偿法律服务，因此甲法官无须任职回避。故 A 项正确。

《司法机关内部人员过问案件的记录和责任追究规定》第 6 条规定，对司法机关内部人员过问案件的情况，办案人员应当全面、如实记录，做到全程留痕，有据可查。第 8 条规定，司法机关纪检监察部门应当及时汇总分析司法机关内部人员过问案件的情况，并依照以下方式对司法机关内部人员违反规定干预办案的线索进行处置。本题中，乙法官的同事向其询问某案开庭时间，这属于过问案件，乙法官应如实记录，并不要求主动向纪检监察部门报告。故 B 项正确。

C 项，《关于进一步规范法院、检察院离任人员从事律师职业的意见》第 4 条规定，辞去法官助理、检察官助理以上及相当职级层次的审判、检察辅助人员在离职 3 年内，其他辞去公职或退休的人民法院、人民检察院工作人员在离职 2 年内，不得到原任职人民法院、人民检察院管辖地区内的律师事务所从事律师职业或者担任“法律顾问”、行政人员等，不得以律师身份从事与原任职人民法院、人民检察院相关的有偿法律服务活动；……人民法院、人民检察院退休人员在不违反前项从业限制规定的情况下，确因工作需要从事律师职业或者担任律师事务所“法律顾问”、行政人员的，应当严格执行中共中央组织部《关于进一步规范党政领导干部在企业兼职（任职）问题的意见》规定和审批程序，并及时将行政、工资等关系转出人民法院、人民检察院，不再保留机关的各种待遇。本题中，丙检察官退休 3 年后，去律所担任法律顾问并不违反上述规定，但不应再保留机关的各种待遇。故 C 项错误。

D 项，《关于进一步规范法院、检察院离任人员从事律师职业的意见》第 4 条规定，被开除公职的人民法院、人民检察院工作人员不得在律师事务所从事任何工作。本题中，法官被开除后不得在律师事务所从事任何工作，丁检察官被开除后在其任职辖区内的律师事务所从事信息技术工作违反规定。故 D 项错误。

[难度系数]　* * *

**2** [答案]　ABCD

[考点]　检察人员纪律处分

[解析]　A 项考查违反组织纪律的行为。《检察人员纪律处分条例》第二章第二节“对检察人员违反组织纪律行为的处分”第 66 条规定：“领导干部违反有关规定组织、参加自发成立的老乡会、校友会、战友会等，情节严重的，给予警告、记过、记大过或者降级处分。”A 项做法属于违反组织纪律的行为，当选。

B 项考查违反办案纪律的行为。《检察人员纪律处分条例》第二章第三节“对检察人员违反办案纪律行为的处分”第 78 条规定：“擅自处置案件线索、随意初查或者在初查中对被调查对象采取限制人身自由强制性措施的，给予记过或者记大过处分；情节较重的，给予降级或者撤职处分；情节严重的，给予开除处分。”B 项做法属于违反办案纪律的行为，当选。

C 项考查违反廉洁纪律的行为。《检察人员纪律处分条例》第二章第四节“对检察人员违反廉洁纪律行为的处分”第 113 条规定：“在分配、购买住房中侵犯国家、集体利益，情节较轻的，给予警告、记过或者记大过处分；情节较重的，给予降级或者撤职处分；情节严重的，给予开除处分。”C 项做法属于违反廉洁纪律的行为，当选。

D 项考查违反群众纪律的行为。《检察人员纪律处分条例》第二章第五节“对检察人员违反群众纪律行为的处分”第 127 条规定：“对群众合法诉求消极应付、推诿扯皮，损害检察机关形象，情节较重的，给予警告、记过或者记大过处分；情节严重的，给予降级或者撤职处分。”D 项做法属于违反群众纪律的行为，当选。

［难度系数］ ＊＊

# 第五章 律师制度与律师职业道德

## 考点一 律师与律师事务所管理

**1** ［答案］ B

［考点］ 律师事务所的管理

［解析］ A 项考查律所的执业管理。《律师事务所管理办法》第 44 条规定："律师事务所应当在法定业务范围内开展业务活动，不得以独资、与他人合资或者委托持股方式兴办企业，并委派律师担任企业法定代表人、总经理职务，不得从事与法律服务无关的其他经营性活动。"委派钟律师担任该所出资成立的某信息咨询公司的总经理做法错误，A 项错误。

B 项考查律师的辞退和除名。《律师事务所管理办法》第 43 条规定："律师事务所应当建立违规律师辞退和除名制度，对违法违规执业、违反本所章程及管理制度或者年度考核不称职的律师，可以将其辞退或者经合伙人会议通过将其除名，有关处理结果报所在地县级司法行政机关和律师协会备案。"因此，合伙人会议决定将年度考核不称职的刘律师除名并报县司法局和律协备案的做法是正确的，B 项正确。

C 项考查律师的年度考核。《律师事务所管理办法》第 58 条规定："律师事务所应当建立律师执业年度考核制度，按照规定对本所律师的执业表现和遵守职业道德、执业纪律的情况进行考核，评定等次，实施奖惩，建立律师执业档案和诚信档案。"律师事务所对本所律师执业表现和遵守职业道德情况进行考核后可以实施奖励，无须报律协批准，C 项错误。

D 项考查合伙人的变更。《律师事务所管理办法》第 28 条规定："律师事务所变更合伙人，包括吸收新合伙人、合伙人退伙、合伙人因法定事由或者经合伙人会议决议被除名。新合伙人应当从专职执业的律师中产生，并具有三年以上执业经历，但司法部另有规定的除外。受到六个月以上停止执业处罚的律师，处罚期满未逾三年的，不得担任合伙人……"受到 6 个月停止执业处罚的祝律师，在其处罚期满 3 年后才能恢复其合伙人身份，D 项错误。

［难度系数］ ＊＊

**2** ［答案］ AB

［考点］ 律师执业管理

［解析］ 《律师执业管理办法》第 30 条规定："律师担任诉讼法律事务代理人或者非诉讼法律事务代理人的，应当在受委托的权限内代理法律事务，维护委托人的合法权益。"甲律师依法向被害人收集证据，提交检察院要求其及时进行审查，是维护委托人合法权益的行为，A 项正确。

《律师执业管理办法》第 37 条规定："律师承办业务，应当引导当事人通过合法的途径、方式解决争议，不得采取煽动、教唆和组织当事人或者其他人员到司法机关或者其他国家机关静坐、举牌、打横幅、喊口号、声援、围观等扰乱公共秩序、危害公共安全的非法手段，聚众滋事，制造影响，向有关部门施加压力。"乙律师对当事人及家属准备到法院门口静坐、举牌、声援的做法予以及时有效的劝阻，做法正确，B 项正确。

《律师执业管理办法》第35条规定:“律师承办业务,应当诚实守信,不得接受对方当事人的财物及其他利益,与对方当事人、第三人恶意串通,向对方当事人、第三人提供不利于委托人的信息、证据材料,侵害委托人的权益。”丙律师在向一方当事人提供法律咨询中致电对方当事人,提供诉讼请求缺乏法律和事实依据的信息,侵害了委托人利益,C项错误。

《律师执业管理办法》第41条规定:“律师应当按照有关规定接受业务,不得为争揽业务哄骗、唆使当事人提起诉讼,制造、扩大矛盾,影响社会稳定。”丁律师告知群众诉讼是解决继承问题的唯一途径,并称其可提供最专业的诉讼代理服务,属于为争揽业务唆使当事人诉讼的行为,该做法错误,D项错误。

[难度系数] * *

## 考点二 律师职业道德

**1** [答案] C

[考点] 律师行为规范

[解析] 《律师和律师事务所违法行为处罚办法》第6条规定,有下列情形之一的,属于《律师法》第47条第2项规定的律师“以不正当手段承揽业务的”违法行为:……(3)以对本人及所在律师事务所进行不真实、不适当宣传或者诋毁其他律师、律师事务所声誉等方式承揽业务的……本题中,王律师在甲律所执业,却以“乙法律服务中心”名义对外宣传,宣传信息不真实,属于以不正当手段承揽业务。故C项正确。

[难度系数] * *

**2** [答案] ABCD

[考点] 律师职业道德

[解析] 《律师法》第12条规定:“高等院校、科研机构中从事法学教育、研究工作的人员,符合本法第五条规定条件的,经所在单位同意,依照本法第六条规定的程序,可以申请兼职律师执业。”《律师事务所管理办法》第11条规定:“设立个人律师事务所,除应当符合本办法第八条规定的条件外,还应当具备下列条件:(一)设立人应当是具有五年以上执业经历并能够专职执业的律师;(二)有人民币十万元以上的资产。”由此,高校老师可以作为兼职律师执业,但不能开设个人执业律师事务所。

《律师法》第49条规定:“律师有下列行为之一的,由设区的市级或者直辖市的区人民政府司法行政部门给予停止执业六个月以上一年以下的处罚,可以处五万元以下的罚款;有违法所得的,没收违法所得;情节严重的,由省、自治区、直辖市人民政府司法行政部门吊销其律师执业证书;构成犯罪的,依法追究刑事责任:(一)违反规定会见法官、检察官、仲裁员以及其他有关工作人员,或者以其他不正当方式影响依法办理案件的;(二)向法官、检察官、仲裁员以及其他有关工作人员行贿,介绍贿赂或者指使、诱导当事人行贿的;(三)向司法行政部门提供虚假材料或者有其他弄虚作假行为的;(四)故意提供虚假证据或者威胁、利诱他人提供虚假证据,妨碍对方当事人合法取得证据的;(五)接受对方当事人财物或者其他利益,与对方当事人或者第三人恶意串通,侵害委托人权益的;(六)扰乱法庭、仲裁庭秩序,干扰诉讼、仲裁活动的正常进行的;(七)煽动、教唆当事人采取扰乱公共秩序、危害公共安全等非法手段解决争议的;(八)发表危害国家安全、恶意诽谤他人、严重扰乱法庭秩序的言论的;(九)泄露国家秘密的。律师因故意犯罪受到刑事处罚的,由省、自治区、直辖市人民政府司法行政部门吊销其律师执业证书。”由此可见,只有触犯了上述九种违法行为,才有可能被吊销律师执照。即使高校法学老师开设了个人执业律师事务所,也不会被处以吊销律师执照的处罚。A 项说法错误,当选。

《律师事务所管理办法》第 31 条第 3 款规定:“律师事务所在受到停业整顿处罚期限未满前,不得自行决定解散。”B 项说法错误,当选。

《律师执业管理办法》第 47 条第 2 款规定:“律师在从业期间应当专职执业,但兼职律师或者法律、行政法规另有规定的除外。”结合上述《律师法》第 12 条的规定可知:一方面,专职律师不能从事本职以外的其他兼职工作;另一方面,企业高管不属于法律规定能申请兼职律师执业的范畴。因此,无论是专职律师还是兼职律师,从业期间都不能担任企业高管。但这并不意味着律师担任企业高管就应被吊销执照。如上所见,根据《律师法》第 49 条的规定,律师可能被吊销执照的九种事项并不包括“在企业担任高管”。司法部办公厅《关于在律师队伍中开展违规兼职等行为专项清理活动的通知》中虽有“属于在司法行政机关准予其律师执业后出现违规兼职或者丧失中国国籍情形的,依法收回、注销其律师执业证书”这一规定,但吊销执照属于行政处罚。《行政处罚法》第 11 条第 1 款规定:“行政法规可以设定除限制人身自由以外的行政处罚。”该通知是司法部办公厅的文件,显然也不是行政法规,在上位法无规定的情况下,没有创设行政处罚的权力。综上,律师在企业担任高管,虽然违反有关规范,但不能其吊销律师执照。C 项说法错误,当选。

《律师服务收费管理办法》第 26 条规定:“各级价格主管部门应加强对律师事务所收费的监督检查。律师事务所、律师有下列价格违法行为之一的,由政府价格主管部门依照《价格法》和《价格违法行为行政处罚规定》实施行政处罚……(五)以明显低于成本的收费进行不正当竞争的……”中华全国律师协会《律师业务推广行为规则(试行)》第 10 条规定:“律师、律师事务所进行业务推广时,不得有下列行为……(八)不收费或者减低收费(法律援助案件除外)……”本题中律所为了社会利益,0 元中标去国企当顾问,明显低于成本价格,违反规定。D 项说法错误,当选。

**[难度系数]** * *

**3** **[答案]** CD

**[考点]** 律师职业道德

**[解析]** 我国《律师执业行为规范(试行)》第 51 条规定了律师及律师事务所不得与当事人建立或维持委托关系的情形,第 52 条规定了律师应当告知委托人并主动提出回避的情形。

A 项属于《律师执业行为规范(试行)》第 51 条第 3 项“曾经亲自处理或者审理过某一事项或者案件的行政机关工作人员、审判人员、检察人员、仲裁员,成为律师后又办理该事项或者案件的”规定的情形,此种情形下律师及律师事务所不得与当事人建立或维持委托关系。

B 项属于《律师执业行为规范(试行)》第 51 条第 7 项“在委托关系终止后,同一律师事务所或同一律师在同一案件后续审理或者处理中又接受对方当事人委托的”规定的情形,此种情形下律师及律师事务所不得与当事人建立或维持委托关系。

C 项属于《律师执业行为规范(试行)》第 52 条第 1 款第 3 项“同一律师事务所接受正在代理的诉讼案件或者非诉讼业务当事人的对方当事人所委托的其他法律业务的”规定的情形,此种情形下律师应当告知委托人并主动提出回避。

D 项属于《律师执业行为规范(试行)》第 52 条第 1 款第 2 项“担任刑事案件犯罪嫌疑人、被告人的辩护人,而同所的其他律师是该案件被害人的近亲属的”规定的情形,此种情形下律师应当告知委托人并主动提出回避。

本题要求选择构成利益冲突应该回避的情形,CD 项当选。

[难度系数] * *

**4** [答案] D

[考点] 律师执业规范

[解析] A 项考查律师与其他律师的关系规范。根据《律师执业行为规范(试行)》第 83 条的规定,律师或律师事务所相互之间不得采用下列手段排挤竞争对手的公平竞争:(1)串通抬高或者压低收费;(2)为争揽业务,不正当获取其他律师和律师事务所收费报价或者其他提供法律服务的条件;(3)泄露收费报价或者其他提供法律服务的条件等暂未公开的信息,损害相关律师事务所的合法权益。私下了解他所报价后以较低收费接受委托,属于律师执业规范中禁止的不正当竞争行为,A 项错误。

B 项考查律师与当事人的关系规范。《律师执业行为规范(试行)》第 36 条规定,律师应当充分运用专业知识,依照法律和委托协议完成委托事项,维护委托人或者当事人的合法权益。第 41 条规定,律师接受委托后,应当在委托人委托的权限内开展执业活动,不得超越委托权限。因此,律师代书起诉状时,应当在当事人的委托事项范围内进行,不可自行提出诉讼请求,且律师在合同纠纷中不应提出侵权纠纷中精神损害赔偿的要求,B 项错误。

C 项考查收费管理。律师事务所一般有固定收费与风险代理收费两种模式。《律师执业行为规范(试行)》第 48 条规定,律师事务所可以依法与当事人或委托人签订以回收款项或标的物为前提按照一定比例收取货币或实物作为律师费用的协议。此种收费方式为风险代理收费,不属于办案费用,C 项错误。

D 项考查律师与当事人的关系规范。《律师执业行为规范(试行)》第 45 条规定,律师的辩护、代理意见未被采纳,不属于虚假承诺。律师代理意见未被法庭采纳,由此产生的诉讼请求损失由原告自行承担,D 项正确。

[难度系数] * *

# 第六章 公证制度与公证员职业道德

## 考点一 公证制度

**1** [答案] CD

[考点] 公证制度

[解析] 《公证法》第 42 条第 1 款规定:"公证机构及其公证员有下列行为之一的,由省、自治区、直辖市或者设区的市人民政府司法行政部门对公证机构给予警告,并处二万元以上十万元以下罚款,并可以给予一个月以上三个月以下停业整顿的处罚;对公证员给予警告,并处二千元以上一万元以下罚款,并可以给予三个月以上十二个月以下停止执业的处罚;有违法所得的,没收违法所得;情节严重的,由省、自治区、直辖市人民政府司法行政部门吊销公证员执业证书;构成犯罪的,依法追究刑事责任:(一)私自出具公证书的;(二)为不真实、不合法的事项出具公证书的;(三)侵占、挪用公证费或者侵占、盗窃公证专用物品的;(四)毁损、篡改公证文书或者公证档案的;(五)泄露在执业活动中知悉的国家秘密、商业秘密或者个人隐私的;(六)依照法律、行政法规的规定,应当给

予处罚的其他行为。”

本题中，公证员办理没有依据的公证，属于为不真实、不合法的事项出具公证书，对于公证机构，可以给予一定期限的停业整顿处罚，C 项说法正确。对于公证员，可以罚款，D 项说法正确，也可以吊销执业证书，B 项开除的说法不准确。本法未就公证机构负责人的法律责任作出相关规定，A 项不正确。

［难度系数］ * *

**2** ［答案］ C

［考点］ 公证制度

［解析］ A 项考查公证机构可以办理的事务。我国《公证法》第 12 条规定：“根据自然人、法人或者其他组织的申请，公证机构可以办理下列事务：（一）法律、行政法规规定由公证机构登记的事务；（二）提存；（三）保管遗嘱、遗产或者其他与公证事项有关的财产、物品、文书；（四）代写与公证事项有关的法律事务文书；（五）提供公证法律咨询。”保管遗嘱及遗产不属于第 11 条规定的公证事项的范围，但属于第 12 条公证机构可以办理的事务之一，公证机构可接受易某申请为其保管遗嘱及遗产，但不能出具公证书。A 项说法错误。

B 项考查公证机构的设立。《公证法》第 9 条规定：“设立公证机构，由所在地的司法行政部门报省、自治区、直辖市人民政府司法行政部门按照规定程序批准后，颁发公证机构执业证书。”因此，设立公证机构应由省级司法行政部门批准，B 项错误。

C 项考查公证员任职资格。《公证法》第 19 条规定：“从事法学教学、研究工作，具有高级职称的人员，或者具有本科以上学历，从事审判、检察、法制工作、法律服务满十年的公务员、律师，已经离开原工作岗位，经考核合格的，可以担任公证员。”贾教授从事法学教学工作 11 年，离职并经考核合格，可以担任公证员，C 项正确。

D 项考查不得担任公证员的情形。《公证法》第 20 条规定：“有下列情形之一的，不得担任公证员：（一）无民事行为能力或者限制民事行为能力的；（二）因故意犯罪或者职务过失犯罪受过刑事处罚的；（三）被开除公职的；（四）被吊销公证员、律师执业证书的。”甄某因交通肇事受到刑事处罚，因交通肇事罪是过失犯罪，不是故意犯罪，也非职务过失犯罪。因此，甄某仍可申请担任公证员，D 项错误。

［难度系数］ * *

## 考点二 公证员职业道德

［答案］ ABCD

［考点］ 公证员职业道德

［解析］ 《公证员职业道德基本准则》第 20 条规定：“公证员应当树立廉洁自律意识，遵守职业道德和执业纪律，不得从事有报酬的其他职业和与公证员职务、身份不相符的活动。”王公证员开办工厂属于从事有报酬的其他职业，不符合公证员职业道德要求，A 项当选。

《公证员职业道德基本准则》第 25 条规定：“公证员不得从事以下不正当竞争行为：（一）利用媒体或其他手段炫耀自己，贬损他人，排斥同行，为自己招揽业务；（二）以支付介绍费、给予回扣、许诺提供利益等方式承揽业务；（三）利用与行政机关、社会团体的特殊关系进行业务垄断；（四）其他不正当竞争行为。”某公证机构的公证员到街上发传单对自己所在的公证机构进行大肆炫耀，属于不正当竞争行为，不符合公证员职业道德要求，B 项当选。

某公证机构通过行政部门支持对当地的公证业务进行垄断，属于不正当竞争行为，不符合公证员职业道德要求，C 项当选。

《公证员职业道德基本准则》第 22 条规定："公证员不得索取或接受当事人及其代理人、利害关系人的答谢款待、馈赠财物或其他利益。"公证员有时接受当事人的答谢款待不符合公证员职业道德要求，D 项当选。

［**难度系数**］ * *